2018年度江苏高校哲学社会科学研究重点项目
"基于构式的现代汉语时间系统研究"

基于构式的
现代汉语时间概念化研究

严敏芬　李健雪 / 著

苏州大学出版社
Soochow University Press

图书在版编目(CIP)数据

基于构式的现代汉语时间概念化研究 / 严敏芬,李健雪著. —苏州:苏州大学出版社,2022.12
ISBN 978-7-5672-4192-3

Ⅰ.①基… Ⅱ.①严… ②李… Ⅲ.①汉语-时间-副词-研究 Ⅳ.①H146.2

中国版本图书馆 CIP 数据核字(2022)第 244810 号

书　　名	基于构式的现代汉语时间概念化研究
	Jiyu Goushi de Xiandai Hanyu Shijian Gainianhua Yanjiu
著　　者	严敏芬　李健雪
责任编辑	杨　华
装帧设计	刘　俊
出版发行	苏州大学出版社(Soochow University Press)
社　　址	苏州市十梓街1号　邮编:215006
印　　刷	江苏凤凰数码印务有限公司
邮购热线	0512-67480030
销售热线	0512-67481020
开　　本	700 mm×1 000 mm　1/16　印张:15　字数:262千
版　　次	2022年12月第1版
印　　次	2022年12月第1次印刷
书　　号	ISBN 978-7-5672-4192-3
定　　价	58.00元

图书若有印装错误,本社负责调换
苏州大学出版社营销部　电话:0512-67481020
苏州大学出版社网址　http://www.sudapress.com
苏州大学出版社邮箱　sdcbs@suda.edu.cn

前言
Preface

在日常生活中，我们常常说"时间很长""时间很短"，但我们不会说"时间很高""时间很厚""时间很薄"。我们常常会说"时间过得真快""时间飞驰而过""时间凝固了"，但我们不会说"时间真懒""时间真笨"。我们常常会说"上午""上半天""上辈子""下午""下半天""下辈子"，但我们不会说"上时间""上半时间""下半时间"。我们常常会说"时间如流水""时间是金钱"，但我们似乎很少说"时间如井水""时间是粪土"。"时间……是个极其抽象的东西，从无一个人说得明白时间是个什么样子。"（时间 A：沈从文 Y：1992J）但为什么有些空间概念的词语可以用来描写时间，有些不能；有些表示动态概念的词语可以对时间加以说明，而有些静态概念的词不能用来描述时间的特征。同样是水，为什么"井水"很少用来比喻时间。我们可以说"视金钱如粪土"，"金钱"可以用来比喻时间的珍贵，但"粪土"不能用来比喻时间无用。这些现象促使我们思考时间是什么。

21世纪初，我们开始接触认知语言学，并担任硕士研究生认知语言学课程的教学。莱考夫和约翰逊（Lakoff & Johnson）的《我们赖以生存的隐喻》（1980）和埃文斯和格林（Evans & Green）的《认知语言学导论》（2006）对我们了解认知语言学及其相关理论影响很大。这两部著作中有关时间的论述促使我们进一步思考汉语的时间系统。莱考夫和约翰逊（1980）经过观察发现，时间常常通过与表示金钱方面的词汇搭配以获得有关时间的隐喻意义，这些词语包括支出、投资、储蓄、浪费、拥有、给予、备用、用完、预算、搁置、借用、失去等。由此，他们得出了有关时间的概念隐喻，即时间是金钱（TIME IS MONEY）。埃文斯和格林（2006）对埃文斯（Evans）有关时间的系列研究进行总结，结合前人对时间的研究，提出了时间概念的语言（词汇）表征及认知模型（时间在动模型、自我在动模型和时间序列模型）。依据我们对汉语的直觉，时间在词汇层面上及认知层面上的表现，既具有普遍性，也具有跨文化或跨语言差异性。现代汉语时间系统有别于西方语言（主要是英语）中的时间系统，是一种典型的"词汇·语法范畴"系统（龚千炎 1994，1995）。基于这样的认识，我们认为有必要对现代汉语中的时间概念，尤其是时间义的建构进行重新思考。因此，我们以"形-义配对"的构式为切入点，以"时间"及其搭配为研究对象，尝试对现代汉语（相对于古汉语而言）中的时间"概念化"（意义的建构过程）做一挖掘和探讨，为现代汉语时间系统研究提供新的视角。

  选择这个话题还得益于我们多年来对构式语法的学习和思考。2013 年严敏芬的博士论文及 2014 年出版的专著，从构式的角度观察《红楼梦》中的不礼貌现象，2019 年我们编著的《基于用法的构式语法研究》一书为本书的形成打下了坚实基础。感谢江苏省高校哲学社会科学基金支持，为本书的顺利开展提供了经费保障。所谓教学相长，严敏芬指导的本科毕业论文（与构式语法相关）多次获得省级优秀毕业论文，指导的硕士研究生多次获省级研究生创新项目，指导的研究生发表相关高水平论文若干篇，为学院的学科建设和人才培养起到了积极作用，也为本书的研究增加了动力。最后，感谢家人长期以来的支持和鼓励，并为本书数据收集和分析提供了实质性的帮助。

严敏芬　李健雪
2022 年 10 月
于江南大学小蠡湖畔

目录
Contents

1 概论 /1
  1.1 研究背景 /1
  1.2 研究方法 /4
    1.2.1 问题与假设 /4
    1.2.2 "时间"节点 /11
    1.2.3 数据处理 /22
  1.3 研究内容简介 /23

2 相关理论介绍 /26
  2.1 概念隐喻的认知基础 /26
    2.1.1 隐喻与概念隐喻 /26
    2.1.2 理解概念隐喻 /27
    2.1.3 隐喻的概念化基础 /31
  2.2 时间概念的认知基础 /36
    2.2.1 时间的空间隐喻 /36
    2.2.2 时间概念化的词汇模式 /37
    2.2.3 时间概念化的认知模型 /40
  2.3 时间概念化分析框架 /42
    2.3.1 构式的界定及分类 /43
    2.3.2 构式主义方法 /46
    2.3.3 时间概念化分析框架 /50

3 "时间 N" 构式 /53

3.1 "时间 N" 构式家族 /53
3.2 "时间 N" 构式的总体特征 /55
    3.2.1 数据检索 /55
    3.2.2 有效数据 /57
    3.2.3 N 槽位的语义分类 /58
3.3 "时间 N" 构式的概念化分析 /62
    3.3.1 频次变化 /63
    3.3.2 语义特点 /69
    3.3.3 "时间 N" 构式的概念化 /82

4 "V 时间" 构式 /94

4.1 "V 时间" 构式家族 /94
4.2 "V 时间" 构式的总体特征 /96
    4.2.1 数据检索 /96
    4.2.2 原始数据 /97
    4.2.3 V 槽位动词的原始数据 /99
4.3 "V 时间" 构式的概念化分析 /101
    4.3.1 语义类别及特点 /101
    4.3.2 "V 标记" 构式的语义特点 /111
    4.3.3 "V 时间" 构式的概念化 /125

5 "A 时间" 构式 /141

5.1 "A 时间" 构式家族 /141
5.2 "A 时间" 构式的总体特征 /142
    5.2.1 数据检索 /142
    5.2.2 数据处理 /143
    5.2.3 A 槽位原始数据 /145
5.3 "A 时间" 构式的概念化分析 /146
    5.3.1 各类子构式中的形容词 /146
    5.3.2 A 槽位形容词分类及特点 /151
    5.3.3 "A 时间" 构式的概念化 /163

6 "Q时间"构式 /169

6.1 "Q时间"构式家族 /169
6.2 "Q时间"构式的总体特征 /170
6.2.1 数据检索 /170
6.2.2 数据处理 /171
6.2.3 Q槽位原始数据 /172
6.3 Q槽位中的量词 /173
6.3.1 语义类别及量词信息 /173
6.3.2 Q槽位量词的特点 /176
6.3.3 "Q时间"构式的概念化 /180

7 "上/下T空间关系"构式 /192

7.1 "上/下T空间关系"构式家族 /192
7.2 "上/下T"构式的总体特征 /193
7.2.1 数据检索 /193
7.2.2 数据处理 /193
7.2.3 T槽位原始数据 /197
7.3 T槽位中的时间词 /198
7.3.1 语义类别及时间词信息 /198
7.3.2 T槽位时间词的特点 /199
7.3.3 "上/下T"构式的概念化 /203

8 结 语 /215

8.1 主要发现 /215
8.2 今后研究的建议 /220

参考文献 /222

本书表格

表 1.1　构式变化的类型及表现　/8
表 1.2　"时间"构式的变化类型及表现　/10
表 1.3　古汉语"时间"短语表达　/13
表 1.4　古汉语"时间"构式家族　/16
表 1.5　"时间""上/下"节点词构式　/22
表 2.1　时间概念化在词汇层面上的表现　/39
表 2.2　不同大小和复杂度的构式分类　/44
表 2.3　时间构式的类型及大小　/45
表 3.1　"时间N"构式的原始频次及搭配频次　/55
表 3.2　"时间N"子构式的有效频次　/57
表 3.3　"时间N"构式中N分类总表　/59
表 3.4　子构式间的文本频次变化　/63
表 3.5　型符频次和类符频次排序　/65
表 3.6　"时间N"构式的语义类别　/69
表 3.7　N槽位语义多样化的理据和机制　/85
表 4.1　"v时间vn"表达式原始数据　/97
表 4.2　V槽位动词的原始分类　/100
表 4.3　V槽位语义类别及动词信息　/101
表 4.4　"V标记"构式分类　/111
表 4.5　"V标记"构式的动词信息及分类　/112
表 5.1　"A时间"构式家族A槽位形容词频次汇总　/145
表 5.2　"A+时间"构式中的形容词及频次　/147
表 5.3　"A的时间"构式中形容词及频次　/148
表 5.4　"时间+A"构式中形容词及频次　/150
表 5.5　"时间很A"构式中形容词及频次　/150
表 5.6　"时间非常A"构式中形容词及频次　/151
表 5.7　5类子构式最高频形容词　/164
表 6.1　"Q时间"构式家族Q槽位量词频次汇总　/172

表 6.2 "Q+时间"构式中的量词 /174

表 6.3 "Q 的时间"构式中的量词 /174

表 6.4 "一 QN 的时间"构式中的量词 /175

表 6.5 "一 QN 时间"构式中的量词 /176

表 6.6 4 类子构式最高频量词 /180

表 6.7 子构式与量词的吸引关系 /184

表 6.8 量词语义类别 /186

表 7.1 "上 T"构式中的时间词 /194

表 7.2 "下 T"构式中的时间词 /195

表 7.3 "上/下半 T"构式中的时间词 /196

表 7.4 "上/下 T 空间关系"构式家族 T 槽位时间词频次汇总 /197

表 7.5 6 类子构式最高频时间词 /204

表 7.6 "上/下半 T"构式中时间词的频次 /208

表 8.1 "时间"构式槽位信息汇总 /215

本书插图

图 1.1 "时间"频次 /18

图 1.2 "改革开放"频次 /19

图 1.3 "里根总统"频次 /19

图 2.1 时间的认知模型分类 /40

图 2.2 时间在动模型 /41

图 2.3 自我在动模型 /41

图 2.4 时间序列模型 /42

图 2.5 现代汉语时间概念化分析框架 /51

图 3.1 "时间 N"构式家族 /54

图 3.2 "时间 N"构式网络关系 /68

图 3.3 N 槽位名词的语义范畴 /83

图 4.1 "V 时间"构式家族 /95

图 4.2 V 槽位动词的语义范畴 /126

图 4.3 拥有类范畴成员关系 /130

图 4.4 标准类范畴成员关系 /132

图 4.5　动态性范畴成员关系　/135
图 4.6　主观态度类范畴成员关系　/138
图 4.7　标记类范畴成员关系　/140
图 5.1　"A 时间"构式家族　/142
图 5.2　物理空间的隐喻性延伸　/166
图 5.3　认知空间的隐喻性延伸　/167
图 6.1　"Q 时间"构式家族　/170
图 7.1　"上/下 T 空间关系"构式家族　/192
图 7.2　范畴及范畴成员　/205
图 7.3　"初、底、末"的不对称　/213

概　论

 研究背景

时间是一个抽象的概念。传统认为，时间系统属于语法范畴。对句子的时间系统和时间表达特征的研究，一直是中外语法研究的热点和难点。现代汉语时间系统属于"词汇·语法范畴"，是一个既包含语法因素又包含词汇因素的复杂系统。如何将语法形式和词汇意义结合起来，在词汇-语法连续系统上观察现代汉语时间系统，是语法研究认知转向的必然要求。

现代汉语时间系统研究始于20世纪三四十年代。叶斯柏森（Jespersen 1924）的《语法哲学》等西方传统语法研究对汉语时间研究产生直接影响。早期的研究散见于汉语语法著作的章节中，研究目的在于确定汉语中存在时间词和体等语法特征（黎锦熙 2001；吕叔湘 2017；高名凯 1986；王力 1943）。

20世纪八九十年代，现代汉语时间系统研究相对成熟。西方有关"时"的研究（Reichenbach 1947）、动词分类、体系统研究（Vendler 1957，1967；Comrie 1985）为汉语时间研究注入了活力。句子的时相、时制和时态三元结构的提出（陈平 1988），以及对时相、时制和时态三维互动关系的分析（龚千炎 1994，1995）为"为全面阐释现代汉语中与时间性相关的语法现象建立一个简明的理论框架"（陈平 1988）。后续的研究主要围绕时间三元结构做相关的描写及拓展分析（戴耀晶 1997；李向农 1995，1997；陈前瑞 2008），但对汉语时间表达兼有词汇形式和语法形式产生的原因未做系统分析。

进入21世纪，受国外认知语言学对时间研究的影响，现代汉语时间系统研究出现了认知转向。首先，认知语法有关动词内部"过程"分类的界性研究（Langacker 1987，2008）、句子论元层面的"过程分类"（Taylor 2002）及状态时相的二维几何表征分类（Croft 2012）等研究成果丰硕，促使国内学者对时间系统做进一步思考。例如，汉语语法结构中动作在时间上有"有界""无界"的对立问题（沈家煊 1995）、二维几何表征在描述致使关系方面的作用（于秀金、彭芳 2014）等研究，都是汉语时间系统研究认知转向的标志。

其次，概念隐喻理论（Lakoff & Johnson 1980；Lakoff 1987）强调概念系统的隐喻性，打破了时间-空间的藩篱，认为理解时间这样的抽象概念，需要借助空间域概念。概念化时间的"时-空隐喻"，或者说是时间概念空间化，为时间及时间系统研究提供了认知动因（如 Filipović & Jaszczolt 2012a, b；Evans 2004；Evans 2013；Lewandowska-Tomaszczyk 2016；戴浩一 1990，1991；Yu 1998；周榕 2000，2003；张建理 2003；董为光 2004；匡腊英 2011）。近年的研究在原先研究的基础上得到了深化，更加强调时间构式的认知研究。魏义祯（2019）以"来/往""前/后""上/下"的协调为例，探讨了汉语时间的认知机制，认为汉语时间表达的空间隐喻系统在根本上可归结为"时间在动"和"自我在动"两个子系统，而其他类别的时间表达式大多由这两个隐喻子系统引申而来。牛儒雅（2021）以构式语法为视角，在详细阐述"VP 以前""VP 以后"构式的形式和语义特征的基础上，以时间流动方向为切入点，探讨了"VP 以前""VP 以后"构式的时间指称性的特点，概括了两构式指称义的认知方式：空间域的"前后"投射为时间域的"以前""以后"。

最后，构式语法强调形式和意义或形式和功能的配对，视构式为语言的基本单位，认为研究语言就是对构式的研究。构式槽位中的词义和构式义之间的关系在很大程度上受构式本身制约，产生构式压制。例如，构式语法理论有关时体压制研究（De Swart 1998；Michaelis 2004）为汉语时间研究提供了新的思路（袁野 2011；王寅 2013；周小涛、王军 2017）。总体来说，此阶段的研究视角偏多，但反映现代汉语时间系统特点的认知理论和方法尚未形成，对现代汉语"时间"概念的认识尚未形成一致的看法。

纵览前期相关研究，我们发现现代汉语时间系统研究有以下几个发展趋势。

第一，由基于形式的研究向基于构式的研究发展。学界普遍认为，与印欧语富于屈折形态变化不同，汉语缺乏形态。正如吕叔湘先生（2005：79）所说，"汉语里没有发达的形态变化"，汉语里"有形态标志的语法范畴不多"。因此，与印欧语言的时间系统完全属于语法范畴不同，现代汉语时间系统属于"词汇·语法范畴"（龚千炎 1994，1995）。该观点的提出客观反映了"词汇"意义和"语法"结构在现代汉语时间系统建构中的作用。但是，时间系统中的词汇和语法如何结合表达特定的时间意义，相关研究并没有给出系统的解释。因此，强调从意义出发，寻找形式抽象的构式语法理论，能为现代汉语时间研究提供有效的形-义结合（构式）的路径。事实上，在时间研究中，学者们对构式的关注一直存在，大量时间构式被挖掘出来，如 X 前/后（李向农 1997）、"前后式"与"来去式"（史佩信 2004）、"在 V（NP）"与"V 着（NP）"（祝东平、祝郝 2012）、"介词+时间词"结构（余东涛 2013，2015）等。另外，现代汉语体构式（袁野 2011；王寅 2013；周小涛、王军 2017）在时间义中的不同表现也受到了关注。再如，王晨阳（2020）以构式语法为视角，探讨了汉语中"大+时间词+（的）"构式（"大早晨的""大半夜"）的认知因素，表明该类构式所具有的语用功能及文化特殊性。这种以形-义配对（构式）为取向的研究，能够有效弥补时间表征上形式与意义不一致的现象，突破了传统三维结构（时相、时制和时态）研究的局限。

第二，由共时描写向历时研究发展。由于对句子的时相、时制和时态所做的共时概括并不能完全反映时间结构的复杂性，探讨时间结构的历时发展开始受到关注。例如，古汉语时间格式"X+以降"的词汇化过程（吴德新 2009）、时间结构的语法化的过程（石毓智 1995；江蓝生 2002；胡孝斌 2008；匡腊英 2011）、时间构式"VP（之）次"的消亡（胡斌彬 2016）、表达时间先后关系的时间标记的历时变化（金晓艳 2012）。董正存、张飘（2022）对 X 为动词性语素、具有时间用法的半图式性构式"X 手"的时间用法进行了研究，发现"X 手"可以用为时间副词，义为"立即/马上""随即""紧接着"。该构式的时间用法主要从其动词用法经由隐喻发展而来，其所处的句法位置促使它最终演变为时间副词。历时研究能够从较小的构式单位洞察形式和意义的发展和变化，能够弥补共时描写所不能发现的有关时间观念与时间表达的动态关系。

第三，由内省数据描述向实证研究方向发展。基于内省得到的数据受研究者的主观因素影响较大，不利于客观描写真实的语言现象，因此，实证方法逐渐进入时间研究领域。

（1）采用基于语料库的方法，发现汉语标记配套型并列项时间关联的紧密度和其句法形式之间的象似性，如张建（2013）。

（2）引入心理实验方法，观察被试者的心理、行为习惯、情绪等因素，论证现代汉语时间的认知基础及心理现实性，如刘丽虹、张积家（2009），杨文星、文秋芳（2014）。张颖颖等（2016）采用通过空间启动实验，考察汉英双语者经验对汉语时间-空间隐喻加工偏向性的影响。实验结果表明，对于非平衡的汉英双语者而言，英语经验对汉语母语者时间-空间英语加工的偏向性产生影响，而汉语时间-空间隐喻加工的垂直偏向性表现出相当程度的稳固性，并由此进一步验证"汉语时间-空间隐喻的加工表现出一定的垂直偏向性"假设。

实证研究方法能将时间研究与语言使用者联系起来，从语言使用中得到真实而客观的观察。语料库能够为研究者提供多样、客观而真实的语料信息，语料库方法穷尽所要检索的数据，为归纳时间用法的规律或验证现有假设提供便利。心理实验法具有即时性和动态性的特点，能够实时观察被试对时间刺激的感知和行为表现，进而获得对现代汉语时间认知的客观描写和解释。

显然，构式语法及实证主义方法已成为语法认知转向时间研究的主要取向。国外已有从构式的角度观察时间的专著出版，如希尔伯特（Hilpert 2008）和埃文斯（2013），但国内对时间的相关研究相对零散，还未形成适合分析现代汉语时间系统特点的构式语法理论和方法，对时间意义本质的研究还不够全面。因此，该领域具有广阔的研究空间。

1.2 研究方法

本书以现代汉语中的"时间"一词为标记词，以构式语法为视角，将"时间"标记词置于广泛的构式网络中，形成"时间"构式网络。在构式网络环境下，"时间"标记词将被重新命名为"时间"构式节点词（或"时间"节点词）。我们以"时间"节点词为切入点，采取定性和定量相结合的方式，对不同语言层面的"时间"构式进行识别和归类，形成由众多子构式组成的"时间"构式家族。然后，利用语料库检索式，对各类子构式进行检索，尽量穷尽"时间"构式槽位出现的词及频次。在此基础上，根据语义特征，对进入"时间"构式槽位中的词进行分类、描写和归纳，力求可视化现代汉语时间概念化的可能趋势及路径。

1.2.1 问题与假设

本书的目的是寻找时间意义建构的单位（构式），以形-义配对的构式为窗口，观察"时间"构式槽位中形形色色的语言现象，剖析现代汉语时间意义的形成过程，或称概念化过程，发现现代汉语时间意义建构的认知特点及文化特殊性，促发人们对时间的新认识，寻找时间系统研究的新路径。

本书的核心观点："时间"是一个文化敏感的实体，时间的概念化体现了中国"天人合一"的哲学思想，即"天地与我并生，万物与我为一"。"天人合一"的思想强调人类的生理、伦理、政治等社会现象是自然的直接反映。依据这一思想，现代汉语时间的概念化表现，既能反映个体对时空关系的认知（体认观），也能反映个体顺应自然、尊重社会发展规律的境界（互动观）。具体地说，对时间概念化的认识，不仅仅反映汉民族特有的思想状况，更反映汉民族特有的生存状态。

著名作家沈从文在他的散文《时间》中这样写道：

一切存在严格的说都需要"时间"。时间证实一切，因为它改变一切。气候寒暑，草木荣枯，人从生到死，都不能缺少时间，都从时间上发生作用。

…………

……"时间"并不单独存在。时间无形，无声，无色，无臭。要说明时间的存在，还得回头来从事事物物去取证。从日月来去，从草木荣枯，从生命存亡找证据。正因为事事物物都可为时间作注解，时间本身反而被人疏忽了。所以多数人提问到生命意义同价值时，没有一个人敢说"生命意义同价值，只是一堆时间"。（时间A：沈从文Y：1992J）①

在《时间》一文中，沈从文对时间的本质进行了高度概括，既说明了时间的物理性质——无形、无声、无色、无臭，说明了时间是一种自然的存在——气候寒暑、草木荣枯、人从生到死，都不能缺少时间，又说明了时间并不单独存在，是人与自然的高度统一体。

现代汉语中，人们对时间的认知综合了文化、社会、群体、个体和即时语境等因素，表现出极其丰富的内涵。BCC（北京语言大学语料库中心，BLCU Corpus Center，简称BCC）语料库中有一篇微博，记录了对时间的一些认识：

勤奋者，抓紧时间；懒惰者，消磨时间；有志者，珍惜时间；无为者，浪费时间；忠诚者，遵守时间；投机者，等待时间；聪明者，积累时间；愚昧者，忽略时间；求知者，利用时间；无知者，荒度时间；实干者，重视时间；谦虚者，赢得时间；乐观者，赞美

---

① 注：书中引用的例句均来自语料库，我们仅在例句结尾处用括号标示该例句的语料库信息。考虑版面空间，适当删减语料库引文来源中的部分信息，如结尾处的".txt"、某些重复的信息等，仅保留了反映引文主要特征的信息。

时间；悲观者，叹息时间！

上述微博使用了14个动词，表明被描述者对时间进行处置的各种方式和态度：抓紧、消磨、珍惜、浪费、遵守、等待、积累、忽略、利用、荒度、重视、赢得、赞美、叹息。一方面，这些动词基本代表了当今社会14种不同类型的人对时间的处置方式和对待时间的态度。另一方面，对时间的处置方式和态度的不同，因而产生对人群的不同分类：勤奋者、懒惰者、有志者、无为者、忠诚者、投机者、聪明者、愚昧者、求知者、无知者、实干者、谦虚者、乐观者、悲观者，启示人们要重视、珍惜、尊重时间，而不是浪费、忽略、荒度或叹息时间。显然，将处置时间的方式和态度与持不同生活态度的人结合起来，这不仅是个体对时间认知的概括，也是对群体认知的概括总结，体现了汉民族当下特有的生存状态。

对现代汉语时间概念化的研究，不仅仅是对我国"天人合一"哲学思想理解的深化，也为我国"天人合一"哲学思想的发展提供一个新的观察点。另外，对现代汉语时间概念化的研究，打破了西方知识界对我国时间观念固有的和狭隘的认识，即汉语中的时间大多是垂直型（如上午、下午、上月、下月、上辈子、下辈子等），从而形成适合现代汉语特点的时间研究的新路子。

为了回应上述观点，我们提出了下列具体的假设。

第一，时间系统是人类语言不可或缺的组成部分，"时间"本身就是形式和意义的配对，是构成语言的基本单位。时间单位在语法上有各种表现，包括现在时、过去时、将来时，表示时间的屈折词缀等。时间单位还包括各种类型的时间词，具体包括：副词时间词（如"过去""现在""将来"）、空间时间词及表达式（如"上、下、前、后"）、移动动词（如"来、去"）、表示完结的语气词（如"了"）等。除此以外，时间本身也是一个特殊的时间单位，构成特定的形-义配对，表达特定的时间意义。

第二，"时间"还可以是语法层面上的构式节点，有自身的构式家族，形成独特的构式网络。"时间"在汉语中是由"时"和"间"两个语素合成的词语，"时"表示时间，"间"表示空间，是一个形-义配对的构式，表达时间意义。汉语中常有"现在是几时""时间间隔为5分钟"等表达式，其中，"时"和"间"分别指具体的时间点和空间距离。"时"语素和"间"语素合成一个形式和意义不可拆分的语言单位（构式），表达时间意义。苏（Su 2016）认为，汉语中的时间和空间呈现出一种混合的形式，而不是广为认可的用一个维度概念化另一个维度。譬如说，汉语中的"宇宙"一词，由"宇"和"宙"两个语素合成，分别指空间和时间，现已合成一个词语。也就是说，空间和时间合二为一。

埃文斯在《"时间"的意义：多义性、词汇和概念结构》一文中指出："'时间'（time）可以被看成一个词素，该词素由许多不同意义组成，构成语义记忆中词汇范畴的实例。"（2005：33）在埃文斯看来，"时间"既是一个词，又是一个词素，既有中心义，又有边缘义，是一个围绕中心义（许可义）组织起来的语义网络。"时间"多义性的产生受多种因素影响，包括许可意义、概念加工和结构关系及语境因素。因此，对"时间"多义性的解释需要考虑语义表征、认知机制和情景化的语言使用等因素。

据此，我们认为，在语言使用中，"时间"作为一个实体构式，具有很强的吸引力，能够吸引语境相关的词语及周围的表达式，构成一个极其丰富的构式家族，形成复杂但又有序的构式网络。"时间"在构式网络中起节点的作用，连接子构式，决定着网络的性质、厚度、宽度、延展程度。"时间"构式网络为我们观察时间义的产生（如何概念化）提供窗口。

根据现代汉语的特点和语料库数据验证，我们概括总结了5类"时间"构式家族，分别是："时间N"构式家族、"V时间"构式家族、"A时间"构式家族、"Q时间"构式家族、"上/下T空间关系"构式家族。具体地说，"时间"构式槽位中的名词（N）、动词（V）、形容词（A）、量词（Q）与"时间"搭配能力强，词类非常丰富，语义特征和频次特征非常明显，为我们观察现代汉语时间概念化提供了极佳路径。除了上述4种词类，我们又增加了空间关系和时间搭配使用的案例。我们选择了空间关系中的"上"和"下"两个方位词，在"上/下"空间关系构式基础上，观察方位词"上/下"与时间词（T）的使用特点，进一步验证现代汉语时间概念化的特殊性。也就是说，现代汉语在时间空间化过程中，作用于时间的空间词是有限的，而且有一定的规律。这一现象，我们将在本书第7章详细阐述。

第三，时间概念具有隐喻性和多义性的特点。时间是一个抽象的概念，对抽象概念的理解和认识，需要借助具体的或已知的概念。也就是说，具体域或已知域中的概念，能够有效提升人们对未知域或抽象域的理解和解读。隐喻也是产生词义多样性的重要的认知机制之一。认知语言学认为，隐喻促使词汇层面上的意义得到了扩展（如一词多义现象），隐喻同样也促使语法层面上各图式构式的意义扩展，如-er语素的多义性、双及物构式的多义性等。

"时间"构式是一个带有节点词的构式，不仅"时间"这个节点词可以定义"时间"构式的语义特性，而且"时间"构式作为一个强大的母构式，能为该构式义的语义内容、语义范围及意义变化和发展起压制作用。也就是说，进入"时间"构式槽位的所有词汇类别都需得到构式语境的许可和限制。

第四，频次关系能够解释"时间"构式的图式性程度和能产性强度。频次是单位时间内完成振动的次数，是描述振动物体往复运动频繁程度的量。在语言中的频次单位可以是一个语篇中词汇出现的次数，也可以是一个构式中构式槽位吸引词汇的数量。

构式是一个形式与一个意义的象征配对（symbolic parings），反映结构或语义/语用上的异质性，或者即使没有这种异质性，也是一种高层次的强化。构式的范围涉及语言的各个层面，小到语素（如-er），大到短语（如move around）、句子（如双及物构式、致使移动构式、Way构式）或语篇（如寓言故事），还包括具体的词汇（如英语名词 dog），以及习语性表达（如 let alone、blow the whistle on NP、kick the bucket）。尽管这些形式在抽象性和图式性方面存在差异，但每一种构式都将某一特定的形式与某一特定的意义相连接，形成一个象征单位（symbolic unit）。认知语言学认为，语言学知识的总和可以被看成具有等级的、有序排列的象征单位的网络。在这网络中，更具图式性构式与更具体的构式共享若干或全部特征。每种被说话者存储在心里的语言形式（出于异质性或频次），都代表这一构式网络的节点。从历时角度来看，网络中单个或多个节点都可能发生变化，而语料库能为这些变化提供可直观的频次数据。

在语言使用中，构式的形式和意义会经历转化与演变。形式与意义的变化可以采取频次测量的方式，观察变体形式的频次变化。根据希尔伯特（2013）的观点，构式变体可能由于频繁使用而导致该构式的原型发生改变。即使结构上没有发生根本性的改变，该构式也可能经历绝对频次、相对频次或类符频次的变化。（表1.1）

表1.1 构式变化的类型及表现

类型	表现
频次	（1）文本频次变化
	（2）相对频次变化
	（3）能产性变化
	（4）体裁及变异性变化
形式	（5）词素音位变化
	（6）形态句法变化
	（7）论元结构变化
	（8）宿主类扩展

续表

类型	表现
功能	（9）隐喻和转喻
	（10）类比扩展
	（11）搭配变化

表1.1是在希尔伯特（2013：461）讨论基于语料库的构式演变时所做的概括。就频次而言，构式演变主要涉及文本频次变化、相对频次变化、能产性变化和体裁及变异性变化。从构式演变的语言形式上看，演变涉及语言的各个层面，包括词素变化、形态句法变化、论元结构变化和宿主类扩展四个方面。就构式的意义变化或功能变化而言，构式演变涉及隐喻和转喻、类比扩展和搭配变化等方面。希尔伯特将构式变化分为三种类型：频次变化、形式变化和功能变化。在希尔伯特（2013）看来，频次在构式研究中至关重要，因为频次测量不但是语料库语言学研究方法的支柱，而且是从基于语料库的角度对形式和功能变化进行研究的主要手段。频次变化虽然不一定造成构式的形式变化，却反映了构式与特定语境中的语言使用及其功能的关系。虽然构式在形式、功能和频次这三种变化中相互关联，却由此衍生出多类型的演变。就"时间"构式而言，我们关注进入"时间"构式槽位中的词汇及语义特点，观察这些词汇出现的频次及其频次效应对时间概念化的影响，我们认为，频次对构式的形式和功能起着十分重要的作用。

比如，在对"时间N"构式进行检索时，语料库会自动给出"时间N"构式中N槽位的原始频次（2 316）及搭配频次（744）。我们还可以观察"时间N"构式中各类子构式的频次情况。比如，在"时间N"构式的各类子构式中，"时间是N"子构式和"时间就是N"子构式各自的原始频次分别是936和858。从表面上看，两类子构式的原始频次差别不大，但从搭配频次看，"时间就是N"子构式的搭配频次（108）明显低于"时间是N"子构式的搭配频次（455）。也就是说，能够进入"时间就是N"子构式N槽位的名词数量相对较少，而能够进入"时间是N"子构式N槽位的名词数量相对较多。这种现象至少说明："时间就是N"子构式开放度相对较低，构式吸引名词的能力也相对较弱。这一现象表明"时间就是N"子构式中存在某些类型的固定搭配，导致该构式语义固化，对不符合此类子构式的名词呈排斥趋势。相反，"时间是N"子构式开放度相对较高，构式吸引名词的能力也相对较高。这一现象表明，"时间是N"子构式的语义兼容度较高，能够吸引更多的名词进入N槽位，共同作用于对"时间"义的建构。

本书主要关注的是文本频次变化和相对频次变化。利用文本频次变化的目的是了解母构式和子构式在语料库中的原始频次和搭配频次，利用相对频次变化的目的是观察子构式之间的关系，从而确定构式的图式性和能产性，进而获得时间概念化所需的频次数据。由于我们仅利用语料库观察频次变化，对口语和书面语等体裁类型不加区分，也不考虑频次变化是否影响词素音位变化、形态句法变化、论元结构变化和宿主类扩展等层面。本书的研究聚焦该"时间"构式的各类子构式类型及其形式变化，研究对象是一个带"时间"标记（节点词）的构式，其形式变化不涉及上述语法层面上的变化。"时间"节点词构式的形式变化包括上面提到的5类"时间"构式家族，即"时间N"构式家族、"V时间"构式家族、"A时间"构式家族、"Q时间"构式家族、"上/下T空间关系"构式家族。这里需要补充说明的是，本书中的"时间"节点词构式（以下简称"时间"构式）是一个宏观构式，或者说是构式网络上的总节点。该节点词构式下涵盖上述5种类型的构式家族，每个构式家族又分别由众多的子构式（或成分构式）组成。

　　除了频次变化和能产性变化，我们还关注隐喻和转喻现象，这一现象直接关系"时间"构式的多义性特征。同时，由于类比延伸表示的是新的词汇成分出现在一构式中的情况，属于语义变化，因此，我们将类比延伸纳入分析框架中，分析同一构式槽位中各类词语及这些词语之间的类比关系，观察这些词语如何通过类比进入构式槽位，并作用于"时间"构式义的变化。除此之外，搭配变化，特别是搭配偏好，对"时间"构式也会产生影响。出现在构式槽位中词汇语义的分类（范畴化）及"时间"构式的多义性等现象，也为我们观察现代汉语时间概念化的运动轨迹提供依据。有关"时间"构式所涉及的变化类型及表现见表1.2。

表1.2　"时间"构式的变化类型及表现

类型	表现
频次	（1）文本频次变化
	（2）相对频次变化
	（3）构式的能产性变化
形式	（4）"时间N"构式家族
	（5）"V时间"构式家族
	（6）"A时间"构式家族
	（7）"Q时间"构式家族
	（8）"上/下T空间关系"构式家族

续表

类型	表现
功能	(9) 隐喻
	(10) 类比扩展
	(11) 范畴化
	(12) 多义性/搭配变化

表 1.2 概括了本书所涉及的构式变化的 3 大类型及 12 种表现。我们将延续希尔伯特（2013：461）构式变化的频次、形式和功能三个层面。在频次变化中，我们关注文本频次变化、相对频次变化和构式的能产性变化。在形式方面，我们围绕"时间"构式，关注"时间"节点下 5 类构式家族组成的构式网络。在功能方面，我们重点关注构成时间概念化的认知机制，包括隐喻、类比扩展、范畴化和多义性/搭配变化等。频次变化旨在提供原始数据，以便观察"时间"构式在形式和功能上的表现，或时间概念化的内在机制。

1.2.2 "时间"节点

在研究假设的基础上，我们尝试寻找"时间"节点，建立"时间"构式网络框架。我们首先观察现代汉语中的时语素，目的在于宏观把握现代汉语中可能的时间表达类型。然后，我们对古汉语中的"时间"一词进行检索，通过了解"时间"在古汉语中的表现，进一步确定选择"时间"作为节点词的合理性。最后，我们利用在线语料库，确定"时间"节点的可行性和可操作性。

1.2.2.1 现代汉语中时语素

BCC 语料库自带时语素检索式（Tg），方便我们获得现代汉语时语素的使用情况。我们将 Tg 输入 BCC 语料库中，共得到 981 633 个频次结果。针对这 981 633 个频次结果，计算机自动统计 59 个搭配频次结果。这 59 个搭配频次结果大致可以概括为以下几个类别（每一个类别按频次高低排列）：

(1) 昼夜更替（晚、夜、晨、早、夕、晓、午、朝、暮、昼、宵、昏、日、晌、旦、曙、初）。

(2) 季节更替（春、秋、冬、夏、暑、伏）。

(3) 朝代更迭（唐、汉、楚、宋、秦、元、魏、商、隋、吴、周、越、金、晋、鲁、辽、齐、梁、陈、赵、郑、蜀）。

(4) 指示性时间（今、现、明、昔、古、昨）。

（5）空间时间（中、往、后、近）。

从主观和客观的角度看，现代汉语时间系统的时语素包含不受语言使用者主观认识而存在的客观时间，如前3类，以及受语境和语言使用者的主观认知而存在的主观时间，如后2类。从空间和时间的关系看，现代汉语时间系统的时语素包含非空间时间和空间时间两类。非空间时间主要指前4类，空间时间主要指第5类。从更宽泛的角度看，这5类都可以是空间时间。朝代更迭在历史空间中运行，昼夜和季节更替在客观物理空间中运行，指示性时间在说者心中实现。从自然和非自然的角度看，现代汉语时间系统的时语素包含自然时间和非自然时间。自然时间包括日出和日落一昼夜（24小时）的时间，如第1类，也包括一年四季岁月枯荣（365天）的时间，如第2类。非自然时间包括朝代更迭和历法时间，如第3类，也包括指示性时间和空间时间，如后2类。从农业意义的角度看，第2类也与农业生产和气候关系有关，一年四季可以理解为"春生、夏长、秋收、冬藏"。四季更替的规律与我国古代的24个节气对应。历法时间还包括物理钟表时间和年月日时间。

从语言使用的角度看，现代汉语时语素包含语境时间和非语境时间：非语境时间是指不受说者指示中心限制的、语言社群普遍认可的、常规化的时间概念，如前3类；语境时间是指需要根据说者讲话时的语境才能确定意义的时间概念，如第4类指示性时间和第5类空间时间。由此可见，现代汉语时间概念十分复杂，时间概念具有浓重的文化色彩。

BCC语料库中的时语素仅提供了表达现代汉语时间的基本类型，形式广泛，概括性强。但现有的时语素仅能部分反映现代汉语时间概念的某些特征，对语言使用者如何看待时间、如何定义时间、如何赋予时间以意义，则需要进入更广阔的语境中才能被发现。时间是一个抽象的概念，对时间的理解是动态和变化的，需要大量的语境信息、真实的语料才能发现规律。"时间"一词因其自身的特点也许能为时间动态变化的过程提供线索。据此，我们尝试从BCC语料库中的古汉语部分寻找数据，观察"时间"这个词语在古汉语中是否存在，如果有，又具有怎样的特点。

1.2.2.2 古汉语中的"时间"

BCC语料库涵盖多个子语料库，古汉语部分属于子语料库的一个类别。由于本研究不涉及语体研究，对各个类别的子语料库（文学、报刊、对话）不加区分，因此在检索"时间"构式时，我们选择"多领域"栏目，其中包括古汉语子语料库中的"时间"数据结果。于是我们对"多领域"和"古汉语"中的"时间"关系做一处理。我们在"多领域"栏目中输入"时间",共得到 757 126 个频次结果,其中包括古汉语中的"时间"频次结果。

我们在"古汉语"栏目中,输入"时间",共得到 7 574 个频次结果。与"多领域"(整个现代汉语语料库)栏目相比,"古汉语"栏目中的"时间"频次相对偏低,只占全部数据的 1%。尽管如此,"时间"及其搭配模式在"古汉语"栏目中已经有一定的规律可循。据此,我们认为,将"时间"词作为"时间"构式节点挖掘现代汉语时间的特点是合理的,也是可行的。为了验证这一假设,同时也为了确保"时间"构式的后续分析不被古汉语数据干扰,我们对古汉语中的 7 574 个结果做了分析,发现古汉语中的"时间"主要有两种呈现方式:第一,对古典作品进行注释或备注;第二,固定短语。

古汉语中的"时间"一词使用相对较少,有相当一部分"时间"词为后人对古典作品进行注释或备注时使用。例如,"真按:文溯阁四库全书详校完毕.文溯阁四库全书详校时间"(纂修四库全书档案史藏\别史),"真按:四库全书之成书时间"(纂修四库全书档案史藏\别史)。起备注作用的例子包括注册时间、在线时间、发表时间等。实际上,注释和备注中所使用的"时间"一词只是出现在古汉语语料库中,对古汉语的某些作品等史料起说明和解释作用,并不属于古汉语本身。

但古汉语中确实出现了以"时间"为节点的时间概念。这些时间概念主要是一些表达"立刻、马上"等瞬间义和短暂义的固定短语。这些固定表达式在古汉语中出现的频次从高到低分别是:一时间(1 597)、霎时间(1 439)、片时间(215)、少时间(210)、暂时间(108)、登时间(95)、两时间(21)、煞时间(13)、岁时间(12)、几时间(10)。从频次上来看,"一时间"和"霎时间"出现的频次较其他表达式高,因而可以被看成古汉语表达瞬时、即时义或立刻、马上义的主要手段。(表 1.3)

表 1.3 古汉语"时间"短语表达

短语	频次	例句
一时间	1 597	1)轻轻的除下"八珠环",解去"锦裙栏",一时间"五岳朝天",合着"油瓶盖",放着这"宾鸿中弹",少不得要"劈破莲蓬"。(西湖二集集藏\小说) 2)一时间,烈焰冲天。木兰带唐兵冲杀而来,番兵四散逃走。(木兰奇女传集藏\小说)
霎时间	1 439	1)霎时间——日坠烟浮四望迷,画堂金屋绣帘垂。漏声频趱银壶箭,窗外梅花月影移。(秦王逸史集藏\小说) 2)霎时间,一枕梦游仙,觉来也重行,锦屏深处。(全金元词诗藏\词集)

续表

短语	频次	例句
片时间	215	1) "万壑树声满,千岩秋气高"之警炼,"孤云与飞鸟,千里片时间"之超远(小清华园诗谈诗藏\诗话) 2) 说时容易做时难,学得丹书不是丹。踏破草鞋无觅处,得来只在片时间。(玄宗直指万法同归道藏\正统道藏太玄部)
少时间	210	1) 少时间来了几个人,乡约、地方、保甲等一齐同来……(彭公案集藏\话本) 2) 寂尔少时间。唯觉无所得。即觉无觉。(禅宗永嘉集佛藏\大藏经\论藏\诸宗部)
暂时间	108	1) 暂时间寄迹他州。且喜朝云新得一子。已带往任所去了。(六十种曲金莲记诗藏\剧曲) 2) 试看远嫁昭君。涉胡沙万重。孩儿就此拜别。悲恸。暂时间高堂泪别。明日里征车尘拥。各黯然相看无语。魂断碧天风。(六十种曲明珠记诗藏\剧曲)
登时间	95	1) 宋四正然说梦话,只觉得两眼发黑一阵昏。浑身冷汗如珠滚,登时间唇如白纸面如金。(第一奇女集藏\小说) 2) 来了些邻舍隔房人救火,怎奈那烈焰扑人猛又凶!登时间栋梁瓦砖成灰烬,一带的房屋都属了祝融。(第一奇女集藏\小说)
两时间	21	1) 答言:"麻姑再拜,比不相见。忽已五百余年,尊卑有序……还便亲觐。愿未即去,如此两时间。"(神仙传道藏\藏外) 2) 侯两时间,方取纸看。(法海遗珠道藏\正统道藏太平部)
煞时间	13	1) 有一日,血淋漓,命丧刀头下。煞时间,屠肠胃,身首分,鱼鳞碎剐!(缀白裘诗藏\剧曲) 2) 煞时间愁云滚滚,怒气冲冲,天昏地暗,月色无光。(善恶图全传集藏\小说)
岁时间	12	1) 怅望故山云物改,归心不断岁时间。(张苍水诗文集集藏\四库别集) 2) 俱有太监在彼伺候茶水。岁时间有犒劳给银之事。朕平素深知。原所不究。(清实录乾隆朝实录史藏\别史)
几时间	10	1) 三十六峰应笑我,纷纷尘事几时间。(全宋诗诗藏\诗集) 2) 未有一流不入大海。人亦如是同趣死处。为业长短受生修促。未几时间会亦归灭。(付法藏因缘经佛藏\乾隆藏\西土圣贤撰集)

(注:表中例句源自语料库,例句后括弧中的引文信息系语料库自动提供,未做改动)

表1.3显示,古汉语中的时间表达式,其构成方式主要采用的是"时间"节点词与表量语素,如"一、霎、片、少、暂、登、两、煞、岁、

几"等。语料库数据显示,在古汉语文学作品中,已大量出现以"时间"为节点词,以量词为量化手段的"时间"构式,即"Q时间"构式(Q表示量词)。"Q时间"构式在古汉语中主要表示短时义或瞬时义。

通过对古汉语"Q时间"构式的进一步检索和人工语义识别,我们发现,"Q时间"构式除了表示"短时义""瞬时义",还可以用来表示"约数",如"几多时间""多少时间",如例(1)、例(2)。

(1) 苏仲武目不暇瞬的看呆了,不觉得站了几多时间。(留东外史集藏\小说)

(2) 也不知过了多少时间,忽然之间醒转来,但见这船已泊在一座山下,同船之人幸喜个个存活。(上古秘史集藏\演义)

除了"Q时间"构式,古汉语中的"时间"构式也出现了动词和"时间"的搭配,形成了"V时间"构式的情况。"V时间"构式槽位中的动词(V)主要包括"隔、于、经、过"等词,如例(3)—例(6)。

(3) 这种叫作劫数,是天地的一个大变,隔多少时间,总要有一次,与人事毫无关系。(上古秘史集藏\演义)

(4) 尔时尼弥王。于少时间。令八十千万众生。安住见实三昧中。何以故。是王于少时间。(大宝积经佛藏\大藏经\经藏\宝积部)

(5) 有人从海中来赍一鸟卵用奉长者。长者纳受。经少时间。其卵便剖出一鸟雏。毛羽光润。(经律异相佛藏\乾隆藏\此土著述)

(6) 因此这一觉睡下去,酣甜美适,也不自知睡过了多少时间。(江湖奇侠传集藏\小说)

古汉语中的"时间"构式还有另一种表达近指义和远指义的指示性时间。常见的指示词是"于此""于彼"。这些指示词与"时间"搭配,构成了"D时间"构式(D表示指示词),如例(7)—例(10)。

(7) 住世久远。经无量年。于此时间。亦复杂受人中苦触。(起世因本经佛藏\乾隆藏\小乘阿含部)

(8) 何不于此时间,与父母妻子说其生死轮回之苦,食肉杀生之祸。(印光法师文钞三编佛藏\藏外)

(9) 于彼时间大地开裂。彼现身堕阿鼻地狱。(无所有菩萨经佛藏\大藏经\经藏\经集部)

(10) 于彼时间后五百年。多有众生造诸福业于世间生。时有比丘名曰月。(大威德陀罗尼经佛藏\乾隆藏\大乘单译经)

以上10个例子基本论证了"时间"构式在古汉语中的存在。同时,我们发现古汉语中的"时间"构式已初步形成了构式网络,表达短时义、瞬

时义、空间义和指示义等意义。（表1.4）

表1.4 古汉语"时间"构式家族

序号	构式类型	搭配词	构式义
1	Q时间	一、霎、片、少、暂、登、两、煞、岁、几、几多、多少	短时义，瞬时义，约数义
2	V时间	隔、于、经、过	空间义
3	D时间	于此、于彼	指示义（近指义、远指义）

表1.4显示，古汉语中"时间"构式家族虽然还不够强大，仅涉及3类子构式（"Q时间"构式、"V时间"构式和"D时间"构式），但"时间"构式及其网络的雏形已基本形成，为我们提取并观察现代汉语中的时间构式提供了基础。

通过进一步的数据分析，我们发现古汉语的"时间"构式大多可以用来表示对人生的感悟，抒发对人生苦短、荣华富贵如过眼烟云的感慨，如例（11）—例（21）。

(11) 画扇香罗空赠答，无非戏耍一时间。(再生缘集藏\小说)

(12) 痛惜珠还浦，凄凉玉化烟。春花秋月一时间。(香艳丛书集藏\文总集)

(13) 六十只余三岁在，百年亦是霎时间。(全宋诗诗藏\诗集)

(14) 谁问山头红日落。禅家流。须警觉。莫待擎头并戴角。百年光景片时间。举世应无长命药。逐利贪名数似麻。(荐福承古禅师语录佛藏\续藏经\中国撰述\诸宗著述部\禅宗语录别集)

(15) 世人识得真龙虎，成道只在片时间。(全唐诗补编诗藏\诗集)

(16) 孝养父母存始终。百年恩爱暂时间。莫学愚人不欢喜。(敦煌歌辞总编诗藏\剧曲)

(17) 鸟雀群飞唯失伴。男女恩爱暂时间。(敦煌歌辞总编诗藏\剧曲)

(18) 春花秋月，古往今来暂时间。(全金元词诗藏\词集)

(19) 豪强富贵暂时间。究竟终归不免死。非论我辈是凡夫。自古君王亦如此。(敦煌歌辞总编诗藏\剧曲)

(20) 万事不如归去好，百年能得几时间。浇愁有酒何辞醉，买笑无金不讳悭。(晚晴簃诗汇诗藏\诗集)

(21) 三十六峰应笑我，纷纷尘事几时间。(全宋诗诗藏\诗集)

"春花秋月""百年""百年恩爱""男女恩爱""豪强富贵""万事"

"戏耍""成道"等概念表达了古人对时间的认识。可见，古人用来隐喻时间的源域比较丰富，包括人对自身周围环境变化、对人生、对孝养父母、对珍惜夫妻情的感悟。在古人看来，尘世间万事，所有的豪强富贵，只不过是过眼烟云，人生如同一场戏（戏耍）。

古汉语"时间"构式尽管占比不多，但已经呈现出一定的构式变体，初步的构式网络已经显现，语义也逐渐呈多样化的趋势，尤其是表短时义、瞬时义的"Q时间"构式，更多地用来表达世态炎凉、纷纷扰扰"几时间"，表明"人生短暂"的时间隐喻。

古汉语数据进一步验证了我们最初的设想：以"时间"为节点，寻找"时间"构式网络（家族），观察构式家族的族群成员，发现成员之间的家族相似性，为现代汉语时间概念化分析确定可操作的框架。

1.2.2.3 利用在线语料库，确定"时间"节点

由于现代汉语时语素涉及的时间概念范围大，缺乏便于直接观察时间概念化的切入口，因此，我们在古汉语中寻找突破口。我们以日常使用的表示时间概念的"时间"词为出发点，对古汉语中的"时间"一词进行检索。我们发现，"时间"一词作为节点词的雏形已经初步形成，并且还衍生出与表示短暂义、瞬时义、空间义和指示义的"时间"构式类型（表1.4）。但正如表1.4所示，古汉语中的"时间"构式类型相对较少，语义覆盖的范围还比较窄，缺乏当下"时间"表达式的多样性和语义的丰富性，无法概括或验证对"时间"用法和语义表达的直觉。因此，我们利用语料库检索可以穷尽所需数据的特点，尝试寻找"时间"构式可能的网络，观察"时间"节点所连接的各类子构式的类型和特点。

（1）在线语料库的选择。

我们采用BCC语料库。该语料库以汉语为主，兼具其他语种，是一个在线语料库。BCC语料库总规模达150亿字，涵盖报刊（20亿字）、文学（30亿字）、微博（30亿字）、科技（30亿字）、综合（10亿字）和古汉语（20亿字）等多领域语料，服务语言本体研究和语言应用研究的在线大数据系统，是可以全面反映当今社会语言生活的大规模语料库。在语言本体研究中，利用大规模语料，对语言现象进行穷尽式考察，可以归纳、完善、验证语言理论或观点，又可以通过实证方法，为语言理论的研究提供数据支撑和量化分析。BCC语料库提供了由字、词和语法标记等单元组成的检索式，并且支持通配符和离合查询，使用非常便利。

由于BCC语料库有时出现网络不太稳定，不能及时获得所需要数据的情况，我们还部分采用了北京大学中国语言学研究中心（Center for Chinese

Linguistics PKU，简称 CCL）语料库。该语料库规模有 7 亿字，时间跨度从公元前 11 世纪到当代，分现代汉语和古代汉语两个部分。考虑研究的需要，我们只检索了两个语料库中现代汉语部分的语料，古（代）汉语语料没有纳入检索范围。另外，为了行文简洁明了，在使用例句分析时，我们并没有标出哪些例句来自 BCC 语料库，哪些来自 CCL 语料库。关于例句的引文来源，我们也没有完全按照语料库提供的格式，仅保留了说明例句出处的重要信息，如"人民日报，2003""文汇报，2003-11-9"等。

（2）确定"时间"单位。

语言是文化的载体，反映民族的心理及生存状态。我们首先通过语料库检索确定"时间"单位。BCC 语料库共时语料和历时语料兼备，历时检索主要是检索报刊语料，语料来自 1945 年至 2015 年的《人民日报》。历时检索以图形可视化方式呈现。（荀恩东等 2016）根据 BCC 语料库的历时检索，我们得到了检索式"时间"的频次图。可以看出，从 1946 年到 2015 年，"时间"的频次总体变化不大，但也有极端例子，如 1967 年出现的"时间"频次最低，1961 年出现的"时间"频次最高，这种现象可能和语料库文本选择的数量有关。（图 1.1）

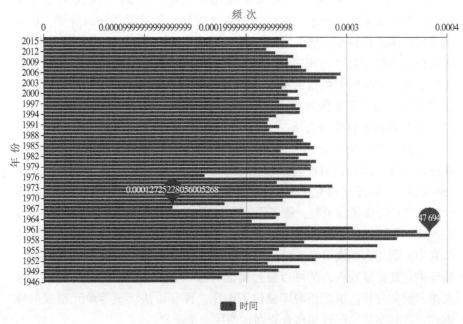

图 1.1 "时间"频次

图 1.1 显示，"时间"构成了现代汉语语言表达的一个不可或缺的基本

单位,它不受特定文化和事件的影响,而是特定时空下的"永恒"与"循环"。为了说明这一点,我们检索了具有特定时代背景的词语"改革开放"和"里根总统",得到了下列频次图。(图1.2和图1.3)

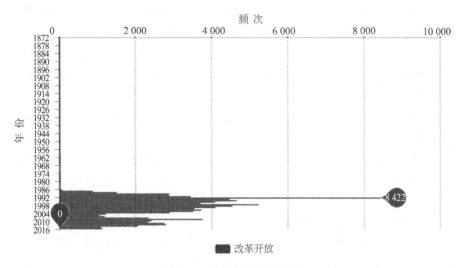

图1.2 "改革开放"频次

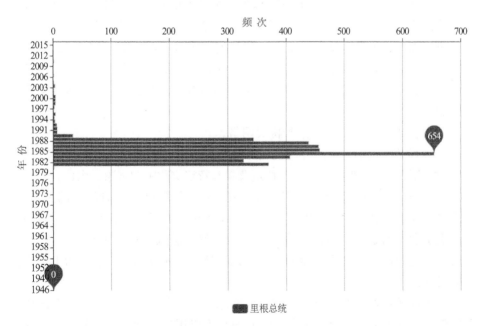

图1.3 "里根总统"频次

"改革开放"这个概念从1978年开始出现,1986年出现55次,呈逐年上升趋势，其中，1992年频次达8 422次。

"里根总统"从其1981年任期开始，突然大量出现，并在1981—1988年的8年任期里，频次保持高位。其中，1984年频次达654。

图1.2和图1.3说明，某些词语或概念的出现具有文化和时代的烙印。如果把"改革开放"和"里根总统"看成事件时间［如例（22）—例（23）］，则此类事件时间又与特定的文化和时代联系在了一起。这类事件时间构成了现代汉语时间系统的组成部分，反映了时间概念形成的文化特殊性和时代特殊性。

（22）改革开放10年来，也是我们不断捕捉时机的10来年。（福建日报，1992-3-17）

（23）里根执政时期的1983年，联邦赤字一度占国内生产总值的6%。（人民日报，2003）

（24）在里根主政时代，美国推行赤字政策，创造了破历史纪录的财政赤字和贸易赤字。（科技文献）

以上3个例子说明，时间概念不仅与物理时间、历法时间、自然和天体运行时间有关，而且与特定的时代背景和特定的事件有关，具有时代和文化的烙印。"时间"作为语言运作的一个基本单位，不可避免地与本民族的普遍认知联系在一起，使时间变得既抽象又具体。时间可以是"无形、无声、无色、无臭"抽象的概念，但同时时间又是具体的、实在的个体，我们可以拥有它、抓住它、改变它、追赶它、需要它、珍惜它，甚至浪费它、消磨它、打发它。"时间"既可以作为无生命存在，又可以作为人类命运的主宰。

（3）确定"时间"节点和构式网络。

"时间"一词在BCC语料库中大量出现，并没有像"改革开放"和"里根总统"那样是特定时间、特定背景和特定文化下的现象，因此，我们试着从与"时间"搭配的语言形式出发，观察搭配词与"时间"的关系，希望以此为突破口，寻找现代汉语时间概念化的路径。我们首先从语言的词类出发，确定与"时间"搭配的词类，然后进入语料库进行检索论证。最终，我们选择了名词、动词、形容词、量词这4种词类，还包括1类空间时间词。

名词通常表达事物的性质或抽象概念。选择名词词类，主要在于观察时间的隐喻性表达。也就是说，时间通常可以用来表达什么，或者说哪些名词可以用来说明时间的特性。我们采取了隐喻表达的基本方式（A is B）对可能与"时间"构成隐喻关系的名词进行检索。在这个隐喻表达式中，

A 表示时间，B 表示可能的名词，is 表示汉语中的判断词"是"，代表的是 A 和 B 之间的关系，如判断关系、相似关系或等同关系。为了获得尽可能全面的 B（或者说是"源域"），我们扩大了 is（"是"）的范围，将光杆判断词"是"，扩大到强调判断的"就是"和相似类比的"像""就像"等层面。通过对语料库数据进行人工识别，我们概括出 4 种主要的"时间 N"构式类别：时间是 N、时间就是 N、时间像 N、时间就像 N。这里的 N 指名词，有关"时间 N"构式家族的论述，详见第 3 章。

动词通常表达动作或状态。我们选择动词和"时间"搭配，主要观察时间本身是否具有处置事物的能力，或者语言使用者如何对时间进行处置。也就是说，"时间"有独立执行行为的能力（执行者时间），但同时"时间"又是被执行者（被执行者时间）。依据这一理解，我们对执行者时间和被执行者时间这两种现象分别进行了检索，获得了 3 种主要的动词与"时间"搭配的构式类别：V 时间、时间 V、时间 VX。这里的 V 指动词，X 指动词后面可能的形式，有关"V 时间"构式家族的论述，详见第 4 章。

形容词是一种感情色彩相对丰富的词类。我们选择形容词，目的在于观察有哪些形容词能够用来描写或说明"时间"，进而观察时间概念化过程中的认知心理变化。通过对语料库数据进行人工识别，我们概括出 3 种主要的形容词与"时间"搭配的构式类别：A 时间、A 的时间、时间 A。这里的 A 指形容词，有关"A 时间"构式家族的论述，详见第 5 章。

量词是一种计量单位，通常用来量化人、事物或动作。我们选择量词，主要是观察时间是否可以被量化，量化单位有哪些，进而说明在说话者的认知世界里，时间究竟为何物。通过对语料库数据进行人工识别，我们概括出 4 种主要的量词与"时间"搭配的构式类别：Q 时间、Q 的时间、一 QN 时间、一 QN 的时间。这里的 Q 指量词，N 指名词，有关"Q 时间"构式家族的论述，详见第 6 章。

我们知道，时间概念的建构在很大程度上是通过空间得以隐喻的，为了观察现代汉语时间概念化过程中空间关系的作用，我们选择了方位空间关系词"上"和"下"作为节点词。通过对语料库数据进行人工识别，我们概括出 3 种主要的"上""下"节点词构成的构式类别：上 T、下 T、上/下半 T。这里的 T 指时间词，有关"上/下 T 空间关系"构式家族的论述，详见第 7 章。

表 1.5 概括了以"时间"和"上/下"为节点的时间构式类型。通过对 5 种类型的构式进行系统的数据收集和分析，我们可以较客观地观察现代汉语时间概念化的全貌和特点，为研究现代汉语时间系统提供可操作的方案。

表 1.5 "时间""上/下"节点词构式

序号	构式类型	子构式类型
1	时间 N	时间是 N、时间就是 N、时间像 N、时间就像 N
2	V 时间	V 时间、时间 V、时间 VX
3	A 时间	A 时间、A 的时间、时间 A
4	Q 时间	Q 时间、Q 的时间、一 QN 时间、一 QN 的时间
5	上/下 T 空间关系	上 T、下 T、上/下半 T

1.2.3 数据处理

语言数据通常可以分为自省数据、观察数据和实验数据三种类型。自省数据来自说者的第二层次注意（second-level attention）或第二层次意识（second-level consciousness）；观察数据来自录音或通常在有噪声的自然环境下，语言产出所组成的语料库数据；实验数据来自被试在设计好的、有控制的实验情景中的表现。为了较好地观察时间概念化的情况，我们采用来自语料库收录的自然环境下产出的语言数据，或者说是观察数据。关于语料的来源，我们已经做过介绍（本书采用的是 BCC 语料库和 CCL 语料库）。为了获得真实的语言数据，我们采取了以下方法。

第一，依据"时间"节点词和"上/下"节点词，按照语料库提供的检索式，获得每一个时间构式所需的原始频次数据。根据语料库自动提供搭配统计分类，初步获得每类时间构式可供使用的频次数据。

第二，采用人工识别和语义判断的方式，对原始数据和搭配数据进行识别和分类，获得可供分析的有效数据。我们将人工识别的方法和语义判断结合起来，判断每一个数据是否符合所需要的语境，这是确保数据真实性和有效性的前提。例如，我们将"时间 N"构式框架内不同子构式中出现的名词，根据其各自的语义特点进行归类。我们将良药、毒药、麻药、毒品、补品、特效药、猛药等名词归为"药品"类。上位名词"药品"能更好地为不同名词找到各自的归属，同时也便于观察到底有多少类名词进入"时间 N"构式的 N 槽位中，对该构式在概念化时间中起多大的作用。

第三，根据各类子构式语义范畴的特点及频次特点，我们对各类子构式如何概念化时间进行举例分析。举例分析的目的在于回到真实的语境中，直观观察构式槽位中词语的行为特点，便于发现作用于时间义形成的认知机制。

研究内容简介

全书共分 8 章。第 1 章是概论，共分 3 个部分。第 1 部分简要介绍本书的研究背景，目的在于通过对国内外时间研究的现状分析，发现时间研究的前沿发展趋势及存在的问题，指出从构式的角度研究现代汉语时间概念化的理论意义和实践意义。第 2 部分介绍本书的研究方法。我们从研究问题和假设出发，提出进行本课题研究的基本观点、研究的必要性和可行性。接着，我们用较大篇幅介绍如何论证采用基于构式的方法进行研究的过程。本部分重点介绍"时间"节点词的产生、合理性论证并最终确定的过程。通过相关先导研究，我们提出以"时间"为节点词构式的存在，我们将其称为"时间"构式。"时间"构式是一个庞大的家族，涉及名词、动词、形容词、量词等多种词类。每个词类又分别由多个子构式构成各自的构式家族。在此基础上，我们还结合语料库数据，发现空间关系节点词构式的存在。由于篇幅有限，我们选择"上/下 T 空间关系"节点词，并以此为案例，寻找反映空间关系特点的"上/下 T 空间关系"构式家族。第 3 部分是章节介绍。

第 2 章是相关理论介绍，共分 3 个部分。

第 1 部分介绍概念隐喻的认知基础。该部分介绍传统上作为修辞的隐喻与概念隐喻的区别，介绍概念隐喻的几个核心观点，提出意义的建构过程（即概念化），在很大程度上依赖于我们概念系统的隐喻性。

第 2 部分是时间概念的认知基础。该部分介绍时间和空间的关系，指出由于时间不具备空间所具有的物理属性，人们通常用空间概念喻指时间。时间概念空间化（或者说时空隐喻）已成为描写、理解和认知时间的主要手段。时间概念的认知属性不仅外化在语言上，而且也表现出不同的认知模型。时间概念化的语言表现，主要通过"时间"一词本身所提供的语境信息呈现，或称时间认知表达的词汇模式。时间的词汇模式主要表现在 4 个方面：持续时间、瞬间时间、事件时间和实例时间。由于说话者和时间的关系不同，时间的概念化主要表现为两种认知模型：基于自我的模型和基于时间的模型。其中，基于自我的模型又进一步分为"时间在动模型"和"自我在动模型"。时间概念化的词汇模式和认知模型概括了人们对时间概念的普遍认知。词汇模型主要概括了时间的基本结构，并且是在基于句子层面与动词的关系所做的概括，因而时间的词汇模型并不能充分概括时间概念化的全部特点。时间概念化的认知模型侧重空间移动，从空间的角度观察说话者与时间的关系或时间与时间的关系，在某种程度上忽略时间概念化形成的社会文化因素及个体或群体的心理特征。

第3部分提出了基于构式的时间概念化分析框架。构式是语言的基本单位，这一观点已经得到认知语言学家的普遍认可。构式语法将构式视作研究对象，强调构式单位形式与意义的配对，强调词汇-语法的连续体。现代汉语时间系统本质上就是"词汇•语法"体系，时间既是词汇概念，又是语法概念。站在中间的角度，我们认为"时间"不仅是一个独立的构式，一个由"时"和"间"构成的形-义配对，表达特定的时间意义；同时，"时间"又是一个节点词，连接一个巨大的构式网络，吸引不同词类、不同词汇进入其领域，共同作用于时间概念的形成和理解。从构式出发，有利于为现代汉语时间概念化提供观察、描写的窗口。另外，基于用法的方法强调频次、强调实例、强调构式网络，能够从语言使用的角度动态观察时间构式的形成及特点，因而也为现代汉语时间概念化研究提供可供操作的构式主义方法。

第3章至第7章是本书的主体部分，主要介绍"时间"节点下的4种"时间"构式类型和"上/下 T 空间关系"构式。这5章分别从建立"时间"构式家族、寻找"时间"构式的总体特征及实例分析这几个方面展开。

第3章介绍"时间 N"构式，重点回答以下3个问题。

（1）在"时间 N"构式及各子构式的 N 槽位中，共出现了多少名词？出现了哪些名词？频次如何？

（2）在各子构式 N 槽位中，出现的名词类别有哪些？有什么语义特征？

（3）不同语义特征与时间概念化存在怎样的关系？

第4章介绍"V 时间"构式，重点回答以下几个问题。

（1）在"V 时间"构式及各子构式的 V 槽位中，共出现了多少动词？出现了哪些动词？频次如何？

（2）在各子构式 V 槽位中，出现的动词类别有哪些？有什么语义特征？

（3）不同语义特征与时间概念化存在怎样的关系？

（4）"V 时间"构式中存在特殊的"V 标记"构式，其语义有何特点？

第5章介绍"A时间"构式,重点回答以下3个问题。

(1) 在"A时间"构式及各子构式的 A 槽位中,共出现了多少形容词?出现了哪些形容词?频次如何?

(2) 在各子构式 A 槽位中,出现的形容词类别有哪些?有什么语义特征?

(3) 不同语义特征与时间概念化存在怎样的关系?

第6章介绍"Q时间"构式,重点回答以下3个问题。

(1) 在"Q时间"构式及各子构式的 Q 槽位中,共出现了多少量词?出现了哪些量词?频次如何?

(2) 在各子构式 Q 槽位中,出现的量词类别有哪些?有什么语义特征?

(3) 不同语义特征与时间概念化存在怎样的关系?

第7章介绍"上/下 T 空间关系"构式,重点回答以下3个问题。

(1) 在"上/下 T 空间关系"构式及各子构式的 T 槽位中,共出现了多少时间词?出现了哪些时间词?频次如何?

(2) 在各子构式的 T 槽位中,出现的时间词类别有哪些?有什么语义特征?

(3) 不同语义特征与时间概念化存在怎样的关系?

第8章是本书的结语部分。首先,本章概述本书所研究的五大类"时间"构式,并分别对各类构式槽位中的词(词类、词数)、词频进行总结。然后,在此基础上,本章总结每类构式的原型范畴及各类构式所涉及的主要概念化方式或概念化途径。最后,本章简要介绍本书的理论价值和研究意义,指出本书存在的一些不足,提出今后进一步研究的建议。

2 相关理论介绍

本章重点介绍进行本课题研究所涉及的相关理论，目的在于寻找观察现代汉语时间概念化的科学视角。首先，主要从概念隐喻出发，说明概念隐喻的特点及隐喻与人类概念系统的关系，进而说明隐喻与概念化之间的关系。接着，在此基础上介绍时间概念化过程所涉及的认知基础，包括时间概念的空间化、时间概念的词汇模式及认知模型。最后，介绍构式与构式主义方法，提出基于构式的现代汉语时间概念化的分析框架。

概念隐喻的认知基础

2.1.1 隐喻与概念隐喻

隐喻传统上属于修辞学的范畴。修辞学的重点在于指导人们如何通过使用修辞手段，说服他人接受某一特定观点。隐喻，也称比喻（trope），是一种修辞手段。"A is B"是表达隐喻的图式，如"My love is a red rose"（我的爱人是朵红玫瑰）。自亚里士多德以来，隐喻就被看成一种隐含的比较，并被广泛运用于诗歌和演讲等体裁中。

自莱考夫和约翰逊的先锋之作《我们赖以生活的隐喻》于1980年出版以来，隐喻逐步进入认知领域，并成为认知语言学的奠基理论之一。该书提出的概念隐喻理论，开启了隐喻认知研究的先河，推动了认知语义的系统研究，促进了认知语言学学科的发展。概念隐喻理论的基本前提是，"隐喻在日常生活中普遍存在，不仅在语言上，而且在思想和行动上。我们思考和行动的普通概念系统，本质上是隐喻性的"（Lakoff & Johnson 1980：4）。概念隐喻认为，概念结构是根据概念域之间的跨域映射或对应来组织的。其中一些映射是概念前的具体经验，而另一些映射则是基于这些具体经验而形成的更复杂的概念结构。

"隐喻"一词在认知隐喻研究中具有两层含义：其一是指"概念系统

中的跨域映射"，属于抽象层面的概念，或称概念隐喻；其二是指"隐喻表达"，即语言层面上的隐喻表达。(Lakoff 1993：203) 隐喻表达涉及语言的不同层面，如词、短语或句子。概念隐喻和隐喻表达关系密切。概念隐喻源于身体经验，隐喻表达是概念隐喻的外化，是概念隐喻的具体实现。语言层面的隐喻表达形式多样，这与概念隐喻所具有的高度概括性和能产性有关。我们可以根据表层的隐喻表达，概括总结出隐喻表达后面的概念隐喻；我们也可以根据概念隐喻创造性地生成无限多的隐喻表达，从而丰富人类的隐喻（语言）表达。丰富的隐喻表达则在某种程度上为概念系统的隐喻性提供丰富的养料。

吉布斯（Gibbs 2008）指出，"隐喻"是映射系统的认知现实，对"隐喻"的理解不应仅仅停留在修辞这一语言的表层功能上。创新性隐喻表达（如诗歌中的隐喻）和日常使用中的隐喻属同一概念隐喻系统范畴（Lakoff & Turner 1989；Tuner 1991），这是受概念隐喻的高度概括性和高度能产性所决定的。有些规约化的隐喻表达由于去陌生感，逐渐失去隐喻的新奇性，因而越来越接近日常字面语言表达（或者说是"死喻"），但这并不是否认创新隐喻和日常规约化隐喻的同源性。也就是说，隐喻，无论是新奇隐喻（创新隐喻）还是日常隐喻（死喻），都有一个共同的来源，即概念隐喻。

2.1.2 理解概念隐喻

概念隐喻理论是目前认知语义学研究的主要理论之一，概念隐喻有其自身的特点和优势，具体表现在以下几个方面（参阅 Underhill 2011：25-29）。

2.1.2.1 日常隐喻的重要性

莱考夫和约翰逊（1980）认为，日常表达中的隐喻并非"死隐喻"，因为这些隐喻在很大程度上影响了人们形成思想和表达思想的方式。比如"时间就是金钱"这样的隐喻，在某种程度上为人们提供了观察和组织生活的依据。隐喻影响人们的行为，主要原因是人类的概念功能是隐喻性的，隐喻是我们遵循的概念模式。也就是说，我们依赖隐喻而生活，隐喻反映我们的生存状态。

2.1.2.2 隐喻语言的系统性

隐喻语言似乎存在于一个潜在的隐喻系统中，或者说存在于一个"思想系统"中。传统将隐喻和比喻语言孤立起来看，认为隐喻和比喻语言一样，是对文字表达的美化，是一种语言形式的创新，反映的是个体的创造性行为。与传统的理解不同，莱考夫和约翰逊（1980）从认知的角度出发，通过大量的案例发现，比喻性表达都可以追溯到一个共同的根源，即"概念隐喻"。概念隐喻反映的是两个域之间的映射关系。如在"爱情是旅程"这一概念隐喻中，爱情是目标域，旅程是源域。旅程域中的概念可以映射（mapping）到爱情域中的概念，从而实现依据旅程概念理解爱情概念的目的。例如在"Our relationship has hit a dead-end street"中，我们理解恋爱关系的破裂，是通过旅程概念中的"dead-end street"（死胡同）映射得到的。在概念隐喻框架下，隐喻被视作一个域与另一个域之间的规约性联系。概念并不是纯粹的语言，而是概念域层面上的隐喻动机。也就是说，我们用隐喻进行思考和行动。从这个角度来看，隐喻性的语言表达本质上只是潜在概念关联的反映。映射是源域和目标域之间的隐喻性链接，是目标域和源域中的语义角色进行匹配或对应的算法。例如，在"爱情是旅程"中，"旅程"域（源域）中的角色（旅行者、工具、目的地）分别映射（对应）到"爱情"域（目标域）中的角色（恋人、恋爱关系、恋爱的目标）上。

再比如，在"时间是金钱"（TIME IS MONEY）这一概念隐喻中，时间是目标域，金钱是源域。我们通常会使用金钱域中的概念去理解时间概念。因此，我们就可能用"浪费时间""珍惜时间""花时间"等金钱概念上的语言表达来理解时间。如果我们将时间看成物质层面上的金钱（时间就是金钱），那么时间就有可能被看成一种"投资"，用以获得更多的利润。如果我们将时间看成精神层面上的金钱或财富（时间就是金钱），那么时间就有可能被看成一种"丰富"的精神体验，所以我们会更加"珍惜"时间而不是"浪费"时间，尽管精神上的体验并没有带来物质上的受益。显然，隐喻已嵌入概念结构网络中，为新的语言隐喻提供支撑点，同时也为人们的隐喻性思考提供丰富的给养。

2.1.2.3 隐喻的凸显并隐藏

隐喻具有两面性，即凸显与隐藏。隐喻常常突出显示概念的某些方面，同时也可能隐藏概念的某些其他部分。比如，"争论是战争"（ARGUMENT IS WAR）这一概念隐喻，突出了许多在争论中存在的竞争性因素或冲突性因素，但同时也可能掩盖了辩论的另一个目的，即为寻求共同的解决方案而进行的辩论。

2.1.2.4 概念隐喻的矛盾性

虽然许多隐喻可以归因于一个共同的核心概念隐喻，并进行逻辑扩展，但概念隐喻本身可能是相互排斥的。时间的表达通常通过空间移动的方式实现。如在"时光飞逝"（Time flies）这个表达式中，时间被赋予了生命，具有飞行的能力。但在实际生活中，时间也会被视作无生命的、静态的通道，而人类则能在时间的通道中移动，如"我们快到年底了"（We're approaching the end of the year）（Lakoff & Johnson 1980：44）。这个表达式描写了我们正在穿越静态且固定的时间通道中。这两种看似矛盾的现象表明，我们可以使用一个概念隐喻来突出概念或经验的某个方面，而另一些方面有可能被隐藏。这种现象可以被看成时间概念化过程中的不同认知表现（见2.2.3小节）。但这种看似相互矛盾的隐喻真实反映了我们情感体验的可变性。从这层意义上来说，矛盾的隐喻或者说"混合的隐喻"构成了语言有意义的组成部分。

2.1.2.5 隐喻具有经验基础

概念隐喻强调人与世界的关系，包括通过感官系统感知世界的身体体验，也包括在日常生活中与世界的互动体验。也就是说，概念隐喻具有经验基础或体认观（embodiment）。例如，"今天股市上涨了"中的"上涨"和"她考试得了高分"中的"高分"都源自我们对垂直高度的经验。也就是说，我们的概念系统中已经形成了"数量是垂直的高度"的经验，所以才有了"上涨"和"高分"这样的语言隐喻。再比如，"IDEAS ARE FOOD"（思想是食物）这个概念隐喻的经验基础来源于我们吞咽食物的经验。当我们说某人"吞下"一个想法时，我们把"想法"想象成可以吞入头脑的物体，头脑就好像能容纳这个物体的容器，或者说是容纳食物的胃。（Lakoff & Johnson 1980：147-148）

除了身体体验，我们日常语言中的互动经验也为概念隐喻提供了经验基础。我们可以在"争论是战争"（ARGUMENT IS WAR）这一概念隐喻的诸多日常表达中找到相关证据（Lakoff & Johnson 1980）：

（1）Your claims are *indefensible*. （你的主张是站不住脚的。）

（2）He *attacked every weak point* in my argument. His criticisms were *right on target*. （他抨击了我论点中的每一个弱点。他的批评是正确的。）

（3）I *demolished* his argument. （我推翻了他的论点。）

（4）I've never *won* an argument with him. （跟他辩论我从来没赢过。）

（5）You disagree? Okay, *shoot*! （你不同意？好吧，开枪！）

（6）If you use that *strategy*, he'll *wipe you out*. He *shot down* all of my arguments. （如果你用那个策略，他会把你干掉。他驳回了我所有的论点。）

莱考夫和约翰逊（1980：5）通过例（1）—例（6）来说明"我们在争论中所做的许多事情，部分是由战争概念构成的"。也就是说，我们通常会使用战争概念中的词汇或表达式（如 indefensible、attack every weak point、 target、demolish、won、shoot、strategy、wipe out、shoot down）来描写、解释或说明"争论"这个抽象的概念。争论虽然不是实体战争，但争论的结构——攻击、防御、反击等，则反映了争论实际上是一场口头战。虽然争论和战争的性质不同、行动方式不同，一种是语言层面的话语表达，一种是军事方面的武装冲突，但通过努力或相关手段"获胜"是两者相同的目的。我们使用"战争"概念，部分建构、理解、实施、谈论"争论"。因此，"争论"通过隐喻建构，具体体现在"争论的"概念、"争论的"行动和"争论的"语言等多个方面。隐喻不仅仅存在我们使用的词语中，它更存在于我们的概念系统中。因此，隐喻的本质是用一事物对另一事物的理解和体验。

2.1.2.6 隐喻创造了相似性

传统将相似性看成隐喻的基础，认为两个事物之间的相似性构成隐喻。但莱考夫和约翰逊（1980）认为，在许多情况下，隐喻的源域和目标域之间没有对应或相似之处。相反，他们认为比喻性语言往往创造了相似或相似的错觉。就拿"今天股市上涨了"来说，股价和空间上下关系之间本质上没有直接的联系。我们之所以说出"股市上涨"这样的隐喻性语言，是因为该隐喻性语言激活了"MORE IS UP"（多是向上）这样一个概念隐喻。同样，"股市下跌"，激活了一个相反的概念隐喻，即"LESS IS DOWN"（少是向下）。据此，隐喻创造了事物之间的相似性，激活了概念系统中经由身体经验而存储的概念隐喻。

2.1.2.7 隐喻是基础比喻

在认知语言学领域，隐喻的范围几乎囊括了不同于字面语言但又色彩丰富的语言表达，包括明喻（pretty as a rose）、转喻（Can you give me a hand）、拟人（Liberty conquers tyranny）等修辞手法。因此，隐喻常常被看成人们思考未知的基础。莱考夫（2008）提出了"隐喻的神经理论"，认为大脑和身体之间的联系是理解思想本质和概念隐喻的核心。例如，在描述"抓取"（grasp）这个单词时，我们想象或感知抓取的含义也同时被激活。这种由精神刺激而产生的意义，常常被理解为隐喻模式的创新性使用。因此，神经理论为隐喻提供了一套连贯的解释：为什么我们首先有概念隐喻，隐喻推理是如何进行的，隐喻与混合有何不同，主要隐喻和复杂隐喻如何有助于我们理解抽象概念，如何帮助我们理解单词、复杂表达和语法结构的含义，等等。

2.1.3 隐喻的概念化基础

2.1.3.1 隐喻与概念化

任何隐喻表达都植根于概念系统的隐喻性。概念是一种特定的心理表征，与语言符号相关的意义相关联。而心理表征（概念）的产生又源自感知，即人脑感知客观世界的万事万物，并综合各种感知信息，形成意识可及的表征，或称心理意象（mental image），最终产生意义。例如"苹果"概念的产生，先源自大脑所感知到的有关苹果的不同信息，包括形状、颜色、质地、味道、气味等。然后，大脑将收集到的各种信息整合到意象图式中，并最终产生"苹果"的概念。当我们使用语言并表达"苹果"时，"苹果"这个符号或形式，对应于一个传统意义"苹果"。我们将此意义与"苹果"概念相连接，而不是直接连接到外部世界中的一个客观实体（比如说拿在手里的一只红苹果）。

我们的认知能力将原始的感知信息整合成一个连贯的且定义明确的心理意象。由语言符号编码的含义，指的是我们的投射现实（projected reality）（Jackendoff 1983）：一种对现实的心理表征，由人类的心理所解释，由人类独特的感知和概念系统所调节。因此，语言的象征功能（symbolic function）能够编码和外化我们的思想。表面上看，我们的概念化范围似乎是无限的，但语言所能表达的思想是有限的。正如弗科尼亚（Fauconnier 1997）所说，语言只是认知冰山上露出水面的一角，或者说，语言仅仅为概念化的构建提供了提示符（prompt）。概念化比语言提供的最小意义要丰富得多、复杂得多。（Fauconnier 1997；Turner 1991）因此，语言编码的不是其复杂的整体，而是概念系统的基本指令。通过这些指令，我们可以获取或创造丰富而复杂的思想。

概念化，即意义建构的过程。（Evans & Green 2006：54）在为丰富的概念化建构的过程中，语言或词仅仅起"提示符"或"窗口"的作用。人们可以依据"提示符"进入可能的认知世界，可以透过"窗口"动态观察人们在意义建构过程中的认知心理活动。我们知道，隐喻是概念现象，而不是纯粹的语言现象。那么，隐喻是如何概念化我们的世界，并指导我们的思想和行动的？依据莱考夫和约翰逊（1980，1999）的观点，我们思考和行动的许多方式在本质上都是隐喻性的。例如，我们将政府、大学和企业这样的机构概念化为层次结构。在层次结构中，排名最高的人处于顶部或"头"（head），而排名最低的人放在最低点或"底部"（bottom）。换句话说，层次结构是概念化的体现，其产生依据是概念隐喻，即"CONTROL/

POWER IS UP"（控制/权力就是向上）。依据"控制/权力就是向上"这一概念隐喻进行层次结构的概念化，通常采用非语言表征手段或系列模态手段，实现不同的表达"维度"，如社会组织、图形和手势等。除了非语言表征，隐喻的概念化还表现在语言中，并触发语言的多义性。

从认知语义的角度看，多义性是指一个词汇项通常含有两个或多个意义，且这些意义具有某种关联性。多义性现象实际上是一种隐喻现象：一个概念领域系统地按另一个概念领域进行组织与建构。隐喻是人类语言的一个中心特征，其重要特征之一就是意义的延伸。隐喻促使意义的延伸或扩展，即隐喻可以在字面意义的基础上产生新的意义。莱考夫（1987）认为，隐喻是触发意义延伸（即多义性）的一个重要因素。在认知语言学领域，由隐喻触发的多义性在语言的各个层面上都有体现，既有词汇范畴上的多义性、形态范畴上的多义性，也有句法范畴上的多义性。

2.1.3.2 词汇层面的概念化

词汇层面的概念化，主要表现在词汇范畴上的多义性，其经典例子是英语介词over。莱考夫（1987）认为，over是一个多义词，在众多的意义中，有一个"控制"意义。over的控制义来自概念隐喻"控制就是向上"（CONTROL IS UP）。正是这一概念隐喻，over的意义才出现了扩展。

(7) a. The picture is over the sofa.
　　b. The picture is over the hole.
　　c. The ball is over the wall.
　　d. The government handed over power.
　　e. She has a strange power over me. (Evans & Green 2006:36)

例（7）有5个句子，每个句子中over的意义或含义都存在些许差异。a句的意思是ABOVE（上方），b句的意思是COVERING（覆盖），c句的意思是ON-THE-OTHER-SIDE-OF（另一边），d句的意思是TRANSFER（移交），e句的意思是CONTROL（控制）。a句中over的意义来自抽象的空间意义。b句和c句中的over都表示空间义，但由于识解方式的不同，两个句子中over的空间意义还存在差别。b句中的over表示"覆盖"义，c句中的over表示"另一边"义。除了空间意义，over也有非空间义，如d句中的"移交"和e句中的"控制"。虽然每一个句子中over的意义各不相同，但各个意义之间相互关联：从b句到e句，over的意义都与该介词中心义"上方"有关。e句中over的"控制"义来自a句中over的规约义"上方"，即通过使用"控制就是向上"（CONTROL IS UP）这一概念隐喻实现。

认知语义学认为，多义性是一种辐射范畴（radical category），over可以作为一个独特的多义范畴存储,而不是作为单个抽象的单义范畴存储。多义性反映了概念组织,并在心理表征的层面上存在,而不是一个纯粹的表层现象。(Lakoff 1987)大量的语言实例表明,多义性本质上是一种概念现象,心理层面的词汇组织决定多义性。因此,语言单位和词汇单位一样,被看成被存储的清单式语法。与每个语言单位相关的意义被看成独特的但又相互关联的语义实体。我们把这个语义实体称为词汇概念(lexical concept)。与单义观(monosemy view)不同,多义观能够提供非常丰富而细致的词汇结构,从而获得高度抽象的意义。

可见,多义性作为一种概念现象,构成了认知词汇语义理论的基础。多义观发展了认知语义学理论,也为语法的认知方法提供方法论借鉴。

2.1.3.3 语素层面的概念化

语素层面的概念化主要表现在语素范畴上的多义性,其经典例子是黏着语素-er。黏着语素-er是名词后缀,属于形态学范畴,表示动作的执行者或过程施事者。在实际使用中,-er的语义存在一定程度的差异,表现出多义现象。

(8) a. teacher
　　b. villager
　　c. toaster
　　d. best-seller(Evans & Green 2006:36)

例(8)共有4个带-er的例子,每一个例子及语义都存在差异。a例的后缀-er用在动作teach之后,表示实施teach动作的人,即教师;b例的后缀-er表示长期居住在某一特定地点(village)的人,即村民;c例的后缀-er表示一种人工制品,具有动词(toast)所指派的能力,即烤面包机;d例中的后缀-er与某种人工制品的特定质量有关,表示销售得很好的东西,即畅销书。

显然,施事名词后缀-er和例(7)中的介词 over 一样,呈现出多义性的特征。-er的多义性由典型的V-er(动词-er)表示,执行V(动词)的行为,是V行为的施事者。如果说V-er是该组-er的中心义,那么b、c和d例中的-er则是该范畴的边缘义。在兰盖克(Langacker 1987:446)看来,V-er是由V和-er组成的构式图式(constructional schema)。该构式图式由形式和意义两个部分组成,这两个部分分别指该构式的语义极和语音极。

从形-义配对的角度观察施事名词后缀-er,有利于为传统属于语法范畴的黏着语素或动词的名词化后缀-er正名,使其获得语言单位的身份,表达"施事者"这一构式义。也就是说,-er作为一种形式和意义的配对(构式),有其自身的构式图式,传达了一种特定的图式意义(schematic meaning)。(转引自 Evans & Green 2006：592)

(9) [THING[PROCESS/…][ER/-er]]
　　[事体[过程/…][ER/-er]]

例(9)展示了施事名词后缀-er 的构式图式。斜线左边的信息代表语义极，右边的信息代表语音极。每个组件单元(component unit)都包含在方括号内。该构式图式显示，-er 构式是由两个组成部分组成的图式"事体"，是形式和意义的结合体。第一个组成部分是动词类的某个成员，它在语义极上被表示为过程，但没有语音规范，因为这是一个具有概括性的类图式(generalised class schema)。第二个组成部分也是一个由语义极上具有图式表征的单位。这里的 ER 代表施事名词的语义。与动词类成分不同，ER 在语音极上有特定的表征。

一方面，表达"过程"的图式认可（授权）新的动词进入该构式图式，使更多的动词可以进入该图式，获得构式义，如 employer、driver、payer 等。另一方面，整个图式结构又压制了 ER 的语义特征，使进入该构式图式的"过程"（事体）从原型的动态过程逐渐向静态的性质发展，如例(8b)中的 villager 和例(8c)中的 toaster，或使施事者的身份泛化，由原先的动作的实际执行者（teacher）向抽象执行者（toaster）或物化现象（best-seller）转变。

-er 构式的多义性与词汇 over 一样，也具有概念隐喻基础：ER 即过程或结果。语素层面的-er 构式义通过"类比–扩展"的方式由中心义向边缘义扩展、延伸。

2.1.3.4 句法层面的概念化

句法层面的概念化主要表现在句法范畴上的多义性，其经典例子是双及物构式。双及物构式也称双宾构式，是一种常见的句法现象，由"主语—谓语—宾语1—宾语2"组成。戈尔德贝格(Goldberg 1995)将双及物构式理解为一个具有多义性质的语言单位。

(10) SUBJECT　　VERB　　OBJECT 1　　OBJECT 2
　　　主语　　　谓语　　　宾语1　　　宾语2

例(10)是对双及物构式句法特征的概括。在戈尔德贝格(1995)看来，双及物构式由一系列规约化的抽象意义组成。

(11) a. 意义1：施事成功致使接受者接受受事。具体通过表示给予(giving)行为的动词实现，这类动词有 give、pass、hand、serve、feed 等。例如，Mary gave John the cake.

b. 意义2：满足条件意味着施事致使接受者接受受事。具体通过表示与满足条件有关的给予动词实现,这类动词有 guarantee、promise、owe 等。例如, Mary promised John the cake.

c. 意义3:施事致使接受者不接受受事。具体通过拒绝动词实现,这类动词有 refuse、deny 等。例如, Mary refused John the cake.

d. 意义4:施事采取行动致使接受者在将来某个时间点接受受事。具体通过将来转移动词实现,这类动词有 leave、bequeath、allocate、reserve、grant 等。例如, Mary left John the cake.

e. 意义5:施事能够使接受者接受受事。具体通过许可动词实现,这类动词有 permit、allow 等。例如, Mary permitted John the cake.

f. 意义6:施事意欲致使接受者接受施事。具体通过创造场景类动词实现,这类动词有 bake、make、build、cook、sew、knit 等。例如, Mary baked John the cake. (选自 Evans & Green 2006:37-38)

例(11)概括了双及物构式的6类抽象意义。戈尔德贝格(1995)认为,双及物构式在主语位置上通常需要一个表示自愿性的施事(volitional agent)。这是因为与该构式相关的意义是"意愿"转移(intentional transfer)。除非有一个有知觉的施事有意愿的能力,否则一个实体不能转移到另一个实体。但事实上,即使主语论元不具有意志力,也能实现意愿转移。戈尔德贝格(1995:144)将此类现象视作双及物构式的延伸。

(12) The rain brought us some time. (这场雨给了我们一些时间。)

(13) The missed ball handed him the victory on a siwer platter. (这一球没有投中,从而使他轻松赢得了胜利。)

(14) She gave me the flu. (她把流感传给了我。)

(15) She got me a ticket by distracting me while I was driving. (她让我得了一张罚单,因为在我开车时,她分散了我的注意力。)

在例(12)—例(13)中,主语论元并不是自愿的。戈尔德贝格(1995:144)指出,即使主语论元是有生命的人,也不需要自愿性[例(14)—例(15)]。戈尔德贝格认为,这些例子是双及物构式的延伸,一个可以界定的表达式类型。这类表达式产生的基础是一个特定的、常规的、系统的隐喻,即"因果事件是物理转移"(CAUSAL EVENTS ARE PHYSICAL TRANSFERS)。"因果事件是物理转移"这一概念隐喻,使得通常需要一个自愿主语的双及物构式,有时可以有一个非自愿主语。概念隐喻许可了双及物的扩展,使它可以与非自愿主语一起使用。在语言系统中,我们约定俗成地用物理转移来理解因果事件。双及物构式多义性的例子及其延伸扩展有其概念隐喻基础,是隐喻概念化在句法层面上的又一例证。

2.2 时间概念的认知基础

2.2.1 时间的空间隐喻

我们虽然生活在时间与空间中,但时间和空间有着明显的不同。首先,语言中的空间表征编码空间场景。根据泰尔米(Talmy 2000)的观点,空间场景反映的是图像(figure)和背景(ground)的关系。常见的图像和背景的关系主要包括三个方面:图像-背景分离、图像与背景的相对接近程度(relative proximity)、图像相对于背景的位置。第三个参数需要一个特定的参考系或坐标系统(reference frame)来实现空间场景的建构。

(16) The bike is near the house.

(17) The bike is in front of the house.

(18) The grocery store is next to the office building.

例(16)编码的是典型的图像-背景分离(图像-背景不对称)的空间场景。这种不对称主要表现在自行车(bike)和房子(house)的关系上。在此句中,自行车是图像,房子是背景或参照对象。相对于静态的背景——房子,自行车由于其体积相对较小且可灵活移动的特点,而成为房子附近的视觉中心或被关注的对象。例(17)展示了图像与背景的相对接近程度。在此句中,自行车(图像)靠近房子(参照对象),但没有直接接触房子,离房子也没有很大距离。例(18)是典型的依据背景确定图像的场景建构。在此句中,办公大楼(office building)是"杂货店"(grocery store)位置的参照对象。由于办公大楼本身有几何形状,因此说者可以依据大楼自身的特征确定图像(杂货店)的具体位置。

可见,空间是一个具体的概念,空间中的事物存在多种的关系。我们可以依据感官体验或认知参与,区分图像和背景,确定图像与背景的关系。

日常生活中的抽象概念,如时间、状态、变化、因果和目的,通常是隐喻的。(Lakoff 1993:203)隐喻的轨迹并不在语言中,而是在我们的心里。我们通常会对事物和现象进行概括、类比、归类、总结,赋予现象以意义。同样,我们可以从概念化的各种方式中追踪隐喻的轨迹。

与空间不同,时间是一个抽象的概念,没有具体的、有形的实体。尽管我们能感觉到时间的"流逝",但这种感觉或者对时间的意识是一种内省的或主观的体验。

时间关系的空间隐喻是广为认可的现象。在英语中，at、within、throughout、before、toward 等空间方位词，已成为表示时间的规约化手段。常见的此类表达式有 at 3:00、within an hour、throughout the year、before Monday、toward the end of the month 等。汉语中也存在大量的通过空间概念表征时间的例子，如在3点、一个小时之内、一年内、周一前、快到月底了等。

很多表示时间的空间隐喻并不以字面上的相似性为基础。例如，在"time flies"或"the hours crawled by"中，time 和 hour 实际上并不会像鸟儿和爬行动物那样会 fly（飞行）或 crawl（爬行），它们之间的隐喻关系并不存在相似性。在语言使用中，我们将 time 和 hour 赋予生命，即有生命的个体，具备在空间中移动能力的生命体。"time flies""the hours crawled by"分别表示时间走得快和时间走得慢。这里的"走得快"和"走得慢"表达的是时间在空间的移动，因此也可以理解为空间隐喻。

在汉语中，我们常说"时间在流逝"。"流逝"也可以被看成一种空间隐喻。首先，我们通过拟人的方式，将时间视作有生命的个体。其次，流水在我们日常生活中是司空见惯的现象，我们把水的流动视作空间运动。最后，时间和流水在人的感官模态中存在某种隐喻关联，即时间是有生命的，有生命的时间具有在空间中移动的能力，就像流水一样。因此，时间在流逝表示时间在空间中运动。另外，由于运动是连续的和一维的，所以时间的流逝也是连续的和一维的。这一现象进一步说明，时间和空间存在隐喻关系，时间在某种程度上需要依赖空间才能获得意义。

那么，时间如何依据空间获得意义？有怎样的认知机制？具体而言，空间中的事物和运动如何成为理解时间的基础？空间中观察者所处的位置是否与理解时间的背景条件联系一起？时间的空间隐喻主要有 4 种映射方式：(1) 将时间看成空间中的事物；(2) 将时间的流逝看成一种运动；(3) 将来时间和过去时间受观察者朝向的位置决定，面向观察者的是将来的时间，背向观察者的是过去的时间；(4) 空间中的两个物体保持动静关系，静止的实体就是指示中心。这 4 种映射方式在一定程度上概括了时间概念空间化（时间的空间隐喻）产生的认知机制。

2.2.2 时间概念化的词汇模式

我们对时间的经验来源体现在多个方面，除了空间经验（空间隐喻），语言本身也提供时间经验。时间的经验在语言上主要表现为两个层级（Evans 2003；Evans & Green 2006）。第一个层级与词汇概念有关，第二个层级与时间的认知模型有关。词汇概念由词的形式或词所表征的意义组成。

比如，时间（time）、过去（past）、现在（present）、将来（future）等词汇都可以用来表达时间概念。这些表达时间的形式也称为时间表达式（temporal expressions）。这类词可以在概念层面上以多种方式组合，是词汇概念的主要组成部分。时间的认知模型是指人们通常按照某些固定的模式组织时间，获取时间经验。也就是说，时间的认知模型是指整合了各种词汇概念和规约意象（imagery）的模式。埃文斯（2004）称这个过程为概念的阐述（concept elaboration）。例如，a long time（长时间）这个时间表达式由两个部分组成：一是词汇概念，即通过 time 这个词表达"持续"（duration）概念；二是意象，即意象详细阐述与"长度"（length）相关的词汇概念。在这里，long（长）是"长度"意象的词汇化或具体化。词汇概念和意象的整合，反映了人们认知时间的方式，是构成时间概念化的认知基础。

按照埃文斯（2004）的观点，表达时间的词汇概念涉及两种类型：主要词汇概念（primary lexical concept）和次要词汇概念（secondary lexical concept）。主要词汇概念是指与普遍的人类认知加工相关的概念，或称与时间经验相关的词汇概念。这类时间经验包括持续性、同时性、时间"点"或时刻、"现在"等。这类时间经验与人类潜在的感知机制和过程有关，具有共性和普遍性。因此，这种概念在世界各国不同地区、不同语言中普遍存在。

次要词汇概念是文化构念（cultural construct），具有文化特殊性。例如，"时间"概念可以被理解为一种有价值的商品，它可以被买卖，就像具体的、实体商品一样。埃文斯和格林（2006：79）认为，"时间"作为可以买卖的商品这一概念，存在于工业化世界的语言中，而许多非工业化文化的语言中完全没有。我们认为，词汇概念的文化特殊性对研究时间概念化尤为重要。除了人类一般的认知能力，人们的概念化时间能力还受言语社群的群体认知及规约的行为规范影响。

撇开词汇概念的文化特殊性（次要词汇概念），埃文斯和格林（2006：79-84）侧重词汇概念的跨语言模式，举例论证了主要词汇概念在跨语言中的普遍模式。

(19) Time drags when you have nothing to do.

(20) Time flies when you're having fun.

(21) The time for a decision has come.

(22) With the first contraction, the young woman knew her time had come.

(23) With that 100 m race the sprinter had improved for the fourth time in the same season.

例（19）中的 time 表示时间的延续（duration），更具体一点，是指持续时间的延长或拉长（protracted）。意思是说，当你没事做的时候，时间也放慢了脚步。时间拉长是由于对一系列特定刺激的意识增强引起的，要么因为经历的间隔是"空"的，要么因为在短时间内经历了大量的时间，时间间隔非常"满"。时间的拉长是时间延续的一个变体。

例（20）中的 time 表示时间延续的另一个变体——时间的压缩（temporal compression）。时间的压缩是指我们经历的时间比平时更快，也就是说，由于我们太专注某一件事，而忽视了时间正悄悄地从我们身边溜走了，从而发出"时间过得真快""时间不知不觉地过去了"的感慨。

例（21）中的 time 表示时间经验的另一个因素，即依据离散的瞬间评估时间的能力。例（21）将时间理解为可以切分的具体事物或时间轴上的某个点。也就是说，时间的概念化不是依据间隔（其延续可以做出评估），而是依据离散的点。

例（22）中的 time 表示时间是一个特定的事件——生产。该事件通过"时间"得以词汇化，因此例（22）是一个与事件（event）概念相关的时间概念化类型。埃文斯（2004）认为，在知觉层面上，事件源于时间处理（temporal processing），它将特定的事件绑定成一个由时间框定的统一体（temporally framed unity）：一个"窗口"或"时间槽"（a window or time slot）。这一现象表明，一个事件的概念化与时间经验密切相关。

例（23）中的 time 表示实例在时间概念化中的作用。此句中的"时间"（time）不是指 4 个不同的时刻，而是指"改进"事件的第 4 个实例。也就是说，时间事件可以像数字一样被列举，或者说不同的事件可以被视作"相同"事件的实例或例子。这意味着单独的时间事件可以相互关联，并被"计算"为单一事件类型的不同实例。

我们用表 2.1 概括埃文斯（2004）、埃文斯和格林（2006）在词汇层面上对时间概念化的理解。

表 2.1　时间概念化在词汇层面上的表现

类型	次类	举例
持续	拉长	Time drags when you have nothing to do.
	压缩	Time flies when you're having fun.
瞬间		The time for a decision has come.
事件		With the first contraction, the young woman knew her time had come.
实例		With that 100 m race the sprinter had improved for the fourth time in the same season.

表 2.1 概括了主要词汇概念在概念化时间上的 4 种表现：持续时间、瞬间时间、事件时间和实例时间。其中，持续时间又可以分为时间的拉长与时间的压缩。可见，时间词（time）本身可以作为观察时间概念化的"提示符"或"窗口"，便于我们了解时间意义建构的动态过程及认知参与度。

2.2.3 时间概念化的认知模型

认知模型（cognitive model）是一个有层次的组织。在这个层次结构中，各种词汇概念及其规约化意象模式被整合在一起，形成一个更具概括、更具抽象的组织架构。也就是说，认知模型是多个词汇概念及规约化意象模式的综合，其知识结构规模远远大于单个词汇概念。（Evans & Green 2006：84）依据跨语言证据，埃文斯和格林（2006）概括了时间概念的主要认知模型：基于自我的模型（ego-based model）和基于时间的模型（time-based model）。基于自我的模型又进一步分为时间在动模型（moving time model）和自我在动模型（moving ego model）。基于时间的模型具体指时间序列模型（temporal sequence model）（图 2.1）。

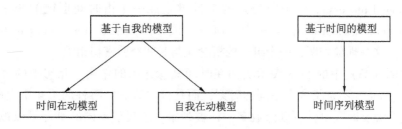

图 2.1　时间的认知模型分类

图 2.1 选自埃文斯和格林（2006）有关时间的认知模型分类。埃文斯和格林（2006：84）指出，时间在动模型、自我在动模型和时间序列模型这 3 种时间认知模型，"可以被看成对世界语言中发现的主要词汇概念（和次要词汇概念）范围及这些概念产生方式的概括"。

在这 3 种时间认知模型中，时间在动模型和自我在动模型以基于自我为基点观察时间的变化，经验者（experiencer）此时此刻的时间为"现在"（now）。时间在动模型以时间为基点，没有经验者的参与，该模型中没有"现在"的概念。在时间在动模型中可能存在一个隐性的经验者，也可能存在一个显性的经验者。显性经验者通常使用人称代词"I"（我），并将"I"编码在语言中。在时间在动模型中，经验者通常被概念化为自我

(ego)。自我所在的位置代表"现在"的体验。在这个模型中,自我是静态的。时间的瞬间和事件被概念化为运动中的物体。这些物体从"将来"走向自我,然后经过自我(现在)向"过去"走去。在时间在动模型中,自我和时间是分离的。自我仿佛站在一条高速公路上,观察行驶的车辆迎面驶来,又从身边快速驶过。在这个模型中,时间仿佛是从自我身边经过的车流。(图 2.2 转引自 Evans & Green 2006:86)

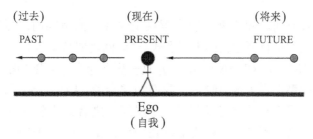

图 2.2 时间在动模型

基于自我的模型还可以再分为自我在动模型。在自我在动模型中,时间是一道道景观。时间景观需要人(自我)移动才能欣赏。也就是说,时间需要通过自我在时间景观上的运动来理解。自我移动指向特定的时间瞬间和事件,这些瞬间和事件被概念化为地点。

图 2.3 用箭头表示自我运动的方向。自我停留的时间是"现在",当自我向前移动,即表示向"将来"的时间移动。当自我超越了"现在"的时间,表明该"时间"在"过去"。(图 2.3 转引自 Evans & Green 2006:86)

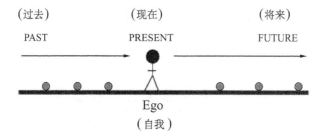

图 2.3 自我在动模型

第 3 种认知模型是时间序列模型。该模型涉及"前"(EARLIER)和"后"(LATER)概念,不涉及自我。该模型将时间视作事件,根据事件发生的早晚来确定时间关系。也就是说,一时间事件的理解,需要与另一时间事件进行比较才能得到理解。一事件发生的早晚或前后,需

要以另一事件发生的早晚或前后为依据。（图 2.4 转引自 Evans & Green 2006：86）

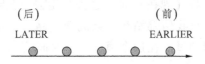

图 2.4　时间序列模型

以上 3 种时间认知模型在很大程度上是在空间范围内对时间的隐喻，是时间通过空间进行概念化的表现形式。"时间流逝是物体的运动"（TIME PASSING IS MOTION OF AN OBJECT）这一概念隐喻，综合了时间在动模型和时间序列模型。在语言隐喻中，我们经常会说：时间快到了、时间已经过去很久了、采取行动的时间到了、下星期二之后的几个星期、我期待着春节、感恩节就要到了、把这些都抛在脑后、我不能面对未来、时间飞逝等。所有这些表达式都是通过空间隐喻概念化时间的语言证据。"来""去""这里""跟随""前面""后面""飞""通过"等词语的使用及所遵循的一般原则，不仅说明了空间和时间交互融合，而且说明了空间概念对时间义产生的重要作用。

再如，"时间流逝是景观上的运动"（TIME PASSING IS MOTION OVER A LANDSCAPE）隐喻，反映的是自我在动时间认知模型。"他在那里待了十年、他在那里待了很长时间、他在那里逗留了多年、他愉快地度过了这段时间、他准时到达、我们快到元宵节了、他两年内就会拿到学位、我马上就到"等表达式，也可以被理解为通过空间隐喻概念化时间的实例。另外，"沿着、长、过、来、近、内、中"等方位词及空间表达式，都喻指自我在时间景观上的移动，并传达特定的时间意义。

　时间概念化分析框架

时间不具备空间所具有的物理属性，所以人们通常用空间概念喻指时间。时间概念空间化（或者说时空隐喻）已成为描写、理解和说明时间的主要手段之一。正如 2.2.2 小节和 2.2.3 小节所述，时间概念化过程不仅通过外化的词汇模式表征，也反映不同的时间认知模型。时间概念化的词汇模式主要表现在 4 个方面：持续时间、瞬间时间、事件时间和实例时间。

根据与说话者和时间的关系，时间的概念化主要表现为3种认知模型：基于自我的模型（时间在动模型与自我在动模型）和基于时间的模型（时间序列模型）。时间概念的词汇模式和认知模型概括了人们对时间概念的普遍认知，具有跨语言的普遍性。然而，上述4种词汇模式主要针对的是人类语言普通经验的概括，缺少对跨语言差异性及文化特殊性的综合考量，因而不能完全反映时间概念化的本质和特点。时间的认知模型仅仅站在空间移动的角度，观察说话者与时间的关系及时间与时间的关系，忽略了特定文化背景下的社会文化心理、语境的差异性及个体的变异性，因而不能充分说明认知模型在时间概念化中的作用。

为了全面了解现代汉语时间概念化现象，我们提出以"时间"为构式节点词，通过提取与"时间"相关的构式，观察构式网络的整体变化。我们接受认知语言学的观点，认为构式是语言的基本单位。从构式的角度观察现代汉语时间意义的建构，能够更好地解释现代汉语时间系统（"词汇·语法"范畴）的特殊性。在现代汉语时间系统中，时间既是词汇概念，又是语法概念。站在中间的角度，我们认为"时间"一词本身是由"时"和"间"组成的、形式和语义都已固化的实体构式，表达特定的时间意义。同时，"时间"又可以是构式节点词，连接一个巨大的构式网络，吸引来自不同语义域的词汇及表达式。这些词汇及表达式共同作用于对时间义的建构和理解，进而为现代汉语时间概念化提供观察、描写的窗口。这一观点在1.2.2小节中已经讨论过，并经过语料库数据进行了初步论证。下面主要从对构式的理解、词汇-语法连续体和基于用法的模型等角度，说明采用构式主义方法的合理性和可行性。

2.3.1 构式的界定及分类

自菲尔墨等人（Fillmore et al.）（1988）对 let alone 进行个案研究，并将习语再概念化（reconceptualization）为象征单位以来，构式逐渐成为构式语法研究的主要内容，成为认知语言学领域的主要话题之一。构式语法认为，构式（construction）是形式和意义的配对（form-meaning pairing），是语言的基本单位。认知语法的创始人兰盖克（1987）将构式理解为象征单位（symbolic unit），即形式和意义及/或功能的配对。戈尔德贝格（1995：68）认为，形-义配对通常是异质的，因为构式的意义不能够从构式的组成成分中派生出来，也不能从其他已有的语言事实中派生出来。戈尔德贝格（1995：4）给出了构式的经典定义：

C 是一个构式当且仅当 C 是一个形式-意义的配对 $<F_i, S_i>$，且

C 的形式（F_i）或意义（S_i）的某些方面不能从 C 的构成成分或其他先前已有的构式中得到完全预测。

在这个定义中，F 代表"形式"，S 代表"语义"，<F, S>代表一个象征单位。下标（$_i$）代表形式和意义之间的象征链接。该定义关注的核心问题是可预测性（predictability），并且在可预测性的基础上与合成性（compositionality）发生联系。在戈尔德贝格（1995）看来，如果一个单位的形式或意义的任何一方面不能从其构成成分的特征中得到预测，那么这个单位就是一个构式。

戈尔德贝格（2013）认为，词与语法框架的区别是一种程度上的区分，而不是性质上的区分。对构式的描写可以沿着两个参数进行，一个是复杂性参数，另一个是图式性参数。就复杂性而言，构式存在简单构式和复杂构式的区别。一般说来，词素和词是简单构式，而习语和语法框架复杂度则呈逐渐增加的趋势。就图式性而言，构式存在抽象程度和词汇说明（lexical specification）详略度的区别。一般说来，词是词汇详细说明的构式；语法框架根据插入的词汇材料达到最大限度的抽象，是无需词汇说明的构式。特劳戈特和特利斯戴尔（Traugott & Trousdale 2013）用实体构式和图式构式对上述两种构式进行概括，指出实体构式具有内容意义，而图式构式具有程序意义。

戈尔德贝格（2003；2006）从大小和复杂度的角度对构式进行了分类（表 2.2）。

表 2.2　不同大小和复杂度的构式分类

构式	形式/举例	功能
语素	如：anti-, pre-, -ing	—
词	如：Avocado, anaconda, and	—
复杂词	如：Daredeveil, shoo-in	—
习语（完全填充的）	如：Going great guns	—
习语（部分填充的）	如：Jog (someone's) memory	—
共变条件构式	形式：The Xer the Yer（如：The more you think about it, the less you understand）	意义：将自变量和因变量联系起来

续表

构式	形式/举例	功能
双及物 （双宾构式）	形式：Subj（V Obj1 Obj2）（如：*He gave her a Coke*；*He baked her a muffin*）	意义：转移（有意的或实际的）
被动	形式：Subj aux VPpp（PPby）（如：*The armadillo was hit by a car*）	话语功能：将将经历者变成话题，并/或将行动者变成非话题

（参见 Goldberg 2003：220；2006：5）

表2.2 显示，英语中的构式存在大小和复杂度的不同，小到语素（anti-、pre-、-ing），大到抽象的句子结构（共变条件构式、双及物构式和被动构式）。相比较而言，"时间"构式既不同于单纯实体构式（Avocado），也不同于纯粹图式构式（双及物构式、被动构式）。习语则处在这两个极端之间的构式。

"时间"构式是由"时间"词和"上/下 T"空间关系词为标记的节点构式。"时间"节点词构式下设名词（N）、动词（V）、形容词（A）和量词（Q）为槽位构式类型。"上/下 T 空间关系"构式下涵盖了由时间词（T）槽位的各类构式。这两类节点词构式既包括主位关系构式，如"时间是/就是/像/就像 N"，也包括各个层级的短语构式，如"时间 V""V 时间""A 时间""Q 时间""上 T""下 T""上/下半 T"等。这些带固定节点词和相关槽位的构式，各自的图式性程度不一、能产性强度也存在差异，但它们以各自独特的方式，编织着复杂的时间构式网络，为观察和描写现代汉语时间概念化提供形式化窗口。

表2.3 时间构式的类型及大小

节点词		构式	形式	大小
时间构式	时间	时间 N	时间是 N, 时间就是 N, 时间像 N, 时间就像 N	小句（主谓）
		V 时间	V 时间, 时间 V, 时间 VX	小句（主谓）、短语（动名）
		A 时间	A 时间, A 的时间, 时间 A	短语（形名）
		Q 时间	Q 时间, Q 的时间, 一 QN 时间, 一 QN 的时间	短语（量词语素）
	上/下	上/下 T	上 T, 下 T, 上/下半 T	短语（方位语素）

表 2.3 展示了基于节点词的时间构式的大小和复杂度。构式的范围从语素到短语再到主谓小句结构，涉及不同的构式层级单位。时间构式的这种层级性特点，充分体现了认知语言学有关词汇-语法连续体思想。在认知语言学家看来，人类语言的各个领域共享某些基本的组织原则，即普遍性承诺（generalization commitment）。普遍性承诺的核心思想是将词汇系统和语法系统联系起来，进而提供一个语法和词汇结构的统一理论。认知语言学对语法的认识，打破了传统词汇和语法的界限，不是将词汇和语法视为语言的不同组成部分，而是将其作为一个连续体。认知语言学对认知语义和语法的认知方法没有很清晰的划界，认为意义是语言单位的核心。意义不仅指词汇有意义，也指语法也有意义。也就是说，词汇和语法都有意义，两种意义的差别在于性质不同。词汇意义属于实体意义，语法意义属于图式意义。词汇-语法连续体思想能为现代汉语时间系统的"词汇·语法"范畴的解读提供新的思路，也为本书提出的基于构式的现代汉语时间概念化研究提供理论支撑。

2.3.2　构式主义方法

自戈尔德贝格（1995）《构式：论元结构的构式语法方法》一书出版以来，构式已经发展成为语言研究的一种新的理论方法，即构式主义方法（constructionist approaches）（Goldberg 2003）。构式主义方法旨在说明关于语言的全部事实，认为语言存在多种维度，如句法、语义、语用、话语、形态、语音、韵律等，这些维度不分强弱，不分主次，都以不同的方式作用于语言表达式的形成。也就是说，构式主义方法不强调语言的某一部分比另一部分更"基础"，不假定某些数据比另一数据更"核心"。构式主义方法强调形式-意义/功能配对，允许直接对构式进行观察，不忽略不寻常的结构，认为不寻常的结构能够揭示更广泛而深刻的问题。其优越性在于框架的系统性和解释的充分性。框架的系统性是指语言单位层级性和网络性。解释的充分性是指对语言形式进行更广泛的概括，利用有限模式进行深度观察、充分分析和解释。

构式主义方法的核心思想概括起来有 7 个方面（Goldberg 2003）。

（1）所有级别的描写都被理解为包含形式与意义或与话语功能的配对，这些语言级别包括语素或单词、习语、部分词汇填充和完全抽象的短语模式。

（2）关注语言事件或事态的微妙变化方式的处理。

（3）采用"所见即所得"的方法，不强调语法级别等传统的语法范畴。

(4) 构式具有一般的认知机制,可以被输入,可以被学得,并且会存在跨语言差异。

(5) 构式建构的认知约束及构式功能具有跨语言普遍性。

(6) 构式的承继性网络可以用来解释语言的跨结构普遍性。

(7) 构式网络建构"构式库"(construct-i-con),能够容纳全部的语言知识。

总的来说,构式主义方法重点解决了构式研究的以下几个关键问题。

第一,解决了构式的大小和复杂度问题。由于强调频次因素在构式形成中的作用,所以构式主义方法认为,即使语言型式(shape)是完全可预测的,但只要它们以足够的频次发生,该模式就可以被存储。也就是说,在构式主义方法下,形式与意义或功能受"不可预测性"和频次效应的双重作用,因而存储在大脑中的构式在意义上也有不同,从而进一步肯定了构式在大小方面和复杂性上的差异。另外,频次作用对构式大小和复杂度的影响,即使是基本的句子型式,由于使用频次高,该句子型式也可以理解为构式。构式可以出现在语言的各个层面,而且存在大小和复杂度的不同。除了书面语,代表母语特色的口语体中也存在构式。总之,在戈尔德贝格(2003:221)看来,构式既能处理异常的或特别复杂的语言形式,也能有效解释基础的、常规的语言形式。

第二,解决了构式的功能问题。构式具有独特的动能,能够处理构式形式与形式之间的语义关系,也能处理构式形式与说话者之间的信息关系。所谓构式形式与形式的关系,指的是构式表层形式的不同实际上是由语义的不同造成的。所谓语言形式与说话者之间的关系,指的是构式表层形式的变化或变异受说话者和听话者对信息处理方式的影响,如正式/非正式、方言变异等。

第三,解决了构式和语式(construct)的关系问题。语式(也称真实的语言表达式)是由多个不同的构式组合而成的。构式主义方法认为,只要不冲突,构式可以自由组合,形成真实的表达式。构式具有自由组合的特性,是语言具有无限创造潜能的源泉。

第四,解决了构式与构式学得的关系问题。构式主义方法提出了基于正向输入(positive input)的构式学得观,认为只要了解构式的功能及形式,语言使用者便可以通过类比方式(将一构式看成另一构式的实例)进行学习。正向输入平等地看待语言的不同层面,无所谓"中心"或"边缘",也不在乎频次的高低。

第五，解决了构式是否具有跨语言普遍性的问题。构式主义方法强调通过相似性和类比过程等语法外部因素，来解释形式和意义的跨语言联通现象。也就是说，构式具有跨语言普遍性，一般认知机制和基础语义范畴可以用来解释构式的跨语言普遍性现象。

第六，解决了构式是否具有语言内普遍性的问题。构式主义方法提出了基于构式的框架（construction-based framework），用来解释构式间的承继等级关系。承继等级反映构式在网络中的不同位置和功能：宏观构式、中观构式和微观构式。

第七，解决了构式的未来走向问题。构式主义方法提出，构式网络囊括了有关语言的全部知识，对语言的研究实际上就是对构式的研究。构式成为语言的基本单位，"基于构式"理论的产生与发展得益于构式网络的存在。换句话说，网络中的构式会一直延伸开来，构式会一路走下去。

在概括了构式主义方法的要旨、解释了与构式有关的基本概念的基础上，戈尔德贝格（2013：15-31）又重点强调了构式研究的共性原理，即构式主义方法的核心概念。这些核心概念包括语法构式、表层结构、构式网络、跨语言的多样性及普遍性和基于用法的模型5个方面。

（1）语法构式。站在词汇-语法连续体的高度，构式更多地被理解为语法构式。跟传统的词汇项目一样，短语构式也是学得的形式和功能配对。构式可以界定为规约化的形式-功能配对，并且各种复杂度和抽象度不同的形式-功能配对是可以学得的。（Goldberg 1995，2006）这个定义旨在说明词和更大的短语单位之间的共性，充分描写语义和特定构式使用的微妙差别，充分解释最普遍的型式（核心语法）及次常规现象（低频或非常规构式）。

提出语法构式的另一个目的在于将构式置于承继关系网络中，在默认的承继层级中考察构式之间的相互联系，有利于对所有大小的语言构式进行描写，包括成千上万的搭配、预制话语（预制语块）、习语和次要构式，通过构式彼此默认的承继层级关系联系起来，才能具体描写每一个构式的常规和非常规方面。

另外，将构式置于默认的承继层级中，可以对构式的多义性进行详细描写。构式的典型特点是多义现象（Goldberg 1995）。也就是说，相同的形式往往具有不同但相关的功能，从而实现在构式网络中考察语言知识的目标。

（2）表层结构。表层结构的观点强调语义直接与表层形式相联系，任何形式的变化都伴随着相应的语义变化。这种语义变化受说话者对语境信息的把控程度和处理程度。比如,时间构式涵盖众多子构式,各个子构式大小和复杂度方面存在差异,这表明时间在概念化过程中呈现出多样化的趋势,而这些众多大小不一的子构式产生的目的在于促进时间义建构的丰富性。

(3) 构式网络。构式主义方法认为,构式之间的关系并不是杂乱无章的,而是一个结构有序的默认的承继网络(default inheritance network)。短语构式、词和部分填充的词(又叫作词素)在网络中相互联系,网络中的节点通过承继连接相互关联。

(4) 跨语言的多样性及普遍性。构式主义方法认为,语言间不仅存在跨语言多样性,也具有跨语言的普遍性。构式不是语法范畴或语法关系,而是基本的、原始的句法表征单位。(Croft 2001:46)构式通常并不独特地存在。也就是说,它们一般不是完全任意的。形式和意义之间的关系通常是有理据的,通常需要通过一般认知过程和语用因素的制约,如象似过程和类比过程及语用概括等。正是构式的这一特性,语言间的差异性能够得到合理解释。

(5) 基于用法的模型。认知语言学家认为,语言知识来自语言使用模式。更具体地说,语言知识是如何使用语言的知识。托马赛罗(Tomasello 2003:5)指出,语言结构来自语言使用。这就是基于用法理论的基本观点。戈尔德贝格(2013:16)从构式主义方法出发,认为基于用法的模型是指对语言知识的概括,包括说明程度不同的词汇层面的概括。从语言使用的角度看,基于用法的理论涉及以下因素。

① 基于用法的理论受用法事件(usage event)的影响。用法事件,即话语,是指在特定的语境下,在特定的时间点,为特定的目的而说出的独一无二的话语。

② 在语言演变中,互动功能和社会(基于用法)的压力促使语言系统规约发生改变。也就是说,用法和语言结构的变化存在内在联系。

③ 在语言加工过程中的语言使用,强调互动性和目标导向。

④ 语境是认知解释的核心,语境为情景化的话语或用法事件提供基础。

⑤ 频次对语言系统产生影响。使用频次高的语言单位在语言系统中越固化,越容易形成认知模型或常规化。可见,语言系统的产生源自语言的使用,但语言系统也在某种程度上对语言使用产生影响。

戈尔德贝格(2013:16)指出,构式主义方法的基本原理在很多重要的方面相互联系,研究者可以根据需要有所侧重。但基于用法的原理则有其特殊性，这是因为基于用法的原理是"构式主义方法与习得理论、语言加工理论和语言演变理论的一个自然的接口"，其重要性不言而喻。我们在分析现代汉语时间概念化过程中，尤其关注基于用法模型中时间构式及时间义的变化、时间构式的习得等因素。

2.3.3 时间概念化分析框架

认知语言学认为，语言反映思维模式。语言为我们提供了观察认知功能的窗口，为我们发现思想观点的本质、结构和组织提供启示。因此，语言研究就是对概念化模式的研究。（Evans & Green 2006：5）时间是一个抽象的概念，对时间概念的认识和理解需要借助其他域的概念映射，尤其是空间域中的概念。但空间概念并非理解时间的唯一源域，我们日常生活的种种经历及身体体验直接或间接影响或改变我们对时间的认知和理解。实际上，时间概念化是一个动态的意义建构过程。在建构期间，需要调用大量且丰富的知识，需要激活各种认知因素。百科知识，包括各种语境知识、社会文化知识和各种直接和间接经验，不断为时间的意义建构提供可变因素，从而使时间义的范围不断扩大，呈现出多义性的特征。认知因素，尤其是概念隐喻、范畴化和类比化，为各种可变因素的接纳、融入和限制提供认知基础。那么，哪些语境因素能够被接纳并融入时间义的建构过程？哪些因素又限制时间义的无限扩张？我们认为，对这些问题的回答可以借鉴构式主义方法，从系统的角度加以观察。

构式主义方法视构式（形-义配对）为语言的基本单位，认为语言系统是由大小不同的构式网络组成。时间概念作为语言系统的重要组成部分，内部也必定有一个相对完整而系统的构式网络结构。构式网络中的接口、链接和节点能够为可能进入语境的各种词汇因素设置门槛和限制，许可符合条件的成分，排除其他不可能因素。

图2.5展示了现代汉语时间概念化分析框架。在这个框架中，时间概念化涉及三个彼此独立又相互联系维度：形式、功能和认知。形式是概念化运作的语言单位。我们将形-义配对的构式视作时间概念化的语言单位。在我们的分析框架中，构式指的是由"时间"作为节点词连接语言多个层面的构式网络。我们的依据是构式是规约化的形式-意义/功能的配对，具备对我们的思想进行编码并将我们的思想进行外化的能力。虽然我们的概念化范围似乎是无限的，但语言在表达思想方面是有限的，或者说仅仅提供有限的系统用于表达思想。因此，语言仅仅提供概念化构建的提示符（prompt）。相对于语言提供的最低限度的意义（minimal meaning），概念化

提供的意义更加丰富、更加详尽。（Fauconnier 1997；Turner 1991）因此，语言编码的不是其复杂的整体，而是概念系统的基本指令。这些指令能够引导我们访问或创造丰富和复杂的思想。在"时间"构式的槽位中，单词本身虽然提供了意义，但所提供的意义也仅仅是概念化的部分因素。思想依赖于一套丰富的百科全书式的知识。（Langacker 1987）我们调用所有的百科信息，用于构建与该构式相关的概念化。词本身仅仅是概念化建构过程的提示符（prompt）。因此，语言的功能之一是表征或象征概念。语言符号（linguistic symbol），或者更准确地说，是符号集合（symbolic assembly），通过提示符构建更丰富的概念化。

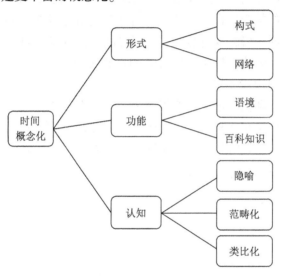

图 2.5　现代汉语时间概念化分析框架

语言由符号集合组成，它们以各种方式组合执行象征功能和互动功能。符号集合是一种规约的语言单位（conventional linguistic unit）。所谓规约，意味着说话者认可该语言单位（形-义配对）的意思，并"同意"该语言单位的规约化使用。语言有一个系统结构，词、词的意义及词如何按规约的模式排列，都存在于一定的系统关系中。

所谓功能，是指语用功能或互动功能。我们使用语言是为了"表达我们的想法"。换句话说，我们使用语言是为了交流。语言在提供形式和意义配对时需要得到认可并能够理解。这里涉及说者传递信息（编码）、读者接受信息（解码和解释）的过程。编码和解码的过程是构建丰富的概念化过程。因为在编码和解码的过程中，交流双方对语言结构（构式）的选择及构成槽位中词语的选择，需要受多种因素决定。同时，听者对说者构式义的理解和解读，也需要借助百科知识等相关信息才能实现。

　　所谓认知，是指概念化过程中可能涉及的认知因素。在现代汉语时间概念化中，"时间"构式槽位中的词具有3个方面的特点：第一，填补槽位的词或短语与节点词"时间"之间存在隐喻关系。也就是说，来自不同域的概念共同作用于对时间概念的理解。第二，构式槽位中的词或短语涉及多个方面的源域，每个源域中的词和短语又可能会出现上位概念或下位概念，因此，需要通过范畴化手段对不同类型的词进行分类，以便更好地观察并确定参与"时间"构式义建构的概念域类型。第三，类比化。构式槽位中的词或短语之间通常具有类比关系或者通过类比关系进入到构式中来。在时间义建构的整个过程中，类比一直在进行并涉及多个不同的层次。类比可以出现在同一概念域中的上下位词之间，也可能出现在"时间"构式的子构式之间。因此，类比化同隐喻和范畴化一样，作为重要的认知机制之一，参与时间构式义的动态建构。

　　形式、功能和认知这3个维度彼此独立，各自有相对完整的系统。同时，这3个维度又相互联系，共同作用于现代汉语时间义的建构，为观察、描写和说明现代汉语时间概念化提供了较为系统、可供操作的分析框架。

3 "时间 N" 构式

从本章开始进入讨论的主体部分,此部分共有 5 章,每一个构式家族为一章。我们将从"时间"构式出发,分别对"时间"构式网络下的各类构式家族进行描写、分析和解释。我们将"时间+名词""时间+动词"/"动词+时间""形容词+时间""量词+时间"这 4 个和"时间"节点词搭配的结构式称为构式家族的母构式。各类母构式的形式表达分别是:"时间 N"构式、"V 时间"构式、"A 时间"构式和"Q 时间"构式。考虑时间和空间的特殊关系,我们选择了"上"和"下"空间关系节点词,观察"上/下+时间词"的情况。我们将"上/下 T"构式视作母构式,并将该母构式融入到"时间"构式中,实现从多角度观察现代汉语时间概念化的现状。

第 3 章首先关注"时间 N"构式家族的构成。然后,依据构式家族的成员构式(子构式)对 N 槽位中的词汇进行检索,获得"时间 N"构式的总体特征。最后,通过语料库提供的具体实例,分析概念化"时间"构式义的各种因素。

 "时间 N" 构式家族

本章将"时间"作为节点词,穷尽检索"时间 N"构式中 N 槽位的名词信息,目的在于通过"A is B"的隐喻路径,了解现代汉语时间概念化过程中的语义选择、趋势和发展。这里的 A 是"时间",B 是出现在"时间"节点后面的名词,我们用 N 表示。隐喻扩展是构式承继性的一个重要特点(Goldberg 1995)。通过对 N 源域中词汇概念的分析,可以进一步了解"时间"目标域的本质,进而通过对 N 源域中词汇的描写,发现概念化时间的语义范畴和语义特点。为了便于分析,也为了保持术语的一致性,本章下文将 N 源域称为"N 槽位"。

为了全面了解 N 槽位词汇及语义的总体特征，我们将"时间 N"构式视为母构式，在"A is B"框架内寻找"时间 N"构式的各种特征及其变异。依据"A is B"框架，我们重点关注"is"在汉语中的各种变化形式。"is"（是）主要表示判断，常见的规约性结构为"时间是 N"。在汉语中还有强调判断形式"就是"。"是"与具有明喻特征的"像"及其强调形式"就像"有关，表示两个事物之间的可比性或相似性。据此，我们得到了由"是""就是""像""就像"为标记的"时间 N"构式类型（或称子构式）。另外，源域 N（名词）还存在多种限制，除了光杆 N，还存在"量词+名词"（QN）组合及单数"一"与"量词+名词"的组合，即"一 QN"。

按照上述分析，我们得到两对判断词"是/就是""像/就像"和 3 类名词形式"N/一 QN/QN"（用 X 表示）。据此，我们获得较完整的构式家族及其子构式成员（图 3.1）。

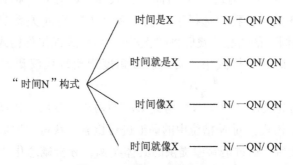

图 3.1 "时间 N"构式家族

依据图 3.1，我们概括出"时间 N"构式家族的 4 个母构式及其对应的 12 个子构式类型。

（1）时间是 X：时间是 N，时间是一 QN，时间是 QN。

（2）时间就是 X：时间就是 N，时间就是一 QN，时间就是 QN。

（3）时间像 X：时间像 N，时间像一 QN，时间像 QN。

（4）时间就像 X：时间就像 N，时间就像一 QN，时间就像 QN。

我们用大写的 N、QN 表示构式槽位。在语料库检索中，我们按语料库检索式标准，用小写的 n 代表名词。在收集数据时，输入语料库的检索式共有 12 个，分别是：时间是 n，时间就是 n；时间像 n，时间就像 n；时间是一 qn，时间就是一 qn；时间像一 qn，时间就像一 qn；时间是 qn，时间就是 qn；时间像 qn，时间就像 qn。

本章尝试回答以下几个问题：

（1）在"时间 N"构式中，N 槽位出现了哪些名词？频次如何？

(2) N 槽位出现的名词类别有哪些？有什么语义特征？
(3) 不同语义特征与时间概念化存在怎样的关系？

3.2 "时间 N" 构式的总体特征

3.2.1 数据检索

为了获得有效的"时间 N"构式数据，观察各类子构式的搭配与频次，我们进行了两个层次的检索。我们在 BCC 语料库中分别输入图 3.1 中 12 个子构式的检索式，分别获得 12 个子构式的原始频次及搭配频次。（表 3.1）

表 3.1 "时间 N"构式的原始频次及搭配频次

序号	构式类别	原始频次	原始搭配频次
1	时间是 N	936	455
2	时间就是 N	858	108
3	时间像 N	70	38
4	时间就像 N	86	42
5	时间是一 QN	114	64
6	时间就是一 QN	13	7
7	时间像一 QN	8	6
8	时间就像一 QN	31	7
9	时间是 Q	181	12
10	时间就是 Q	8	2
11	时间像 Q	10	2
12	时间就像 Q	1	1
	合计	2 316	744

（注：大写字母 N、QN、Q 是构式槽位符号，在语料库检索时，分别对应 n、qn、q。）

表 3.1 展示了"时间 N"构式在语料库中的原始数据频次及搭配频次。这些原始数据及搭配存在无效数据，或者说存在与本研究目的不相一致的搭配现象。为了获得可供分析的有效数据，我们进行了第二次检索，分别

对这 12 种构式的原始数据进行逐个观察。根据各构式中 N 的语义类型和特点，我们手工排除了不符合"隐喻性时间"的表达式和不符合"隐喻性特征"的名词类型。具体包括以下几种情况。

第一，N 指具体的日期或钟表时间、事件时间。

例如：时间是农历二月（卯月），时间是壬戌之年，时间是公元 1990 年 4 月 1 日，时间是一个月，时间是北京时间 2012 年 1 月 10 日，时间是 12 点 18 分，等等；时间是分分秒秒，时间是第 15 天，时间是风伦大闹沉沙谷后的第六天，看看什么时间是吉时，时间是国际标准时间 23 点，时间是礼拜六中午，时间是春晚，等等。

第二，"……时间是……时间/时期/时候/时段/时刻"表达式：在"时间"前面有限定范围，即"这个/那个/这段+时间"，泛指一段时间。

例如：今后的一个多月时间是夏粮作物生长和产量形成的关键时期；时间是夕阳落山；时间是初伏、中伏、末伏各 1 次；每天这个时间是一个人情感最脆弱的时候；这个时间是美容院最忙的时间；现在的时间是光棍时间；什么时间是孩子看电视的最好时间；业余时间是民警出问题、"捅娄子"的高发时段；放盐的最佳时间是鸡汤炖好后 2 分钟；0 到 100 kmh 加速时间是 8.6 秒，比普通型提高了 0.4 秒；隔天是星期六，时间是天气有点变冷的下午时刻；等等。

第三，表示主谓关系的是+adj.（形容词）或是+adv.（副词）。

例如：虽说他的发布时间是最晚的；时间是动态的；上车后第一时间是落锁；他现在在深圳，一时间是回不来的；春秋季节雨雾蒙蒙，某海岛观察站一年中日照时间只有两个月，其余时间是云雾缭绕；时间是看不见、摸不着的；等等。

第四，一些口语习语，用于宣泄不满情绪。

例如：什么时间是个头呀；天天这么累，什么时间是个头，好想出去走一走。

第五，不完整搭配。

例如：时间就是学生（……），时间就是满街（……），时间是女人（……），时间是青春（……）。

由于计算机提供的检索式仅识别了判断词后的名词，没有能够检索到这些名词后面的特征，因此以上括号中的省略号实际上才是对时间的真正解释，而不是"学生"和"满街"。我们把这种现象视作不完整搭配。实际上，经过第二次检索获得的语境索引行数据显示，省略号后面的定性名词才是对时间的真正解释，如"时间是女人最大的杀手"中的"杀手"，

"时间是青春的敌人"中的"敌人"。类似这样的不完整搭配也排除在有效数据之外。

我们统计两种类型的名词信息：（1）子构式判断词（是/就是）和类比词（像/就像）后最近的名词；（2）判断词和类比词后的名词需要符合两个要求，即隐喻性要求和语境性要求。

3.2.2 有效数据

通过手工排除以上 5 种情况，我们得到了有关"时间 N"构式中符合 N 条件（隐喻性和语境性）的名词类型，得到了 N 槽位的有效频次。有效频次包括构式总频次（C 总频次）和名词总频次（N 总频次）。C 总频次是指每一构式在语料库中出现的总次数，相当于型符频次（token frequency）。N 总频次是指出现在某一构式槽位中 N 的频次，相当于类符频次（type frequency）。"时间 N"子构式的有效频次，见表 3.2。

表 3.2 "时间 N"子构式的有效频次

序号	构式类型	C 总频次	N 总频次
1	时间是 N	330	66
2	时间就是 N	793	49
3	时间像 N	61	29
4	时间就像 N	80	37
5	时间是一 QN	86	47
6	时间就是一 QN	12	7
7	时间像一 QN	7	5
8	时间就像一 QN	12	7
9	时间是 QN	70	31
10	时间就是 QN	5	3
11	时间像 QN	7	4
12	时间就像 QN	1	1
合计		1 464	286

表 3.2 提供的是"时间 N"构式 12 个子构式的有效频次。其中，C 总频次共出现 1 464 次，N 总频次为 286。具体地说，C 总频次指的是在语料库中输入检索式得到的总频次。例如，在语料库中输入"时间是 n"，经过

第二次检索得到的有效频次是 330；输入"时间就是 N"，经过第二次检索得到的有效频次是 793。N 总频次指的是出现在构式 N 槽位中名词的类符频次。例如，在"时间是 N"构式的 330 个有效频次下，名词的类符共有 66 个。或者说，共有 66 个名词出现在 N 槽位中。这 66 个名词在"时间是 N"构式中共出现 330 次，平均每个名词重复出现的频次是 5 次。再如，"时间就是 N"构式下有 793 个有效频次，其 N 总频次是 49，相当于这 49 个名词在"时间就是 N"构式中的重复 16.18 次。

3.2.3　N 槽位的语义分类

在获得有效数据的基础上，我们需要着手对数据进行语义分类，重点关注以下问题。

（1）N 槽位中的名词有多少种类型？

（2）各种类型的名词有何特点？

（3）每类名词对"时间 N"构式及构式义产生怎样的影响？

要了解 N 槽位名词的类型及特点，需要了解什么是名词。名词表示人、事、物、地点或抽象概念的统一名称。吕叔湘在《汉语语法分析问题》一书中指出："名词里边除指具体事物的一般名词外，专有名词、集体名词、抽象名词都各自成为特殊的小类，跟能不能用数量词以及适用哪一类量词有关。"（吕叔湘 2005：31）另外，吕叔湘（2017：22）在《中国文法要略》一书中根据汉语名词的语义特点，将名词分为 4 类：人物（孔子、父、子、官、兵、友、敌等）、物件（猫、犬、桃、李、耳、目、书、画、山、川等）、物质（水、火、米、布、铁、空气等）、无形（念头、苦头、战争、睡眠、经济、道德、法律等）。

词义在某种程度上能够反映词语同思维、世界之间的连续，通过词义对词语进行分类，有利于建立词语的语义场，获得理解某一概念的认知基础。从功能上讲，名词是人类对客观世界万事万物的概念范畴的反映，名词的所指对象是人类社会中的人或事物。基于以上认识，我们接受吕叔湘（2005，2017）有关名词的界定和语义分类，结合语料库中收集到的具体数据，对所有子构式 N 槽位中的名词按语义和功能进行人工识别，并分类整理。具体做法如下。

第一，按照名词上位和下位关系，选择语义相近或相同的一组词的上位词，确定该组名词的语义类别。例如贼、小偷、敌人、疯子、鬼子、猎手等名词的上位词是人，我们就将该组名词命名为"人物"，把生活用品如牙膏、卫生纸、筛子和奢侈品等统称为"商品"，将风、火、水、流沙、江河、海洋、海波、影子、小溪等归为"自然"。

第二，把具有工具作用或功能的名词归类为"工具"，如磨刀石、试金石、弹簧、过滤器、砂纸、火箭、海绵、轴承等。

第三，把仅出现1次，但又无法归入某个特定类别的名词归属为"其他"，这些名词包括历时、世界杯、实体、心理安慰等。

按照上述分类标准，我们发现12个"时间N"子构式中N槽位的名词共有219个，涉及28个类别，每个名词在语料库中的累计频次为1 440。需要指出的是，12个子构式的N槽位可能会出现相同的名词，为了避免重复，我们把多次出现的名词加以合并，算作一个名词，相当于类符名词（类符数）。例如，"贼"这个名词分别出现在4个不同的构式中：在"时间是N"构式中出现127次，在"时间是个N"构式中出现4次，在"时间就是N"和"时间像个N"中分别出现1次。我们将出现在这4个N槽位中的"贼"算作1个名词。该名词在语料库中出现的累计频次为133（相当于型符数）。但像在"时间是oneway"和"时间是单行道"中的"oneway"和"单行道"，由于书写不同，我们将其看成两个名词。不同的书写形式在一定程度上反映了概念化时间的不同价值取向。N在"时间N"构式中的分类及频次，见表3.3。

表3.3 "时间N"构式中N分类总表

序号	分类	类符数/个	列举和频次	型符数/个
1	人物	24	贼（133），小偷（20），过客（11），强盗（5），刽子手（3），敌人（2），逃兵（2），魔术师（2），作者（2），编剧（2），疯子（1），鬼子（1），考官（1），猎手（1），神偷（1），盟友（1），救世主（1），妈妈（1），画家（1），奸商（1），巨人（1），高手（1），杀手（1），捣乱分子（1）	196
2	自然	24	流水（31），水（11），影子（10），河流（6），风（5），流沙（2），闪电（2），急流（1），空气（1），海波（1），海洋（1），江河（1），电波（1），滴水（1），大河（1），水流（1），海浪（1），火（1），流星（1），沙（1），烟火（1），海洋（1），溪流（1），小溪（1），鸿沟（1）	84
3	空间	18	常数（14），空间（5），循环（4），距离（4），线性（3），静态（2），空白（2），线（2），变数（1），闭循环（1），矢量（1），函数（1），直线（1），盲区（1），定量（1），变量（1），分界线（1），容器（1）	45

续表

序号	分类	类符数/个	列举和频次	型符数/个
4	金钱	13	金钱（423），财富（15），钱（7），珍珠（3），外汇（3），金子（2），资本（2），货币（2），贷款（2），零钱（1），硬通货（1），链子（1），钞票（1）	463
5	工具	15	海绵（23），网（9），磨刀石（6），弹簧（4），火箭（2），轴承（2），试金石（1），丝线（1），沙漏（1），熨斗（1），铁鞭（1），催泪弹（1），过滤器（1），砂纸（1），硫酸（1）	55
6	刀具	12	刀（8），匕首（7），杀猪刀（3），利器（2），刀子（1），利剑（1），镰刀（1），剪刀（1），双刃剑（1），利刃（1），杀手锏（1），Excalibur（1）	28
7	问题	10	问题（11），关键（9），答案（3），重点（2），根本（2），过程（1），核心（1），原因（1），因素（1），难题（1）	32
8	人体	10	心肌（8），大脑（2），乳房（2），事业线（2），黑色素（1），发神经（1），黑头（1），大便（1），胸脯（1），屁（1）	20
9	效益	9	效益（35），效率（10），质量（2），成果（2），成本（2），产量（2），价值（2），贡献（1），代价（1）	57
10	商品	8	筛子（19），牙膏（4），带子（2），奢侈品（2），漂白剂（1），商品（1），LV（1），卫生纸（1）	31
11	药品	7	良药（44），毒药（15），麻药（2），毒品（1），补品（1），特效药（1），猛药（1）	65
12	场所	7	房间（1），宫殿（1），美容院（1），养猪场（1），健身房（1），坟墓（1），墓地（1）	7
13	学习	6	橡皮擦（6），分数（5），橡皮（1），翻书（1），粉笔（1），粉笔末（1）	15
14	交通	6	oneway（2），单行道（1），赛车（1），出租车（1），列车（1），单程车票（1）	7
15	手段	6	魔法（5），铁则（2），掷骰子（1），沙漏（1），圈套（1），筹码（1）	11

续表

序号	分类	类符数/个	列举和频次	型符数/个
16	怪物	5	魔鬼（10），天使（2），精灵（1），怪物（1），妖怪（1）	15
17	食品	4	粮食（22），雪糕（7），猪饲料（3），馅饼（1）	33
18	生命	5	生命（202），命运（5），前途（3），性命（2），命（2）	214
19	力量	4	速度（7），力量（5），生产力（2），战斗力（1）	15
20	材料	4	钢（3），钢铁（2），铅块（1），干粉（1）	7
21	虚幻	4	梦（2），幻觉（2），灵魂（1），噩梦（1）	6
22	其他	4	历史（4），事件（世界杯）（1），实体（1），心理安慰（1）	7
23	动物	3	蜗牛（2），泥鳅（1），神马（1）	4
24	机遇	3	战机（3），机遇（1），机会（1）	5
25	命令	2	军队（4），命令（2）	6
26	观念	2	概念（1），态度（1）	2
27	时间	2	时间（7），钟摆（1）	8
28	证据	2	见证（1），证据（1）	2
合计		219	—	1 440

表3.3展示了出现在"时间N"构式N槽位中名词的全面信息。最左边一栏是序号。该栏列出了名词类别的数量，共28类。左边第二栏是N槽位所有名词的类别名称，第三栏是这些名词类别的类符数（出现在N槽位中的名词的数量）。第四栏是N槽位出现的具体名词及在语料库中的频次。第五栏是每类名词在语料库中的总频次（型符频次）。根据表3.3，我们发现"时间N"构式中N槽位的名词具有以下特点。

第一，从名词的类别来看，N槽位中的名词共有28类。根据频次的高低，分别是人物、自然、空间、金钱、工具、刀具、问题、人体、效益、商品、药品、场所、学习、交通、手段、怪物、食品、生命、力量、材料、虚幻、其他、动物、机遇、命令、观念、时间、证据。

第二，从名词的上位和下位关系来看，28类上位名词都包含至少2个以上的下位词。带有10个以上下位名词的上位名词有8个，包括人物、自然、空间、金钱、工具、刀具、问题、人体等。

第三，从类符和型符频次来看，N槽位名词类符数共有219个，这些名词在语料库中出现的总频次高达1 440，相当于每个名词在语料库中重复出现6.58次。

除了以上3个特点，各类子构式N槽位的名词在类符数和型符频次方面还存在不均的特点。表3.3显示，"金钱"类出现的型符频次最高，达463次。"证据"类出现的型符频次最低，共2次，全距达到461。不仅如此，在28类名词中，每一类名词的类符数也存在差异。比如，"人物"类和"自然"类出现的名词数（类符数）最多，分别是24个，"命令"类、"观念"类、"时间"类和"证据"类中出现的名词数（类符数）最少，各占2个，全距达到22。

各类名词的型符频次从高到低依次是：金钱→生命→人物→自然→工具→药品→效益→空间→食物→问题→商品→刀具→人体→学习→非人类→力量→手段→时间→场所→出行→材料→其他→虚幻→命令→机遇→动物→观念→证据。N槽位中上位名词所带下位名词的个数，从高到低依次是：人物→自然→空间→金钱→工具→刀具→问题→人体→效益→商品→药品→场所→学习→出行→手段→非人类→食品→生命→力量→材料→虚幻→其他→动物→机遇→命令→观念→时间→证据。

"时间N"构式的概念化分析

构式不仅是语言的基本单位，也是人们进行思考、存储及概念化的基本单位。基于用法的理论将语言看成具身的和社会的人类行为（embodied and social human behavior），强调语言的用法（usage）对语言结构产生影响，而用法模式、发生的频次、变异和变化都为认知表征提供直接证据。根据基于用法的构式语法理论，构式图式性的增强或构式的形成，受诸多因素影响，其中一个重要的因素就是频次。高频出现的名词是构成"时间N"槽位中N意义固化的决定性因素。这既是说者用含有N类意义的名词进行思考的表现，也是时间概念化的一个外在体现。

下面我们从频次变化和语义特点两个方面观察"时间N"构式及构式义形成的认知及社会因素。

3.3.1 频次变化

3.3.1.1 文本频次变化

文本的频次变化指的是表 3.2 提供的"时间 N"12 种子构式的有效频次。为了便于分析，我们将表 3.2 的标题改为"子构式间的文本频次变化"，将 C 总频次改为"型符频次"，将 N 总频次改为"类符频次"，将子构式序号改为"组别"。为了便于组别之间的对比，我们以"N""一 QN""QN"为标记，将带这 3 个标记的构式分为 3 组。第 1 组是"时间是/就是/像/就像 N"构式（简称"N 构式"），第 2 组是"时间是/就是/像/就像 一 QN"构式（简称"一 QN 构式"），第 3 组是"时间是/就是/像/就像 QN"（简称"QN 构式"）。这 3 组 12 个子构式的型符频次和类符频次关系，或称子构式间的文本频次变化关系，见表 3.4。

表 3.4 子构式间的文本频次变化

组别	名词	构式类型	型符频次	类符频次
第 1 组	N 构式	时间是 N	330	66
		时间就是 N	793	49
		时间像 N	61	29
		时间就像 N	80	37
第 2 组	一 QN 构式	时间是一 QN	86	47
		时间就是一 QN	12	7
		时间像一 QN	7	5
		时间就像一 QN	12	7
第 3 组	QN 构式	时间是 QN	70	31
		时间就是 QN	5	3
		时间像 QN	7	4
		时间就像 QN	1	1
合计			1 464	286

表 3.4 显示，12 类子构式的型符频次是 1 464，类符频次是 286。型符和类符比例为 5.12，相当于类符中每个名词的重复使用频次为 5.12。如果我们将 3 组构式分别看成 3 个文本，那么这 3 个文本之间的频次分布极不均匀。具体表现在以下几个方面。

第一，3个组别的构式之间出现的型符和类符频次都呈递减趋势。第1组"N构式"无论是型符频次还是类符频次都显著高于第2组"一QN构式"和第3组"QN构式"。第2组"一QN构式"型符和类符频次低于第1组，但高于第3组。第3组"QN构式"的频次最低，甚至低到了个位数。这种现象表明，在"时间N"构式中，人们倾向于采用直接判断（是N）、强调判断（就是N）和比较判断（像N）、强调比较判断（就像N）这样的方式来概念化时间，而较少采用"一+量词+N"和"量词+N"的方式概念化时间。

第二，"时间是"在3组构式中出现的频次都很高。"时间是N"的型符和类符比是330∶66，"时间是一QN"的型符和类符比是12∶7。在QN组，尽管其他频次极低，但"时间是QN"构式的型符和类符比也达到了70∶31。这一现象表明，在概念化时间过程中，汉语使用者更倾向于采用直接判断标记"是"，使"时间"与被指对象直接对应，使N槽位中的众多名词可以直接向抽象概念（时间）投射。

第三，在所有的"时间N"子构式中，"时间就是N"出现的频次最高，型符达到793，超过"时间是N/一QN/QN"的型符（486）的总和。在"时间就是N"子构式中，N槽位名词的重复率达到16.2。也就是说，该构式中的每一个名词平均至少出现16次以上。另外，"时间是N/一QN/QN"的型符（486）和类符（144）的比例为3.4。也就是说，在此类构式中，N槽位中名词的重复率仅为3.4。如果仅算"时间是N"构式中的型符（330）和类符（66）的比例，N槽位中的名词在该构式中的重复率，也仅为5，比在"时间就是N"构式中的重复率低11。

以上发现表明，汉语时间概念化倾向于采用"时间是/就是/像/就像N"构式。其中，表示强调判断的"时间就是N"构式是时间概念化最凸显的构式类型。人们会反复使用该构式中的"就是"标记，并采用符合语境的名词来填补该构式的N槽位，表达对时间概念的强化，伴有极强的感情色彩。相反，尽管"时间是N/一QN/QN"构式在3组构式的C总频次比例相对较高，但是该组构式N槽位中，名词的复现率相对较低，出现的名词语义范围较广，并呈现出多样性的特征。由于"时间像N/一QN/QN"处在中间状态，总体型符和类符频次都较低，因此我们可以说，加上处于中间状态的间接比较式，"时间是/像N/一QN/QN"构式是构成"时间是N"构式多义性主要构式手段。或者说，"时间是/像N/一QN/QN"构式是造成"时间N"构式语义特征丰富的主要构式类型。更确切地说，该类构式是形成"时间N"构式N槽位名词形式多样、语义特征不可预测性的主要结构式,也是该构式具有能产性的主要动力和来源。

3.3.1.2 相对频次中的变化

相对频次在这里指的是进入 N 槽位中的名词类别之间的频次变化。为了更加直观观察各类名词在频次变化上的特点,我们按类符频次和型符频次的高低,对出现在表 3.3 中的 28 类名词进行了重新排序,见表 3.5。

表 3.5 型符频次和类符频次排序

N 类别	型符数/个	型符频次排序	类符数/个	类符频次排序
金钱	463	1	13	4
生命	214	2	5	18
人物	196	3	24	1
自然	84	4	24	2
药品	65	5	7	11
效益	57	6	9	9
工具	55	7	15	5
空间	45	8	18	3
食品	33	9	4	17
问题	32	10	10	7
商品	31	11	8	10
刀具	28	12	12	6
人体	20	13	10	8
学习	15	14	6	13
怪物	15	15	5	16
力量	15	16	4	19
手段	11	17	6	15
时间	8	18	2	26
场所	7	19	7	12
交通	7	20	6	14
材料	7	21	4	20
其他	7	22	4	28
虚幻	6	23	4	21

续表

N 类别	型符数/个	型符频次排序	类符数/个	类符频次排序
命令	6	24	2	24
机遇	5	25	3	23
动物	4	26	3	22
观念	2	27	2	25
证据	2	28	2	27
合计	1 440	—	219	—

表3.5展示了28个N类别的两种数据排序,一种是型符频次排序,另一种是类符频次排序。从两种数据的排序情况看,型符频次和类符频次在语料库中的使用情况并不完全对应。型符频次高的类别,其类符频次不一定高。反之,类符频次低的类别,其型符频次也不一定低。但总体来说,28类名词在型符和类符频次关系方面存在以下几种现象。

第一,型符频次和类符频次排序不一致。型符频次排名前8位的N类别,各自对应的类符频次排序出现明显的不一致。型符频次排名前8位的N类别分别是:金钱、生命、人物、自然、药品、效益、工具、空间。各自对应的类符频次排序分别是:4、18、1、2、11、9、5、3。金钱类名词的型符频次排名第1,高达463,但其吸引的名词数(类符数)是13,排名第4。型符频次排名第3和第4的人物类和自然类吸引的名词数均为24,类符频次排序分别是第1和第2。型符频次排名第8的空间类,共吸引了18个名词进入该类别,类符频次排名第3。

第二,处在中间位置的名词类别(型符频次排序从第9名到第20名)在型符频次和类符频次排序方面相对稳定,基本保持一致。这类名词包括食品类、问题类、商品类、刀具类、人体类、学习类、怪物类、力量类、手段类、时间类、场所类、交通类。

第三,型符频次排名后8位的名词类别分别是材料类、其他类、虚幻类、命令类、机遇类、动物类、观念类、证据类。这些名词有以下两个特点。

A. 型符频次低:这些低频名词型符频次分别是7、7、6、5、4、2、2。

B. 类符频次低:每个类别中出现的名词个数少(类符频次低),分别是4、4、4、2、3、3、2、2。

另外,生命类和金钱类是"时间N"构式中比较特殊的两种类型。生命类名词是指表示生命、命运和前途等方面的名词,出现在N槽位中的生命类名词有5个,分别是生命、性命、命、命运、前途。生命类名词数量少,在类符频次中排名第18位,但这5个生命类名词的型符频次非常高,达214,排名第2,相当于每个名词重复出现的次数为42.8。

金钱类名词通常指钱、钞票等表示财富的名词。出现在N槽位中的金钱类名词共有13个,排名在人物类、自然类和空间类之后。但和生命类名词一样,这13个名词在语料库中的型符数高达463次,在型符频次排序中占第1位,相当于每个名词的复现率达35.6。

复现率,即单位内某一现象重复出现的次数或频次。构式语法将词汇、语言单位(构式)的重复视作构式图式化程度和语义固化的标志。复现率越高,与构式的搭配越紧密,意义就越固化,构式的图式性就越明显,概念化程度就越强。

可见,汉民族对待时间的态度,已达到了与生命和金钱价值等同的高度。

3.3.1.3 能产性中的变化

这里的能产性变化指的是构式与N之间的频次关系或吸引关系。在表3.4中,我们按构式槽位的特点将12个子构式分成三组:N构式组、一QN构式组和QN构式组。我们继续观察文本频次变化与28类名词(表3.3)对构式的吸引程度。我们将3组构式的槽位(N、一QN、QN)统称为N槽位,目的在于统计进入"时间N"构式槽位中的名词类别、语义特征和频次特点。构式的能产性程度能在一定程度上反映人们对时间概念化的总体趋势。据此,我们将28种N类名词视作"时间N"构式N槽位的标记性特征,将N槽位吸引名词类别及各个类别吸引具体名词数量的多少,视作能产性的依据。

表3.3提供了N槽位28类名词、进入该类名词范畴中的具体名词及出现的频次等信息。我们将出现10次以上的名词视作高频词,将出现3—9次的名词视作中频词,将出现3次以下的名词视作低频词。高频词能够固化构式槽位,实现构式的图式性和构式义的规约性(形-义配对),并使该构式逐渐脱离语境,形成固定表达式或习语。低频词在构式槽位中出现的成分越多,表明该构式N槽位越具有开放性,语境依赖性也随之增加,构式的能产性就越强。中频词的作用在于促成构式图式性的固化及构式能产性的增强。同时,中频词也为该构式的习语化起到重要的作用。

例如,在人物类范畴下,共有24个名词被吸引到"时间N"构式中。出现频次超过10次的高频名词有3个:贼(133)、小偷(20)、过客(11)。这些名词构成人物类名词的共性特征,表明人们倾向于将时间视作"贼""小偷""过客"。出现5次的"强盗"和出现3次的"刽子手"属中频词。在某种程度上,这些中频词延续了高频词的某些语义特征,在一定程度上强化了高频名词(贼、小偷、过客)在"时间N"构式中的地位。另外,在24个高频词中,有10个名词是低频词。这种现象表明,在"时间N"构式的N槽位能够吸引大量与"人物"相关的名词。据此,我们认为"时间N"构式是一个开放性、能产性极强的构式,只要符合语境条件的名词都可以被许可、被接纳。表3.3提供的28类名词及各类名词范畴下具体名词的数量和频次,也进一步证实,"时间N"构式是一个图式性高、能产性强且语义丰富的构式。

我们用构式网络关系概括"时间N"构式及其子构式的关系,进而说明"时间N"构式图式性和能产性的特点。(图3.2)

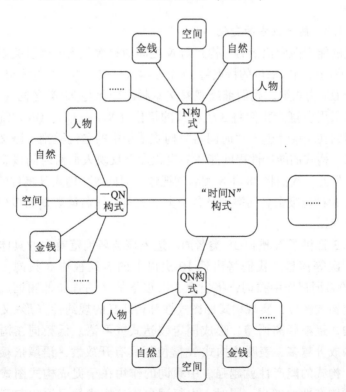

图3.2 "时间N"构式网络关系

图 3.2 概括了以"时间 N"构式网络关系,该构式至少由 3 组构式组成(表 3.4),最右侧带省略号的框,是一个开放式的、有待进一步挖掘的构式类别。3 组构式中可能出现的名词至少有 28 类(表 3.3),其中带省略号的方框,表示该组构式的 N 槽位,是一个开放式的、有待被吸收的名词类别。

3.3.2 语义特点

了解 N 槽位的语义特点有助于我们观察"时间 N"构式义形成的具体参与者及其所起的作用。为了便于分析,我们在表 3.3 的基础上,进行了更高层次的抽象,将上述 28 类名词概括为 11 个语义类别,每个语义类别包含 1 个或多个子类。(表 3.6)

表 3.6 "时间 N"构式的语义类别

序号	总类	分类	类符数/个	名词及型符频次	型符频次
1	金钱效益	金钱	13	金钱(423),财富(15),钱(7),珍珠(3),外汇(3),金子(2),资本(2),货币(2),贷款(2),零钱(1),硬通货(1),链子(1),钞票(1)	520
		效益	9	效益(35),效率(10),质量(2),成果(2),成本(2),产量(2),价值(2),贡献(1),代价(1)	
2	人类	人物	24	贼(133),小偷(20),过客(11),强盗(5),刽子手(3),敌人(2),逃兵(2),魔术师(2),作者(2),编剧(2),疯子(1),鬼子(1),考官(1),猎手(1),神偷(1),盟友(1),救世主(1),妈妈(1),画家(1),奸商(1),巨人(1),高手(1),杀手(1),捣乱分子(1)	216
		人体	10	心肌(8),大脑(2),乳房(2),事业线(2),黑色素(1),黑头(1),大便(1),胸脯(1),屁(1),shit(1)	
3	生命	生命	5	生命(202),命运(5),前途(3),性命(2),命(2)	214

续表

序号	总类	分类	类符数/个	名词及型符频次	型符频次
4	物品	药品	7	良药（44），毒药（15），麻药（2），毒品（1），补品（1），特效药（1），猛药（1）	129
		食品	4	粮食（22），雪糕（7），猪饲料（3），馅饼（1）	
		日用品	8	筛子（19），牙膏（4），带子（2），奢侈品（2），漂白剂（1），商品（1），LV（1），卫生纸（1）	
5	工具	特殊用途	18	海绵（23），网（9），磨刀石（6），弹簧（4），钢（3），钢铁（2），轴承（2），试金石（1），丝线（1），沙漏（1），熨斗（1），铁鞭（1），催泪弹（1），过滤器（1），砂纸（1），硫酸（1），铅块（1），干粉（1）	112
		刀具	12	刀（8），匕首（7），杀猪刀（3），利器（2），刀子（1），利剑（1），镰刀（1），剪刀（1），双刃剑（1），利刃（1），杀手锏（1），Excalibur（1）	
		学习	6	橡皮擦（6），分数（5），橡皮（1），翻书（1），粉笔（1），粉笔末（1）	
		交通	7	oneway（2），火箭（2），单行道（1），赛车（1），出租车（1），列车（1），单程车票（1）	
6	自然	水火等	24	流水（31），水（11），影子（10），河流（6），风（5），流沙（2），闪电（2），急流（1），空气（1），海波（1），海洋（1），江河（1），电波（1），滴水（1），大河（1），水流（1），海浪（1），火（1），流星（1），沙（1），烟火（1），溪流（1），小溪（1），鸿沟（1）	84

续表

序号	总类	分类	类符数/个	名词及型符频次	型符频次
7	时空	空间	18	常数 (14), 空间 (5), 循环 (4), 距离 (4), 线性 (3), 静态 (2), 空白 (2), 线 (2), 变数 (1), 闭循环 (1), 矢量 (1), 函数 (1), 直线 (1), 盲区 (1), 定量 (1), 变量 (1), 分界线 (1), 容器 (1)	53
		时间	2	时间 (7), 钟摆 (1)	
8	问题解决	问题	10	问题 (11), 关键 (9), 答案 (3), 重点 (2), 根本 (2), 过程 (1), 核心 (1), 原因 (1), 因素 (1), 难题 (1)	52
		手段	6	魔法 (5), 铁则 (2), 掷骰子 (1), 圈套 (1), 筹码 (1), 心理安慰 (1)	
		机遇	3	战机 (3), 机遇 (1), 机会 (1)	
		观念	2	概念 (1), 态度 (1)	
		证据	2	见证 (1), 证据 (1)	
9	非人类	怪物	5	魔鬼 (10), 天使 (2), 精灵 (1), 怪物 (1), 妖怪 (1)	25
		虚幻	4	梦 (2), 幻觉 (2), 灵魂 (1), 噩梦 (1)	
		动物	3	蜗牛 (2), 泥鳅 (1), 神马 (1)	
10	动力	力量	4	速度 (7), 力量 (5), 生产力 (2), 战斗力 (1)	21
		命令	2	军队 (4), 命令 (2)	
11	其他	场所	7	房间 (1), 宫殿 (1), 美容院 (1), 养猪场 (1), 健身房 (1), 坟墓 (1), 墓地 (1)	14
		历史	4	历史 (4), 世界杯 (1), 实体 (1), 事件 (1)	
	合计		219	—	1 440

表 3.6 提供了更高层次抽象的语义类别，共 11 个大类。语义类别分为总类和分类、分类的类符数、分类的具体名词及型符频次、总类的型符频

次。11 个大类按总型符频次高低排序：金钱效益（520）、人类（216）、生命（214）、物品（129）、工具（112）、自然（84）、时空（53）、问题解决（52）、非人类（25）、动力（21）、其他（14）。我们按顺序对各类名词（N）进行语义特点分析。

3.3.2.1 金钱效益类

我们将"金钱"和"效益"合并为一类，称为"金钱效益"类。该类 N 出现的频次最高，共 520 次，占 36.11%。在金钱效益总类中，金钱类出现的频次是 463，效益类出现的频次是 57，金钱类的频次是效益类的 8 倍多。所以，相对效益类来说，金钱类比率具有绝对优势。从每个分类出现的名词及型符频次看，金钱类名词的频次从高到低分别是：金钱（423）、财富（15）、钱（7）、珍珠（3）、外汇（3）、金子（2）、资本（2）、货币（2）、贷款（2）、零钱（1）、硬通货（1）、链子（1）、钞票（1）；效益类名词的频次从高到低分别是：效益（35）、效率（10）、质量（2）、成果（2）、成本（2）、产量（2）、价值（2）、贡献（1）、代价（1）。

从语义特点看，金钱类和效益类名词分别可以进一步分为不同类别。

(1) 金钱类。

① 钱币类：金钱、钱、零钱、钞票。

② 资本类：财富、外汇、资本、货币、贷款、硬通货。

③ 珠宝类：珍珠、金子、链子。

(2) 效益类。

① 效果类：效益、效率、成果。

② 成本类：成本、代价、贡献。

③ 价值类：质量、价值、产量。

以上分类可以更加直观地观察金钱效益类 N 在时间概念化过程中涉及的具体要素。金钱类 N 包括 3 个类别，即钱币类、资本类和珠宝类。除了总括性的"金钱""财富"，金钱类 N 还出现了许多具体的概念，包括日常使用的"钱""零钱""钞票"，还有其他货币类型，如外汇、资本、货币、贷款、硬通货。除了流通的货币，金钱类 N 中还涵盖了"珍珠""金子""链子"等珍贵和稀有的物品。

同样，效益类 N 也从效益、成本和价值几个方面概念化时间。其中，对 N 槽位最具吸引力的是"效益"和"效率"，因为这两个名词出现的频次达 45 次，占该小类名词总数（57）的 78.95%。其他名词总数加起来的频次只有 12 次，且出现频次普遍较低，仅出现 1 次或 2 次。

3.3.2.2 人类

我们将与人类有关的人物和与人体相关名词合并为一类，称为"人类"。在"人类"中，只有人物和人体部位名词用来概念化时间。表示称谓的名词共有 24 个，频次从高到低分别是：贼（133）、小偷（21）、过客（11）、强盗（5）、刽子手（3）、敌人（2）、逃兵（2）、魔术师（2）、作者（2）、编剧（2）、疯子（1）、鬼子（1）、考官（1）、猎手（1）、神偷（1）、盟友（1）、救世主（1）、妈妈（1）、画家（1）、奸商（1）、巨人（1）、高手（1）、杀手（1）、捣乱分子（1）。

人物类成员频次最高的名词是"贼"，共出现 133 次，占人物类总数（196）的 67.86%。从语义上看，人物类名词又可以进一步分为 8 小类。

(1) 盗贼类：贼、小偷、强盗、神偷。
(2) 过客类：过客。
(3) 职业类：魔术师、作者、编剧、画家、考官。
(4) 敌人类：敌人、逃兵、鬼子。
(5) 猎杀类：刽子手、杀手、猎手。
(6) 友好类：妈妈、盟友、救世主。
(7) 非友好类：奸商、捣乱分子、疯子。
(8) 超人类：巨人、高手。

其中，"盗贼类"占比最高（160）排名第 1，排第 2 位的是"过客类"（11）；频次最低的是超人类（2）。吸引成员最多的是"职业类"，共 5 类，包括魔术师、作者、编剧、画家、考官。从对时间的情感感受来看，人物类名词又可以再分为以下几类。

(1) 憎恨类：盗贼类、敌人类、猎杀类。
(2) 冷漠类：过客类、非友好类。
(3) 信任类：友好类、超人类。
(4) 人文类：职业类。

总体而言，现代汉语在将时间概念化为人物的过程中，倾向于将时间看成讨厌的人。这类人既可以是盗贼、敌人、猎人，也可以是冷漠无情的过客和没有感情的一类人。当然，对汉语讲话者而言，对时间的认识也开始有所扩展。人们将时间比作成慈爱的母亲，比作成无所不能的救世主，比作具有操控命运的超人类。这一现象表明，人们对时间的看法和态度有所变化，从憎恨、冷漠到信任和依赖。另外，人文类职业也逐渐出现在"人物"类中，这些职业大多属于人文娱乐领域，如作者、编剧、魔术师、画家和考官等。

与人体相关的名词共有 10 个，频次从高到低分别是：心肌（8）、大脑（2）、乳房（2）、事业线（2）、黑色素（1）、黑头（1）、大便（1）、胸脯（1）、屁（1）、shit（1）。这些名词大致可以分为以下几个类别。

（1）器官：心肌、大脑、乳房、胸脯、事业线。

（2）疾病：黑色素、黑头。

（3）排泄物：大便、屁、shit（屎，狗屁）。

以上 3 类与人体相关的名词，主要涉及人体器官、疾病名称和排泄物。其中，出现最多的是心肌，其次是大脑、乳房和事业线。出现 1 次的名词包括黑色素、黑头、大便、胸脯、屁、shit。

3.3.2.3 生命类

生命类名词共有 5 个，但出现的频次高达 214，相当于每个名词平均出现 42.8 次，并且该类名词出现的频次占总频次（1 440）的 14.86%。可见，生命类 N 在整个"时间 N"构式中占有特殊的地位。事实上，这 5 个名词的频次分配并不均匀，"生命"是各类名词的最高频词，出现的频次为 202，占该类 N 频次总数的 94.39%。其他 4 个名词出现的频次从高到低分别为：命运、前途、性命、命。

这 5 个名词具有以下特点。

（1）抽象名词：生命、命运和前途属于抽象名词。

（2）具体名词：性命和命属于具体名词。性命是生命的具体化，涉及的语义范围可以指动植物和人类。命指动植物的生活能力，也指命运。

前途指前面的道路，比喻事物发展的前景。前途的光明与黑暗和命运有关，体现生命的价值。因此，前途也可以归入生命类名词。

3.3.2.4 物品类

物品类包括药品、食品和日用品 3 种类别。在这 3 类物品中，药品类出现的频次最高，达 65 次，是食品类（33）和日用品类（31）的总和，占物品类总频次（129）的 50.39%。药品类名词共有 7 个，出现的频次从高到低分别是：良药（44）、毒药（15）、麻药（2）、毒品（1）、补品（1）、特效药（1）、猛药（1）。其中，"良药"出现的频次最高，共 44 次，占药品总频次（65）的 67.69%。概括起来，药品类名词根据其用途不同，可以分为以下几个类别。

（1）良药：良药、补品。

（2）毒药：毒药、毒品。

（3）特效药：麻药、特效药、猛药。

时间在现代汉语中普遍被看成能够医治疾病的良药，包括滋补品。但有的时候,时间也被看成毒药和毒品,会对人的身体造成伤害。另外,时间也被概念化为治疗疾病的特效药、进行手术的麻醉药和快速治愈疾病的猛药。

在食品类的 4 个名词中,表示概括性的词汇"粮食"出现的频次最高,达 22 次,占该类名词总频次(33)的 66.67%。其他食品类名词根据出现的频次,从高到低分别为:雪糕(7)、猪饲料(3)、馅饼(1)。可见,在概念化时间中,人们倾向于使用总括性的名词"粮食",而具体名词"雪糕""猪饲料"和"馅饼"的使用,也许和特殊的使用环境及个体的生活体验有关。

日用品类名词共有 8 个,出现的频次从高到低分别是:筛子(19)、牙膏(4)、带子(2)、奢侈品(2)、漂白剂(1)、商品(1)、LV(1)、卫生纸(1)。其中,"筛子"出现的频次在整个日用品类名词中所占的比例最高,占 61.29%。除了"筛子",日用品类名词还有一个特点,就是低频出现的名词涉及的范围比较散,既有牙膏、卫生纸,又有带子、漂白剂,还有奢侈品及具体的奢侈品"LV"(包)。但与"粮食"不同,作为概括性的名词"商品"在日用品中只出现了 1 次,属于低频用词。

3.3.2.5 工具类

工具类涉及 4 个方面语义类别:特殊用途类、刀具类、学习类、交通类。特殊用途类包括以下类别。

(1) 日常用具类:海绵(23)、网(9)、磨刀石(6)、弹簧(4)、丝线(1)、沙漏(1)、熨斗(1)、铁鞭(1)、砂纸(1)。

(2) 工业材料类:钢(3)、钢铁(2)、轴承(2)、试金石(1)、铅块(1)。

(3) 化学材料类:过滤器(1)、硫酸(1)、干粉(1)、催泪弹(1)。

在日常用具类中,"海绵"出现的频次最高,共出现 23 次,其次是"网、磨刀石和弹簧"。其他都是出现 1 次的低频词。值得注意的是,工业材料类和化学材料类中出现的名词,除了"钢、钢铁、轴承",其他也都是出现 1 次的低频词。由于日常用具类在特殊用具类中占比最高(占 78.33%),因此,日常用具类代表了特殊用具类语义的特点,"海绵、网、磨刀石和弹簧"的高频使用,也被视作概念化时间的主要语义来源。工业材料类和化学材料类中的名词大多属于出现 1 次的低频名词,但也为特殊用具类名词的语义多样性提供了丰富的数据来源。

刀具类名词共有 12 个,出现的频次从高到低分别是:刀(8)、匕首(7)、杀猪刀(3)、利器(2)、刀子(1)、利剑(1)、镰刀(1)、剪刀

(1)、双刃剑（1）、利刃（1）、杀手锏（1）、Excalibur（1）。这组名词具有以下特点。

（1）一般用途类：刀、刀子、镰刀、剪刀。
（2）特殊用途类：利器类和利剑类。
　　利器类：利器、匕首、杀猪刀、利刃。
　　利剑类：利剑、双刃剑、杀手锏、Excalibur。

从以上分类可以看出，一般用途类刀具倾向于采用具有概括性名词"刀"来概念化时间，特殊用途类刀具更侧重具体的利器类刀具，如匕首、杀猪刀、利剑。这类名词都是出现1次的低频名词。利剑类名词和其他低频名词，尤其是英文词"Excalibur"（圣剑），也为该类名词的语义提供丰富的认知理据。

学习类工具和交通类工具中，除橡皮擦（6）、分数（5）和 oneway（2）、火箭（2）属于相对高频名词以外，其他名词都是出现1次的低频名词。这些低频名词包括：橡皮、翻书、粉笔、粉笔末、单行道、赛车、出租车、列车、单程车票。无论是相对高频还是出现1次的低频名词，这两类工具都具有各自的特点。

（1）学习类名词：工具和相关特征。
　　工具：橡皮擦、橡皮、粉笔。
　　相关特征：分数、翻书、粉笔末。
（2）交通类名词：车类和相关特征。
　　车类：一般车类和特殊车类。
　　　　客用车类：出租车、列车。
　　　　非客用车类：火箭、赛车。
　　相关特征：道路和车票。
　　　　道路：oneway（单行道）、单行道。
　　　　车票：单程车票。

学习类名词和交通类名词都涉及具体的工具、具体的车类及其相关特征。分数作为学习类名词的一个主要相关特征，与橡皮擦和橡皮等学习工具一样，同样有意义。翻书和粉笔末也是学习过程中，尤其是课堂学习中，不可或缺的相关特征。

交通类名词中的车类涉及客用车类（出租车、列车）和非客用车类（火箭、赛车）。虽然火箭和赛车不属于普通的客用车类，但火箭、赛车与普通车类有一个相同的特点——速度，因此我们将火箭和赛车列入特殊车类的范畴。交通类相关特征主要包括道路和车票两个方面。但在概念化时间中,人们倾向于使用单行道和单程车票,而不是多行道和双程车票,这也是值得进一步探讨的地方。

在分析"时间N"构式N槽位名词特点时,我们发现特殊用途类N和刀具类N有共同特点,都表示用具。因此,我们把这两种类型N合为"用具类"。特殊用途类N和刀具类N两者的差别在于性质不同。刀具类N主要用作利器,出现的频次从高到低分别为:刀、匕首、杀猪刀、利器、刀子、利剑、镰刀、剪刀、双刃剑、利刃、杀手锏、Excalibur。

特殊用途类N出现的频次从高到低分别为:海绵(23)、网(9)、磨刀石(6)、弹簧(4)、钢(3)、钢铁(2)、轴承(2)、试金石(1)、丝线(1)、沙漏(1)、熨斗(1)、铁鞭(1)、催泪弹(1)、硫酸(1)。

这两类用具从功能上看,可以进一步划分以下3个类别。

(1) 日用类:海绵、网、刀、磨刀石、弹簧、沙漏、过滤器、熨斗、砂纸、刀子、镰刀、剪刀、丝线、砂纸。

(2) 杀伤性类:匕首、杀猪刀、利器、利剑、双刃剑、利刃、杀手锏、Excalibur、铁鞭、催泪弹、硫酸。

(3) 其他用途类:钢、钢铁、轴承、试金石。

以上功能分类可以看出,用具类N中的名词涉及日用类、杀伤性类和其他用途类工具。其中,日用类用具所占比例最大,其他用途类用具出现的范围较小。而杀伤性类用具主要集中在利器层面,同时包括其他杀伤性工具,如铁鞭、催泪弹和硫酸。

3.3.2.6 自然类

进入自然类N中的名词有24个,在语料库中出现的频次从高到低分别是:流水(31)、水(11)、影子(10)、河流(6)、风(5)、流沙(2)、闪电(2)、急流(1)、空气(1)、海波(1)、海洋(1)、江河(1)、电波(1)、滴水(1)、大河(1)、水流(1)、海浪(1)、火(1)、流星(1)、沙(1)、烟火(1)、溪流(1)、小溪(1)、鸿沟(1)。

自然类N中,"流水"出现的频次最高,共出现31次,占自然类总数(84)的36.90%。从语义上看,自然类N中的名词又可以分为以下7个类别。

(1) 流水类:流水、水、急流、海波、滴水、水流、海浪。

(2) 江河类:河流、江河、大河、海洋、小溪、溪流、鸿沟。

(3) 影子类:影子。

(4) 风火类:风、火、烟火。

(5) 流沙类:流沙、沙。

(6) 闪电类：闪电、电波、流星。

(7) 空气类：空气。

虽然这 7 个类别所涵盖的名词类别和频次各不相同，但是自然类 N 中的名词有如下共同的特点。

第一，流动性。这里的流动性主要是指水的流动，如水类。由于水具有流动的性质，所以江河类通过转喻的方式喻指水的流动。另外，空气类、流沙类和流星类也具有流动的性质。

第二，快速性。自然类 N 中名词的另一个特点就是强调速度快，如激流、闪电、电波、风。另外，流沙转瞬即逝，也是表示速度快的一个例子。烟火虽然美丽，但在天空中绽放后转瞬即逝。

第三，无形性。自然类 N 中的名词还强调时间的无形性。"影子"在自然类 N 中共出现 10 次，占比为 11.9%，仅次于"流水"（31）和"水"（11）。另外，空气无形无色，看不见摸不着，却是我们离不开的存在。

总之，大自然中的江河流水、风沙空气、闪电流星、烟火影子都是现代汉语概念化时间的重要数据来源。

3.3.2.7 时空类

时空类名词由空间类和时间类名词组成。进入空间类 N 中的名词共有 18 个。这些名词在语料库中出现的频次从高到低分别是：常数（14）、空间（5）、循环（4）、距离（4）、线性（2）、静态（2）、空白（2）、线（2）、变数（1）、闭循环（1）、矢量（1）、函数（1）、直线（1）、盲区（1）、定量（1）、变量（1）、分界线（1）、容器（1）。

在空间类 N 中，"常数"出现的频次最高，共出现 14 次，占自然类总数（45）的 31.11%。从语义上看，空间类 N 中的名词又可以分为以下 5 个类别。

(1) 数类：常数、变数、函数。

(2) 量类：定量、变量、矢量。

(3) 线类：循环、距离、线性、线、闭循环、直线、分界线。

(4) 空间类：空间、容器、空白、盲区。

(5) 态类：静态。

空间类 N 中的名词分类相对较少，主要涉及数、量、线、空间和态这 5 个类别。这些表示空间概念的类别具有以下特点。

第一，专业术语。空间类 N 中的专业术语包括物理学中的"矢量"、数学中的"函数""常数"等概念。这些专业术语通常成对使用，如常数和变数、定量和变量等。

第二，线性距离。除了一般意义上的线、直线，线性距离还包括环形线和分割线，如循环和比循环、分界线等。

第三，物理空间。如空间、空白、盲区、容器等。

第四，动静关系。空间 N 类名词呈现出静态和动态的结合，如"静态"对应动态的"变数"和"变量"等。

总之，空间类 N 大多以物理空间的方式呈现。这些物理空间通常具体化为学科术语，即将空间概念抽象化。从这个层面上来说，时间的空间隐喻在现代汉语中已经带有学科的性质，而非纯粹日常语言层面上的空间隐喻。意象图式隐喻"容器"在空间 N 类中仅出现一次，所占的比例仅为 2.22%。

时间类名词共有 2 个，分别是：时间（7）、钟摆（1）。与空间相比，时间类名词无论是数量还是频次都相对较少。考虑到分析的需要，我们在 3.2 小节中已将相关时间概念视作无效数据，但是，在时间类名词中的"时间"出现的频次相对较高，其产生必定有特殊的理据，值得进一步探讨。

3.3.2.8 问题解决类

人们在概念化时间过程中，既将时间看成问题，同时也通过证据和各种手段，为时间问题提出了相应的解决方案。时间既为人们提供了机遇，也表明了人们对时间的态度。因此，问题、手段、机遇、观念和证据类语义构成问题解决类名词的主要特征。在这些语义类别中，问题类 N 出现的名词数和频次相对较高。此类名词数共有 10 个，但占比很高，占该类名词总数（23）的 43.48%。同样，问题类名词出现的频次也很高，达 32 次，占问题解决类名词频次总数（52）一半以上，高达 61.54%。在这 10 个问题类名词中，出现的频次从高到低分别是：问题（11）、关键（9）、答案（3）、重点（2）、根本（2）、过程（1）、核心（1）、原因（1）、因素（1）、难题（1）。

这 10 个名词具有以下几个特点。

（1）问题提出类：问题、难题。

（2）问题本质类：关键、根本、重点、核心、原因、因素。

（3）问题解决类：答案、过程。

从以上分类可以看出，问题的提出、问题的本质和问题的解决过程和结果，构成了人们概念化时间的一个完整的逻辑过程或逻辑链。其中，问题的本质出现的名词类别最多（6 个），总括性的问题和难题及问题的答案和过程分别由"问题""难题"和"答案""过程"表示。"问题""关键"

"答案"这3个名词在各自语义类别中出现的频次最高,分别代表了问题类名词的3个主要特点。

手段及证据在问题解决中至关重要。证据类名词共出现2个,都是出现1次的低频名词,即"见证""证据"。手段类名词则相对较多,共有6个,按出现频次的高低分别是:魔法(5)、铁则(2)、掷骰子(1)、圈套(1)、筹码(1)、心理安慰(1)。这6个表示问题解决的手段类名词,具有以下特点。

(1) 规则类:铁则。
(2) 非规则类:现实类和非现实类。
　　现实类:掷骰子、圈套、筹码。
　　非现实类:魔法、心理安慰。

规则类名词1个——铁则,即按照既定的规则解决问题。非规则类名词又可以分为现实类和非现实类两个类别。现实类侧重打赌和设陷阱的方式,具体包括"掷骰子""筹码""圈套"。非现实类侧重非正常方式获得解决问题的手段,具体包括"魔法""心理安慰"。

另外,如何解决问题还表明了人们对问题所持的态度和观念。通常情况下,问题也为人们提供了机遇和机会,因此机遇类名词和观念类名词也被纳入到问题解决类语义的逻辑链中。"概念"和"态度"是观念类的两个低频名词,出现的频次都是1次。在机遇类中,"战机"出现的频次最高,共3次,"机遇""机会"都是出现1次的低频名词。

整体来说,机遇类、观念类和证据类语义在问题解决类名词中出现的频次低,出现的名词数少,这表明在概念化时间中,这类语义的名词并没有得到足够的关注,可选择性相对较低。而问题类和手段类语义则为人们提供了更多的选择机会,尤其是"问题"和"关键"这两个词构成了问题解决类的主要语义特征。在解决问题的手段上,非现实类的"魔法"选择超越了规则类"铁则"的选择。可见,在概念化时间的过程中,人们在遇到时间问题时,倾向于选择非现实的、虚幻的解决方法,包括"心理安慰",这与时间本身的特性是一致的。

3.3.2.9　非人类

与人类相对应,我们将怪物类、虚幻类和动物类归为非人类。在非人类中,动物类出现的名词数最少,共3个,出现的频次也很低,分别是:蜗牛(2)、泥鳅(1)、神马(1)。这3种动物都有各自的特点:蜗牛表示速度慢;泥鳅表皮光滑,不容易被抓住;神马并非真正的马,是"什么"这个词语的一种谐音,表示不在乎、无所谓(该词属于新出现的网红词汇)。用这3个动物名词概念化时间从一个侧面反映出人们对时间概念的不同认知和态度。

虚幻类名词共有4个，出现的频次从高到低分别是：梦（2）、幻觉（2）、灵魂（1）、噩梦（1）。用虚幻类语义的名词概念化时间，表明人们对时间不可触摸但又伴随萦绕的无可奈何。无论时间是梦或恶魔，还是幻觉或灵魂，都进一步说明时间都并非真实的存在。

非人类中的怪物类共有5个名词，出现的频次从高到低分别是：魔鬼（10）、天使（2）、精灵（1）、怪物（1）、妖怪（1）。其中，"魔鬼"出现的频次最高，共出现10次，"天使"出现2次，其他3个名词都是出现1次的低频名词。怪物类名词有以下特点。

(1) 憎恨类：魔鬼、怪物、妖怪。
(2) 喜爱类：天使、精灵。

从使用的频次和出现的名词个数可以看出，现代汉语在概念化时间过程中，更倾向于使用憎恨类名词，其中"魔鬼"占比最高。喜爱类名词也逐渐受到关注，如"天使"和"精灵"。

3.3.2.10 动力类

动力类名词的语义特点强调力量与速度，而人为的命令与军队般纪律也是构成动力的主要来源。因此，动力类名词包括两个类别：力量和命令。

力量类名词共有4个，出现的频次从高到低依次为：速度（7）、力量（5）、生产力（2）、战斗力（1）。其中，"速度"出现的频次最高，"力量"次之，"生产力"和"战斗力"相对较低。"速度"和"力量"相互补充，构成动力的主要要素。命令类名词只有2个，即"军队"和"命令"。动力类名词的语义特点表明，时间是有生命、有力量的生命体，是一个快速运动着的生命体。这个生命体又有着严格的组织纪律，如"军队"，一个能够下命令并执行命令的组织机构。该组织同时也表现出一定的生产力和战斗力。

3.3.2.11 其他类

其他类名词包括场所类和历史类。场所类名词共有7个，都是出现1次的低频名词。在概念化时间的过程中，人们会结合自己所在的位置、从事的职业及个人的直接和间接经验，将"房间、宫殿、美容院、养猪场、健身房、坟墓和墓地"视作概念化时间的主要语义来源。除"坟墓"和"墓地"这两个似乎是不吉利的场所以外，其他场所名词的感情色彩都比较积极向上。"房间"是一个中性的常用词汇，"宫殿"具有古代帝王的色彩，是豪华奢侈的象征。"美容院""健身房""养猪场"表达的是具有特殊意义的场所，并且与语言使用者特定的场所体验有关。其中，"美容院""健身房"是新近出现的场所，这也表明时间通过居住场所得到概念化，其意义建构过程也反映了社会、科技文化的进步与发展。

历史类名词共有 4 个，出现频次最高的名词是"历史"，共出现 4 次，其他名词都是出现 1 次的低频名词。"世界杯""事件"可以被看成历史或具体的实体。

我们对"时间 N"构式 N 槽位中的名词进行了语义特点的概括分析，以上 11 个语义类别典型地反映了现代汉语时间概念化的总体特征和发展趋势。时间是金钱、是效益、是生命，时间同时又是有生命的个体，包括人类和非人类，具有动力特征。时间是物品、是工具，时间又是自然现象和时空现象。另外，时间既是问题，又能解决问题。时间是历时，时间又是客观存在的场所。

3.3.3 "时间 N"构式的概念化

"时间 N"构式是一个由 3 组构式（N 构式、一 QN 构式和 QN 构式）12 个子构式组成的构式家族（图 3.1、表 3.4）。该构式家族以不同的形式吸引了 11 个语义大类、28 个小类、219 个名词（表 3.6、表 3.3）进入该构式的 N 槽位。那么，这些名词是如何进入"时间 N"构式 N 槽位的？进入 N 槽位的名词遵循怎样的认知机制？认知语言学接受普遍性承诺和认知承诺，认为人类语言的不同层面共享特定且普遍的组织原则，并且每个语言结构原则都必须反映其他认知科学分支（哲学、心理学、人工智能和神经科学）对人类认知的已有认识。接受埃文斯和格林（2006）对这两大承诺的认识及特劳戈特和特利斯戴尔（2013）对构式化与构式演变的理解，我们从范畴化、类比化等角度，结合具体的语料库实例，回答上述问题。

3.3.3.1 范畴化

认知语言学认为，范畴化（categorisation）是形成范畴的过程。在这个过程中，范畴成员并不是"非此即彼"（all-or-nothing）的关系，而是表现出一种模糊边界：有些成员更靠近范畴的中心，而有些成员则处于范畴的边缘。也就是说，范畴表现出不同程度的中心性（centrality），一些成员与范畴的其他成员或多或少存在相似之处。范畴的这一特性被称为家族相似性（family resemblance）。范畴成员之间边界的模糊性及家族相似性也是"时间 N"构式中 N 槽位名词语义聚类的重要理据。

如果我们把 N 槽位看成"时间 N"构式义产生的重要语义来源，那么，N 槽位中名词可以从两个方面加以理解：第一，语义相似的成员组合成一个相对独立的语义类别，如表 3.6 概括出了"时间 N"构式中 N 槽位的 11 个语义类别。由于使用频次不同及成员数量不同，这 11 个语义类别表现出中心性和边缘性的差别。第二，每个独立的语义类别内部成员由于使用频次高低的不同而表现出中心性和边缘性的差别。

我们认为，"时间 N"构式 N 槽位语义范畴的形成受使用频次的影响。从 11 个语义类别的整体来看，"时间 N"构式展示的是一个结构完整的、竞争有序的生态系统。我们从 11 个语义类别中名词数的多少及各类别的总频次数来确定 N 槽位中名词范畴中心性的程度。从语义类别名词数来看，"人类"出现的名词数最多，共 34 个，这些名词使用的总频次为 216 次，在整个语义类别中排第二。金钱效益类的名词数排第二，共有 22 个，这些名词使用的总频次为 520 次，在整个语义类别中排第一。生命类的名词数仅有 5 个，这些名词使用的总频次为 214 次，在整个语义类别中排第三。由此，我们可以得出结论：金钱效益、人类和生命构成"时间 N"构式 N 槽位范畴的三大核心——人-金钱效益-生命。其他 8 个语义类别分别可以被看成这三大核心的边缘成分。"物品""自然""时空"是人维持生命的基本要素，是人生存不可或缺的环境，是生命得以维系的根本；"工具""问题解决""动力"是人获得金钱效益的手段、途径和方法；"非人类"及"其他"类中的"场所"和"历史"可以被看成"人-金钱效益-生命"的边缘范畴。"时间 N"构式中 N 槽位名词的语义范畴，见图 3.3。

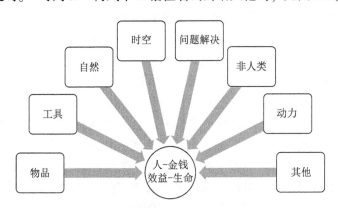

图 3.3　N 槽位名词的语义范畴

图 3.3 是一个以"人-金钱效益-生命"三大范畴为中心范畴，以物品、工具、自然、时空、问题解决、非人类、动力和其他 8 大类边缘范畴组成的语义范畴系统。该系统是一个开放的范畴系统，是一个通过"时间 N"构式概念化时间的生态系统。该系统的开放性主要表现在以下几个方面。

首先，在"时间N"范畴系统中，围绕三大核心范畴，目前已经有8个比较成熟的边缘范畴系统。就三大核心范畴而言，"时间是金钱""时间是生命""时间是贼"已经逐渐固化为人们对时间的普遍共识。就8个边缘系统而言，每个系统内部都有数量及使用频次不等的具体名词，并且这些名词之间相互具有语义临近或亲缘关系，存在相互吸引、不断延伸的特点。这一现象表明现代汉语使用者已经接受了这些边缘范畴，并将其纳入到"时间N"构式的范畴之中。

其次，由于边缘范畴存在中心性程度的差异，因此8个边缘范畴处在动态变化之中。从使用的总频次上看，边缘范畴成员的使用频次都在200次以下。使用频次在100次以上的只有2个，即物品类和工具类。但相比自然类、时空类和问题解决类，这些范畴（使用频次在50次以上）更靠近中心性。同样，与非人类、动力类和其他类（使用频次在25次以下）相比，自然类、时空类和问题解决类更能被现代汉语语言使用者所接受，离中心性相对较近。

另外，"时间N"构式中的语义范畴内部成员之间也存在中心和边缘的差异。这一现象不仅在三大核心范畴中存在，而且在其他所有边缘范畴中都有所体现。具体地说，所有范畴内部成员都存在高频和低频名词，并且存在大量出现频次为1次的名词。频次为1次的名词在时间概念化中也有特殊的意义。实际上，有些名词即使只出现1次，也表明语言使用者已经开始启用原先并不属于该范畴的名词现象。这进一步说明，"时间N"构式中N槽位的语义开放性及"时间N"构式的语义兼容性。语义兼容许可语义较远的名词也能顺利进入该范畴，并最终被"时间N"构式所吸纳。比如金钱类中的"零钱、硬通货、链子、钞票"，人物类中的"疯子、鬼子、考官、猎手、神偷、盟友、救世主、妈妈、画家、奸商、巨人、高手、杀手、捣乱分子"，日用品中的"漂白剂、LV、卫生纸"，自然类中的"急流、空气、海波、海洋、江河、电波、滴水、大河、水流、海浪、火、流星、沙、烟火、溪流、小溪"等。1次性出现的名词越多，表明该范畴越具有宽容度和开放度。同样，低频名词范畴越多，表明整个"时间N"构式越开放，进入N槽位的名词范畴也可能会越丰富。例如，场所类中的名词都是1次出现的低频名词（房间、宫殿、美容院、养猪场、健身房、坟墓、墓地）。由于各种不同场所名词的出现，场所范畴就获得了进入"时间N"构式的许可，成为一个重要的边缘范畴，补充现有中心范畴在表达能力上的不足。

我们从范畴的中心性和范畴成员边界模糊性的角度，分析了"时间N"

构式中 N 范畴的分类。我们以名词数和使用频次为标准，发现了 N 范畴中的三大核心范畴：人、金钱效应、生命，并把其他 8 个语义类别称为边缘范畴。同时，我们结合"时间 N"构式中 N 范畴的特点，提出了 N 范畴的系统性和动态开放性。这进一步说明了"时间 N"构式的图式性和能产性的特点，也为"时间 N"构式概念化时间提供实证依据。

3.3.3.2 类比化

特劳戈特和特利斯戴尔（2013：38）在讨论语法化中的类比（analogy）概念时，区分了类比思维（analogical thinking）和类比化（analogization）这两个概念。在他们看来，类比思维是理据，类比化是机制。类比思维能够将意义的不同方面与形式匹配。也就是说，类比思维能够造成变化，但这种变化可能发生，也可能不发生。类比化是一种变化的机制或过程，因为类比化带来了以前不存在的意义和形式的匹配。我们认为，造成"时间 N"构式 N 槽位语义多样化的原因同样受类比思维和类比化的影响。

表 3.7 显示，类比思维是促使 N 槽位语义多样化可能的认知理据，类比化是 N 槽位名词多样化产生的认知机制。

表 3.7　N 槽位语义多样化的理据和机制

理据	机制
类比思维	类比化
促使 N 槽位语义多样化的可能	N 槽位名词多样化的事实

依据表 3.6 中的 11 个语义类别，结合语料库例句，我们发现"时间 N"构式 N 槽位名词多样化的类比思维理据及类比化机制主要遵循以下方式。

（1）文化传承性类比。文化传承性类比指的是某些表示时间的概念形成带有浓重的文化烙印或传统文化特色，或者说是传承了民族文化的印记。随着社会、科技和文化的发展，传统的时间概念表达出现了新的词语或新的表达形式，但人们对时间的理解还是遵循传统对时间的认知。我们把这些新词语或表达形式看成具有传承文化特色的类比。

汉民族文化非常珍惜时间，常常把时间比作珍贵的金子。俗语"一寸光阴一寸金，寸金难买寸光阴"，意思是要像爱惜寸金那样，爱惜短暂的时间。向秀《思旧赋》中提到："托运遇于领会兮，寄余命于寸阴。"意思是说，人生的缘分遭际聊寄于瞬间的领悟遇合，剩下的美好生命托付给哪怕只有一寸的光阴。寸阴是指日影移动一寸的时间,形容极短的时间。《淮南子·原道训》中也用"寸阴"来表示短暂的光阴(时间):"圣人不贵尺之璧,而重寸之阴,时难得而易失也。"古人用"寸金"指金子的长度。"寸金难买寸光阴",说的是时间的金贵,就像金子一样可贵,应该十分珍惜。"可叹一寸光阴一寸金,寸金难买寸光阴。寸金使尽金还在,过去光阴哪里寻?"(《西洋记》第11回)很好地解释了时间的珍贵胜过金子的说法。

时间比金子还要珍贵的概念深深烙印在汉民族文化中,"时间是金子"已经成为汉民族概念化时间的规约化表达,是嵌入人们概念系统中的概念隐喻。随着时代的发展,尤其是改革开放以后,西方文化大量涌入中国,"Time is money"(时间就是金钱)的观念逐渐为人们所接受。200多年以前,富兰克林在《给一个年轻商人的忠告》信中,首次提出了"时间就是金钱"的命题。该命题已经成为西方文化的代名词之一。在"时间就是金钱"的影响下,汉文化中传统的金子在某种程度上被"金钱"(money)这个通俗的概念所替代。"金钱–效率–生命"已经成为当今社会人们对时间的普遍认知。

(1) 时间就是金钱,对经商者来说,这是金科玉律。(人民日报,1993)

(2) 小平同志曾经给予肯定的"时间就是金钱,效率就是生命"的口号,最早出自蛇口,现已深入人心。(人民日报,1994)

(3) 深圳人也曾把"时间就是金钱、效率就是生命"当作特区的座右铭。从这样的观念看问题,随便浪费别人一分钟、一小时、一天、甚至一个月、一年,又是剥夺人家多少财富、消蚀人家多少生命呢?(人民日报,1994)

(4) 记得10多年前深圳特区人以"拓荒牛"的精神,喊出了"时间就是金钱"的口号。当时也不觉得新鲜,因为"一寸光阴一寸金"的古训早就听说过。可是在日常生活中,有多少人真把时间看得很宝贵呢!(市场报,1994)

(5) 体制要"特"——按照市场经济的要求,建立健全新的管理体制和运行机制;作风要"特"——树立时间就是金钱的时效观念,提倡务实、廉洁、高效的工作作风,真正做到特区事要特办,特区的节奏要特快;发展速度要"特"——走超常规运行、跳跃式前进的路子,使效益和速度同时并进。(报刊精选,1994)

(6) 一方面,我们应该谨记"时间就是金钱,效率就是生命"的格言。一个人要想在短暂的生命旅途中创造较高的人生价值,就不能不采取

珍惜分分秒秒光阴的人生态度。这就要求人们具有积极进取、开拓创新、拼搏奋进的积极的人生态度。(报刊精选，1994)

(7) 建筑工人捧着一叠叠厚厚的奖金，终于领悟了时间就是金钱的真谛。(报刊精选，1994)

(8) 随着社会的发展和市场经济的逐步建立，人们的时间观念正在发生重大变化。时间就是生命，时间就是金钱，时间就是效益的观念，越来越深入人心。(人民日报，1996)

(9) 众所周知，"时间就是金钱"。这是说在瞬息万变、强手如林、竞争激烈的市场经济中，谁赢得了时间，掌握了市场的主动权，谁就能获得最大的经济效益。但从时间一去不复返的特性讲，我说时间胜过金钱。时间是一种无法用金钱买到的财富。对于每一个人来说，青春只有一次，稍纵即逝。时间对跨世纪的大学生尤为宝贵。(人民日报，1995)

(10) 在短短的时间里，蛇口的创业者和建设者在南海之滨荒芜的半岛上，开垦出一块中国改革开放的"试验田"，靠的就是邓小平理论的指导和解放思想、实事求是的思想路线。在这里，蛇口人提出了许多新观念、新口号："时间就是金钱，效率就是生命""空谈误国，实干兴邦"等，创出了许多"第一"。(人民日报，2000)

(11) 农村打工者的价值观念正在发生着鲜明变化，"时间就是金钱，时间就是效率"的新观念已深入到民工心中。(新华社2001年1月份新闻报道)

(12) "时间就是金钱，效率就是生命"这句深圳改革开放第一声，如今也成为西部大开发中的号令，而"以资源换技术、以资产换资金、以市场换效益、以存量换技术"这些非常具有现代经济眼光的成套思路，更是让人刮目相看。(新华社2001年6月份新闻报道)

(13) 几年前，邓小平肯定了深圳人提出的"时间就是金钱，效率就是生命"的口号，其意义是划时代的，我们的生活节奏正在加快，但是根本问题还在于建立一个高效率运转的经济和政治制度。(读书\vol-095)

(14) 现行宴会一般需一两小时，有时长达数小时之久，大有悖于"时间就是金钱"的认识。(报刊精选，1994)

我们随机选择了以上14个例子，从中可以看出，传统的"一寸光阴一寸金"的时间观念得到了更加具体的阐述。时间已不再是传统意义上物理性质的日影移动的时间，而变成更具抽象意义的时间，并且这种时间与金钱-效益-生命联系在一起，形成了"时间就是金钱，效率就是生命"的价值取向。这种价值取向的形成是在中国传统时间观念基因基础上的复制与突变。

所谓复制，指的是对中国传统时间观念自身的忠实复制，以保持中国传统文化"寸阴即寸金"的基本特征；所谓突变，指的是给自然选择带来了原始材料，使生物可以在自然选择中被选择出最适合自然的个体。在这里"寸阴即寸金"的传统时间观念为社会发展提供了"原始材料"，从而使西方文化中的"Time is money"在中国文化中有了适合自己的土壤，并迅速传播。突变的过程实际上是以传统时间观念"寸阴即寸金"的基因为土壤，植入"Time is money"这一基因片段，进而获得"时间就是金钱，效率就是生命"的基本单位，或者新的时间观念。这一过程就是我们进行类比思维，进而类比化的过程。

语料库数据证明了这种类比思维的存在，主要表现在"媒体宣传-语言强化-个体创新"的过程中。

第一，媒体宣传。上述14个例子显示，"时间就是金钱"的观念主要通过媒体的广泛宣传而逐渐得到社会的认可。其间，《人民日报》《新华社》等主流媒体的宣传和肯定，传达了改革开放后经济体制改革的信号、路径和方向，明确"时间就是金钱，效率就是生命"的总方针。

例（1）从经商者的角度，将"时间就是金钱"理解为金科玉律。例（2）和例（10）通过《人民日报》向全国人民传达了中国改革开放总设计师邓小平对"时间就是金钱，效率就是生命"的肯定，强调了深圳蛇口这块中国改革开放的"试验田"所取得的成功实践经验，证明了"时间就是金钱，效率就是生命"这一时间观念的重要性。例（3）进一步通过《人民日报》把深圳人如何贯彻改革开放的时间观念，将时间等同于生命——"时间就是生命""时间就是效率"，因为浪费时间等同于剥夺财富、销蚀生命。例（8）、例（9）和例（10）中的《人民日报》，以及例（11）和例（12）中的新华社新闻报道进一步强调"随着社会的发展和市场经济的逐步建立，人们的时间观念正在发生重大变化"［例（8）］，"在瞬息万变、强手如林、竞争激烈的市场经济中，谁赢得了时间，掌握了市场的主动权，谁就能获得最大的经济效益""时间是一种无法用金钱买到的财富"，号召跨世纪的大学生要珍惜时间，珍惜青春，并投入到改革开放的浪潮中［例（9）］。

来自新华社的新闻报道则进一步强调"时间就是金钱，效率就是生命"这一时间观念产生的影响之广，意义之巨大。一个是，新的时间观念直接影响千千万万劳动者，农村打工者的价值观念的明显改变就是一个例子。他们自愿走出农村，走向改革开放建设的新天地［例（11）］；另一个是，新的时间观念发展成为西部大开发的号令，形成了让世人瞩目的"非常具有现代经济眼光的成套思路"和做法［例（12）］。

除了主流媒体，各种其他媒体也纷纷加入传播，反映当今社会发展的新时间观念。相关的报纸有《市场报》［例（4）］、《报刊精选》［例（5）、例（6）、例（7）、例（14）］，相关的杂志有《读书》［例（13）］，等等。

第二，语言强化。主要是通过各种语言概括、强化，树立时间就是金钱的时效观念［例（5）］，如金科玉律［例（1）］、口号［例（2）、例（4）、例（13）］、座右铭［例（3）］、格言［例（6）］、真谛［例（7）］、新观念和新口号［例（10）、例（11）］、改革开放的第一声［例（12）］、号令［例（12）］、认识［例（14）］。

"时间就是金钱，效率就是生命"首先是口头发出的一种声音［例（12）］，是一种供口头呼喊的有纲领性和鼓动作用的简短句子，即口号、新口号，是指挥部队军事行动的命令和指示，即号令［例（12）］。"声音-（新）口号-口令"实际上经历了从非正式的口头表达向正式口头或书面命令和指示发展，从而使这一声音和口号获得正式的认可。

此外，"时间就是金钱，效率就是生命"逐渐变成了不可改变的规章条文，是一种颠扑不破的真理；成为人们激励、警诫、提醒自己，作为行动指南的格言，即座右铭；是一个人机智之精华，众人汇成的睿智，并可以作为人们行为规范的言简意赅的语句，可以独立用来表达思想，即格言；成为真实的意义和道理，即真谛；成为人们支配行为的主观意识，即观念。这种时间观念的产生与所处的客观环境关系密切，正确的观念就是人的大脑对客观环境的正确反映，是人们的认知知识，成为人脑反映客观事物的特性与联系，并揭露事物对人的意义与作用的思维活动，即认识［例（14）］。正如例（8）所说，随着社会的发展和市场经济的逐步建立，人们的时间观念正在发生重大变化。时间就是生命，时间就是金钱，时间就是效益的观念，越来越深入人心。可见，"时间就是金钱"经历了"规章条文-睿智格言-思想意识"的发展历程，即从他人意志到自我意识的认知心理发展。

语言强化从口语到书面语，从他人意志到自我意识，使"时间就是金钱"逐步成为汉语使用者概念系统中的一个根隐喻。这一隐喻也为语言使用者在概念化时间过程中的创新使用提供了认知依据。

第三，个体创新。所谓个体创新，指的是在群体或社会认知的基础上，个体在满足知识水平和认知水平的前提下，依据文化语句、情景语句和即时语境对时间概念进行创造性的隐喻使用。这些创新性使用主要通过自媒体、歌曲、方言和某个特定领域的术语而产生。

自媒体在 BCC 语料库中主要是微博。BCC 语料库收集了大量的微博语料，这些个性化的语料为时间概念化提供了丰富的来源和养料，其中还包括大量非正式的口语表达和方言等语言资源。

（15）时间是金钱买不到的。（微博）

（16）我们几个同车的都哭了："您的时间是金钱，我们这级别的，时间是零钱……"（微博）

（17）时间是金钱，时间是生命。一个人若是管理不了自己的时间，那么他就无法经营好自己的生活和工作——你认为呢？（微博）

（18）时间是生命的程度，越用越短；时间是生命的主人，还是我是生命的主人。（微博）

（19）是什么，让你从在线点向隐身。突然觉得时间像金钱，你并不能用十元买到价值十五元的东西。（微博）

（20）现在的时间像钞票一样，越来越不经用了。还没做什么，一天就结束了。（微博）

以上例（16）—例（20）都来自微博。微博是微型博客（micro blog, Weibo）的简称，是新兴起的一类开放互联网社交服务。这是一种新型的交流方式，微博的一个典型特点在于"微"字，一般发布的消息只能是只言片语。也就是说，微博记录的是简短的语言叙述，可以是三言两语的现场记录，发发感慨，晒晒心情。因此，相比报纸杂志正式、严肃的长篇大论，微博更趋于个性化、情绪化、即时语境化。微博的这一特点，导致"时间 N"构式中大量非正式、口语化表达的出现。也正是微博的这一特点，N 槽位中的名词趋于多样化，"时间 N"构式更趋于多义性。上述例子可以概括出个体创新的几个特点。

第一，构式变体表达。构式变体主要是指从典型构式"时间就是金钱"演化成"时间 N"构式的其他变体，如"时间是 X"及其变体、"时间就是 X"及其变体、"时间像 X"及其变体和"时间就像 X"及其变体。（图3.1）上述例子中，由于表达的灵活性，我们发现"时间是 X"构式［如例（17）］和"时间像 X"［如例（19）、例（20）］构式可以用来表达与"时间就是 X"构式相同的语义。例（17）中的微博博主使用"时间是金钱，时间是生命"这种构式传达出了要学会管理时间、珍惜时间的重要性。即只有珍惜时间、管理好时间，才能正确处理好自己的生活和工作这一事实。"时间像 X"构式中的"像"没有"时间就是 X"中的"就是"那么绝对，但表达了语言使用者个人的主观判断。例（19）中的"时间像金钱"表达了时间确实如金钱一样，一分钱一分货，什么价钱买什么东西，时间也一样，需要一分一秒地计算，需要珍惜每一分每一秒的时间。例（20）的"时间像钞票"这一构式，不仅是"时间N"构式的变体，同时还使用了"金钱"的同义形式"钞票"，使得该构式更加具有开放性，更能表达构式使用者对"时间就是金钱"这一构式义的理解：现在的时间像钞票一样，越来越不经用了。还没做什么，一天就结束了。

第二，口语化表达。口语化表达主要针对"时间N"构式，对"时间就是金钱"构式的口语化创新使用，同时伴有口语化的同义词表达。例（15）是一个典型的口语表达。"时间是金钱买不到的"很好地阐述了"时间就是金钱"构式的内在含义。尽管我们说"时间就是金钱"，金钱可以买回所需要的商品，却买不到时间。这进一步表达了说者对"时间就是金钱"观念的深刻认识。例（19）中的"钞票"及表 3.6 中的"钱""珍珠""零钱""链子""金子"等都是"金钱"这一上位概念的下位词。这些下位词更加具体，对上位概念"金钱"的阐释更加丰富，更能创新表达"金钱"的内涵。所以说，"时间像钞票"更接地气，更能创设意象，更能激起听者和读者的共鸣。

第三，情绪化表达。情绪化表达指的是情景化或情绪化创新理解和使用"时间就是金钱"概念。在例（16）中，我们看到"时间是金钱"在这里已经不再是提振士气的口号。在这里，转述动词使用了表示悲伤情绪的"哭"字。引号中的语句"您的时间是金钱，我们这级别的，时间是零钱……"出现了以下几个方面的变异使用。一是变异构式的使用，将"时间就是金钱"构式变换为"时间是金钱"，将"时间就是X"这种强制性极强的表达转变成更加抽象的判断结构"时间是X"。二是重复使用"时间是X"构式，但在词语的运用上选择了更口语化、非正式的"零钱"替代具有高度概括的"金钱"。三是指示词"您"这一尊称式称谓在语句中的使用，进一步明确了讲话者与受话人之间的关系：上下级关系。我们知道，任何人在表达任何观点的时候都带有意图或语力。例（16）的语力是一种抱怨，目的在于阐明这样的事实：时间对每个人来说都是金钱，不能因为个人身份和地位的变化而发生改变。具体地说，不能因为受话人"您"级别更高而独享时间作为"金钱"的待遇，也不能因为说者身份相对较低而改变"时间是金钱"的性质，将原本的"金钱"变成只能购买小商品的"零钱"。可见，引述动词的性质、构式变换、词语选择及指示词的选用，这些因素共同作用，构成了"时间就是金钱"这一构式的个性化、情绪化的语言表达。这不仅是构式多义性的一个表现，也是构式本身创新的一个实例。

构式通过创新传达情绪意义，这种现象在语料库中还有许多具体的表现，最典型的例子就是同义反复的使用。同义反复（tautology）是一种修辞手法，指字面不同但语义相同的词语或句子重复使用。这里的反复也称为重叠，是为了突出事物的情态，表示事物的持续，抒发强烈的感情。在"时间N"构式中，出现了一种相同词语的表达，即"时间是时间"。

（21）说你们那个节目也要花时间练……就你们的时间是时间啊无语。怎么什么人都能让我遇到能不能有点道德为别人想想。（微博）

（22）您的……领导的时间是时间 我们的时间不是时间领导是人我们不是人——被交通管制"管制"在东单这个，队长波波和段老师都可以做到！（微博）

（23）我又是因为这个盒子买的这个吃的……万能的主啊，宽恕我吧，你时间是时间 我时间……不是时间是么！怎么我有事时你们就来不了都有事，我有事我也得来呢！！！（微博）

（24）领导是人老百姓就不是人？领导的时间是时间 老百姓的就不是？

（25）开车回家的路上，仍免了不住她想倩彤的那句话："自己的时间是时间，人家的时间也是时间。"然而，是不是人与人之间的时间就有贵贱高下之分呢？（微博）

上述例子中的情绪化表达主要包括以下两个方面的特点。

第一，语气词，如"啊"［例（21）］、"啊、吧"［例（23）］。

第二，句式，句式主要通过感叹句和问句形式表达情感变化。感叹句形式主要通过感叹号表示，如例（22）、例（23）；问句形式主要通过疑问词和感叹号表示，如"怎么什么人都能让我遇到""能不能有点道德为别人想想"［例（21）］，"领导是人老百姓就不是人？"［例（24）］，"是不是人与人之间的时间就有贵贱高下之分呢？"［例（25）］。

以上情绪化表达进一步说明"时间是时间"这个同义反复语义的真正内涵在于抱怨与不满。"你们的时间是时间啊"［例（21）］表达了对不尊重别人时间这种不道德的行为的不满情绪。例（22）和例（24）表达了对领导占用下属或百姓时间的不满。"领导的时间是时间我们的时间不是时间"［例（22）］，"领导的时间是时间老百姓的就不是？"［例（24）］表明，时间对每个人来说都是公平的，不会因为身份和社会地位的高低而存在差别。例（23）表明说者对他人占用自己时间的不满。言下之意是，做任何事情都是要花时间的，有些事情不能总是让一个人去做。

在个体创新中，除了微博这样的自媒体因素，流行歌曲也对"时间N"构式的创新使用起了十分重要的作用。在表3.6"人类"的"人物"类别中，"贼"出现的频次最高（133），占其他称谓的67.86%。这一现象跟

"时间就是金钱"构式比较相似。在"时间就是金钱"构式中,主流媒体起了直接引导作用,而在"时间是贼"构式中,媒体也发挥了积极作用。但这里的媒体宣传方式主要通过歌曲的方式进行传达。"时间是贼"这一构式来自李宗盛作词、作曲并演唱的歌曲《给自己的歌》。这首歌中有一句经典歌词:"等你发现时间是贼了,它早已偷光了您的选择。"作者借此描写了"想得却不可得,你奈人生何"及"该舍的舍不得,只顾跟往事瞎扯"的现状,告诫世人要珍惜时光、面向未来,不要总是对过去耿耿于怀。

基于"时间是贼"这一构式,我们发现从"贼"这个概念逐渐衍射出一个新的更加具体的概念,即"小偷"。

(26) 时间是小偷他来时悄无声息,走后损失惨重,机会也是如此。(微博)

(27) 矮油~怎么这么快就到18号了呢,你怎么一下就到了27我怎么一下就快25了。都说时间是小偷,怎么到你身上就天下无贼了呢。生日快乐,千叶凉平。(微博)

例(26)对"时间是小偷"的构式义进行了阐述:他来时悄无声息,走后损失惨重,机会也是如此。例(27)则通过"时间是小偷"这一构式来说明时间过得很快,感慨自己又长了一岁。

"时间N"构式通过N槽位名词的语义特点概念化时间。范畴化和类比化是"时间N"构式义形成的主要认知机制。范畴化依据范畴的中心性程度,将具有近义和同义的名词、上位名词和下位名词或概括性名词和具体名词结合起来,构成一个成员边界模糊的范畴家族,每个小家族又通过更高一级的抽象,汇集到"时间N"构式的N槽位中,形成"时间N"构式家族,共同回答时间是什么的问题。同时类比化也通过各种类比思维的方式,如媒体宣传、个体创新等,促使"时间N"构式图式化和构式化,丰富"时间N"构式义。我们以"时间就是金钱"为例对类比化进行了剖析,类比思维匹配了意义和形式的各个方面。但无论是"时间N"构式的形式还是意义,其变化都需要受多种因素制约,如构式本身的制约、语境因素和语言使用者的认知因素和知识水平制约。"时间N"构式本身就是由一系列"时间是X"组成的隐喻式构式家族,N槽位名词的概念域系统建构了"时间"概念域,是时间概念得到了全方位的剖析和解读。N槽位中的名词现象和名词特点代表了现代汉语时间概念化的总体趋势。

 "V时间"构式

本章首先通过语料库数据,确定"V时间"构式家族及成员。然后,依据构式家族的成员构式(子构式)对V槽位中的动词进行检索,获得"V时间"构式和V标记构式的总体特征。最后,通过语料库实例,分析概念化"V时间"构式义的各种因素。

 "V时间"构式家族

动词和"时间"是否存在某种关系?是否像"时间N"构式一样存在一个构式家族?是否像N槽位一样存在一个V槽位?是否和名词语义一样存在动词多样化现象?我们通过以下方式验证上述问题的存在。

首先,根据我们的直觉和自身对汉语语言的使用经验,我们发现汉语中的动词和"时间"确实存在某种关系。比如,我们会说"别浪费时间""别花时间了""别耗时间、耗精力做无用的事""我们要挣时间,抢速度""我们要珍惜时间""没给我留时间""节省时间""你有时间吗""时间拖得太久了""时间飞驰而过""时间到了""时间去哪里了""时间被消磨得差不多了""时间被耽搁了""时间被拖延了"等。

上述语言直觉和经验至少说明以下几个事实:(1)"时间"可以作为被某些动作行为实施的对象,如浪费/花/耗/挣/珍惜/留/节省时间。(2)"时间"本身具有行事能力,如时间飞驰/到了/去了。(3)"时间"成为隐性主语施行的对象,如时间被消磨/被耽搁/被拖延等。

其次,我们进入语料库检索,验证语言直觉和经验判断,确实发现众多的相关表达式。一方面,有些表达式已经固化,形成规约化的形-义配对;另一方面,有些表达式已初步形成构式-词汇模板,能够为相关动词的进入提供条件。

基于以上观察,我们认为,在动作行为和"时间"的关系中,也存在

"V时间"节点构式,也存在一个由众多子构式组成的构式家族,见图4.1。

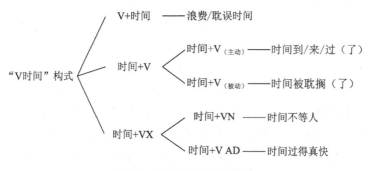

图 4.1 "V 时间"构式家族

图 4.1 概括了"V 时间"构式家族及成员情况。"V 时间"构式有 3 个母构式,它们分别是:"V+时间"构式、"时间+V"构式和"时间+VX"构式。其中,"时间+V"构式和"时间+VX"构式分别由 2 个子构式组成。

"V+时间"构式是"V 时间"构式中最常见的一种构式类型,该构式将"时间"视作被处置的对象。我们可以通过不同的动作类型,了解"时间"在语言使用者心中的地位和状态。

"时间+V"构式由"时间+V$_{(主动)}$"和"时间+V$_{(被动)}$"2 个子构式组成。这类构式的句法特点是:V 动词主要出现在句子的末尾,通常句末有"了"。"时间+V$_{(主动)}$"构式中的动词通常由"到、来、过"组成。该构式之所以标注为主动,是因为在该构式中,"时间"被拟人化为具有生命和行事能力的个体,具备主动处置事物的能力,如"时间到了、时间过了、时间向我们走来了"。

"时间+V$_{(被动)}$"构式标注为被动,是因为在该构式中,时间是一个被处置的对象,或者是一个受事。从生成语法的角度看,该构式是由"V+时间"结构转化而成的。但由于构式语法强调任何形式的差异,即意义的差异,在特定语境中被动构式具有特定的被动意义。因此,我们将"时间+V$_{(被动)}$"构式看成一个独立表达意义的"时间+V"构式的一个子构式,如"时间被耽搁了"。

与"时间+V"构式一样,"时间+VX"构式中的"时间"同样具有处置能力,是动作的执行者。但这类构式由于 VX 的存在,因而更具有开放性。这里的 VX 指的是动词 V 后面跟有不同类型的成分,我们用 X 表示。"时间+VX"构式有 2 个子构式,一个是"时间+VN"构式,这里的 VN 表示"动词+名词",即通常所说的名词短语,如"时间不等人"。另一种是"时间+V AD"构式。这里的"V AD"指的是"动词+副词"。副词用来修饰动词,说明动作的特点和性质,如"时间过得真快"。

"V时间"构式家族由3个母构式和4个子构式组成。该构式家族基本上能够概括"V时间"构式中V槽位动词的各种可能性。我们将以此为基础,结合语料库检索式,穷尽检索V槽位可能的动词。

为了避免"V时间"节点构式与"V时间"母构式在形式上可能带来的混淆,我们在"V+时间"母构式中添加了"+"(加号)以示区别。为了做到形式上的统一,该构式家族其他成员都采用了"+"标记。另外,由于形式上已经有了区分,所以在行文过程中我们不会特意强调"节点构式""母构式""子构式"这类表达。

4.2 "V时间"构式的总体特征

4.2.1 数据检索

汉语中的动词(V)非常复杂,在进行语料库检索时,我们依据图4.1提供的构式信息,结合语料库检索式,尽可能全面检索"时间V"构式中V槽位的动词信息。具体做法如下。

第一,依据检索格式,在语料库中输入"v时间"(小写的v是语料库检索式中表达动词的符号),目的在于穷尽检索"V+时间"构式中所有的动词信息,获取可能进入V槽位中的动词信息。

第二,根据动词与体的关系(汉语中的"了"表示动作的完成),结合反映空间方向的"到、来、过",我们将动词与这些体标记结合的构式,称为"V时间"构式的变体构式。这些变体构式包括:V时间V了(V时间到了、V时间来了、V时间过了)。这些变体构式是在"V+时间"构式和"时间+V"构式结合的基础上形成的。"时间"前面的V一般具有动名词的性质,如"吃饭时间到了"中的"吃饭",就可以被看成动名词短语。在这里我们将构式视作识别V槽位动词信息的工具,不采用传统的语法分类,所以"时间"前面的动名词形式我们统一用V来表示。

第三,在BCC语料库中输入"时间 vn"检索式,共检索出18 171个频次结果,共有10 545个搭配频次结果。在这一构式V槽位中,出现频次最高的动词是判断词"是"、强调判断词"就是"和比较词"如"。该类高频动词出现在"时间是 N"构式中，如"时间就是金钱、时间就是生命、时间是贼"和"时间如风"等。由于这个部分的内容已在第 3 章讨论过，因此本章并没有将这类结构中的动词计算在内。在"时间 vn"检索过程中，出现一个高频表达式"时间不等人"，出现的频次为 226，仅次于"时间就是金钱"（404），在"时间 VN"构式中排列第二。针对这种现象，我们认为，可以从"时间+成语（i）"或"时间+习用语（l）"的方式进行检索，以获得更多的有效数据。

第四，在语料库中输入"时间 vd"检索式（语料库中的副词用 d 表示），得到 5 618 个频次结果，统计共有 2 447 个搭配频次结果。从这些结果来看，出现频次最高的是"时间是最"（179），其次是"时间不会太"（112）。从结构上看，"时间 vd"检索式中的"v"大多是情态动词和系动词，如"是、不会、不能、应、会、可以"等，实义动词大多在"v 时间""时间 vn"中出现过。因此，在数据收集中，我们暂且不考虑这部分数据，重点关注和"时间"搭配的实义动词。

综合上述情况，我们获得了一个能够比较全面反映"V 时间"构式 V 槽位动词特点的检索格式，即"v 时间 vn"（动词+时间+动词+n）。

4.2.2 原始数据

我们将"v 时间 vn"输入 BCC 语料库中，共得到 5 115 个频次结果，计算机自动统计共得出 3 721 个搭配频次结果。这 3 721 个搭配结果的频次差异很大，从 1 次到 100 次以上不等。"v 时间 vn"表达式原始数据表，见表 4.1。

表 4.1 "v 时间 vn"表达式原始数据

序号	型符频次	类符数/个	百分比/%	举例
1	100 以上	2	0.05	让时间说真话，发现时间是贼
2	30 以上	1	0.03	没时间看书
3	20—29	5	0.13	有时间看书，没时间逛街，有时间有精力
4	10—19	18	0.48	挣时间抢速度，抓紧时间看书，没时间没钱，没时间没心情
5	9	2	0.05	有时间有心情
6	8	6	0.16	有时间没钱，有时间没兴趣

续表

序号	型符频次	类符数/个	百分比/%	举例
7	7	8	0.21	没时间逛街，抓紧时间抢票
8	6	9	0.24	觉得时间不等人，没时间吃早饭，说时间是魔法
9	5	21	0.54	耗时间耗精力，有时间有能力
10	4	32	0.86	抽时间到学校，挤时间看书，没时间干坏事
11	3	84	2.26	花时间花力气，理解时间大于金钱
12	2	298	8.01	赶时间赶进度，节省时间提高效率
13	1	3 235	86.94	承认时间如流水，抽出时间到农村，打发时间找乐子
合计	5 115	3 721	100	—

表 4.1 显示，"v 时间 vn"表达式在语料库中的总频次（型符频次）是 5 115，该表达式在语料库中出现的总个数（类符数）是 3 721，型符和类符的比例是 1.37。也就是说，每个表达式在语料库出现的频次很低，平均不到 2 次。但我们仍然可以看到频次超过 100 次以上的表达式，高频和低频的全距高达 100 以上，这说明"v 时间 vn"表达式在使用频次方面存在明显的差异。具体说来，该原始数据具有以下几个特点。

第一，"v 时间 vn"表达式出现的频次极不均衡。高频表达式频次特别高，达 100 次以上，且集中在"让时间说真话"和"发现时间是贼"这两个表达式上。其中，出现频次最高的是"让时间说真话"，达 146，占总频次的 3.92%。其次是"发现时间是贼"，出现的频次是 104，占总频次的 2.80%。也就是说，尽管这 2 个高频表达式仅占全部表达式（3 721）的 0.05%，但它们的合计总频次高达 250，占"v 时间 vn"表达式总频次的 4.89%。

除了出现频次百次以上的这两个表达式，"v 时间 vn"其他表达式的总频次还出现断崖式下降。其中，出现 30 次以上的表达式仅 1 个（没时间看书）；频次 20—29 次的表达式 5 个（有时间看书、没时间逛街、有时间有精力等）；频次 10—19 次的表达式 18 个（挣时间抢速度、抓紧时间看书、没时间没钱、没时间没心情等）；频次 6—9 次的表达式 25 个（有时间有心情、有时间没钱、有时间没兴趣、没时间逛街、抓紧时间抢票、觉得时间不等人、没时间吃早饭、说时间是魔法等）；频次 3—5 次的表达式 937 个

（耗时间耗精力、有时间有能力、抽时间到学校、挤时间看书、没时间干坏事、花时间花力气、理解时间大于金钱等）；频次2次的表达式298个（赶时间赶进度、节省时间提高效率等）。

此外，出现1次的表达式高达3 235个，占"v时间vn"表达式总数的86.94%。出现2次以上的表达式的总和占全部表达式总数的13.06%，其中，出现10次以上的表达式仅出现26次，占0.70%。

可见，"v时间vn"构式在表达式的类符数和型符频次上存在两极分化现象。一方面，高频表达式集中在2个频次为100次以上的"让时间说真话""发现时间是贼"；另一方面，低频表达式广泛存在于出现1次的表达式中，如承认时间如流水、抽出时间到农村、打发时间找乐子等。据此，我们可以说，2个百次以上的高频表达式，代表了"V时间"构式的主要语义特征，即将"时间"拟人化，把时间视作具有话语能力的"人类"（让时间说真话），同时又将时间看成"人物"，是一个有生命有思想的个体（发现时间是贼）（这个表达式与"时间是N"中的"时间是贼"是一致的）。

另外，从出现1次的低频表达式来看，"V时间VN"构式是一个更具开放性的构式，相对于图式性来说，该构式更具能产性。这种能产性表现在V槽位动词的多样性（承认、抽出、打发），以及VN槽位情景的广泛性（时间如流水、到农村去、赶进度、提高效率）。表4.1提供的原始数据对进一步了解"V时间"构式的语义特征或时间概念化路径具有十分重要的作用。下面以表4.1为依据，观察"V时间VN"构式中V槽位的动词行为，在对V槽位动词进行分类、描写的基础上，对"V时间"构式的语义特征做出解释。

4.2.3　V槽位动词的原始数据

在表4.1的基础上，我们对"V+时间+VN"中的动词进行分类，目的在于考察有哪些动词能够进入V槽位，并观察这些动词在构式义形成中所起的作用。根据V槽位中动词的语义特征，结合"动词（V）+时间"及其后面的VN语境，我们整理出175个动词。

在对这175个动词进行分类整理的过程中，我们发现V槽位中的这些动词存在两种情况：事件时间和处置时间。事件时间是按特定的事件作为标准进行时间计算，在语法上通常以动名词的形式存在。该动名词与"时间"名词构成偏正结构，表达特定的动作行为时间，如休息时间、安装时间、案发时间、拔牙时间、报名时间、报道时间、播出时间、哺乳时间、吃饭时间、出院时间、从政时间、存活时间、堵车时间、过节时间、过年时间等。处置时间是指动词具有对"时间"进行管理、处置和执行的能力，并与"时间"构成处置与被处置关系。因此，我们把与"时间"搭配构成的表达式称为处置时间，如有时间、没有时间、抓紧时间、花费时间等。

如何执行和处置时间，为我们了解人类认知的加工过程提供窗口，由此获得把握现代汉语时间概念化的具体路径。因此，我们在V槽位动词整理的过程中，删除了事件时间表达式，仅保留了反映执行"时间"的动词。在此基础上，我们主要根据动词的同义关系、上下义关系及近似表达等语义识别方法，对处置时间的动词进行概括分类，最终获得14个动词的原始类别，见表4.2。

表 4.2　V槽位动词的原始分类

序号	动词类别	频次
1	拥有类	33 072
2	方法类	24 288
3	消费类	17 381
4	感知类	9 283
5	运动类	8 078
6	需求类	5 987
7	规定类	4 546
8	约定类	3 456
9	挪移类	1 890
10	感官类	1 124
11	使役类	1 011
12	情感类	968
13	流水类	594
14	言说类	16
合计		111 694

表4.2显示，"V时间"构式的V槽位共有14个语义类别，出现的频次为111 694。这些类别在语料库中出现的频次高低不同，频次从高到低分别为：拥有类（33 072）、方法类（24 288）、消费类（17 381）、感知类（9 283）、运动类（8 078）、需求类（5 987）、规定类（4 546）、约定类

(3 456)、挪移类（1 890）、感官类（1 124）、使役类（1 011）、情感类（968）、流水类（594）、言说类（16）。这些语义类别不仅频次有差异，而且所包含的动词数也各不相同。

4.3 "V时间"构式的概念化分析

4.3.1 语义类别及特点

在表4.2的基础上，我们对14个语义类别中的动词逐一比较观察，获得更加详细的语义分类，得到了更加详细的语义信息，见表4.3。

表4.3 V槽位语义类别及动词信息

序号	语义类别 一级/频次	二级/频次	动词 动词/频次	数量/个
1	拥有 (33 072)	无 (17 121)	没 (9 165), 没有 (7 337), 无 (619)	3
		有 (15 951)	有 (14 639), 还有 (1 312)	2
2	方法 (24 288)	抓住 (16 768)	不放过 (8 384), 抓紧 (8 038), 把握 (245), 抓 (101)	4
		争抢 (4 913)	争取 (2 213), 抢 (2 016), 争 (684)	3
		使用 (2 072)	使用 (1 344), 利用 (528), 换 (87), 采用 (51), 换取 (28), 安排 (24), 采取 (5), 缓解 (4), 晒 (1)	9
		挑拣 (535)	挑 (320), 选 (142), 掐 (54), 筛 (17), 挑选 (1), 骗 (1)	6
3	消费 (17 381)	耗费 (11 357)	浪费 (7 382), 打发 (2 351), 消磨 (1 281), 耗 (343)	4
		花费 (3 467)	花 (2 996), 花费 (471)	2
		节省 (2 557)	节省 (1 522), 节约 (538), 省 (491), 珍惜 (6)	4

续表

序号	语义类别		动词		数量/个
	一级/频次	二级/频次	动词/频次		
4	感知 (9 283)	判断 (4 844)	是 (3 484),就是 (1 024),不是 (255),叫 (30),所谓 (27),真是 (24)		6
		感觉 (2 461)	觉得 (1 369),感觉 (792),感到 (268),深感 (18),感受 (14)		5
		意识 (1 077)	发现 (272),忘记 (242),忘记了 (199),认为 (136),以为 (123),意识到 (47),发觉 (38),推断 (19),体会 (1)		9
		知晓 (537)	知道 (447),晓得 (47),懂得 (35),深知 (8)		4
		信念 (364)	相信 (247),坚持 (112),坚信 (5)		3
5	运动 (8 078)	延迟 (2 750)	停留 (1 735),滞留 (518),延迟 (250),滞后 (184),停顿 (40),停滞 (17),延缓 (6)		7
		追赶 (2 246)	赶 (2 007),超越 (149),跨越 (90)		3
		延误 (1 607)	耽误 (1 171),延误 (227),错过 (209)		3
		路程 (814)	开始 (368),缩短 (304),结束 (142)		3
		延长 (661)	延长 (365),延续 (251),持续 (20),拉长 (15),拖延 (10)		5
6	需求 (5 987)	需要 (5 912)	需要 (4 480),所需 (1 273),需 (67),不需要 (66),还需 (26)		5
		不足 (75)	缺 (62),只差 (7),就差 (3),欠缺 (2),不差 (1)		5
7	规定类 (4 546)	确定 (3 347)	规定 (2 375),限定 (358),统一 (274),设定 (114),强调 (63),决定 (60),制定 (48),明确 (19),树立 (14),确立 (13),设计 (3),重 (2),准备 (2),夯实 (1),强 (1)		15
		确认 (1 199)	经得起 (748),有待 (131),经不起 (128),靠 (105),确认 (75),承认 (12)		6

续表

序号	语义类别 一级/频次	二级/频次	动词 动词/频次	数量/个
8	约定 (3 456)	预约 (2 697)	定 (1 682), 预定 (588), 预约 (221), 订 (74), 预计 (74), 预留 (24), 预订 (17), 约定 (12), 约 (4), 原定 (1)	10
		聚留 (759)	集中 (584), 留 (168), 留足 (7)	3
9	挪移 (1 890)	挪动 (1 890)	抽 (641), 挤 (442), 分 (254), 不分 (243), 排 (116), 腾空 (79), 腾 (39), 空 (34), 拨 (14), 凑 (14), 分散 (4), 匀 (3), 挪 (3), 倒 (2), 凑齐 (1), 凑不齐 (1)	16
10	感官 (1 124)	视觉 (1 090)	看 (769), 一看 (225), 看到 (66), 看见 (14), 没看 (11), 看清 (4), 没看见 (1)	7
		听觉 (34)	听说 (14), 听见 (8), 听 (7), 听到 (5)	4
11	使役 (1 011)	希求 (652)	希望 (572), 要求 (70), 求 (6), 要 (4)	4
		使令 (359)	让 (167), 使 (117), 拿 (53), 叫 (21), 任 (1)	5
12	情感 (968)	感动 (497)	感慨 (233), 遗憾 (230), 感激 (34)	3
		害怕 (390)	怕 (328), 害怕 (32), 不怕 (28), 惧怕 (2)	4
		憎恨 (43)	恨 (26), 讨厌 (16), 怨念 (1)	3
		喜爱 (31)	喜欢 (28), 爱 (3)	2
		责怪 (6)	谁说 (6)	1
		蔑视 (1)	嘲笑 (1)	1
13	流水 (594)	流动 (594)	流逝 (515), 流行 (38), 流入 (19), 流传 (16), 流过 (6)	5
14	言说 (16)	言语 (16)	谈 (14), 念 (1), 一谈起 (1)	3
合计	14	38 (111 694)	—	187

表 4.3 概括了"V 时间"构式 V 槽位中动词的具体类别及频次信息。具体包括以下几个方面的内容。

第一，V 槽位动词的语义按照概括程度分为两个级别：一级语义类别和二级语义类别。概括程度高的语义类别称为一级语义类别；二级语义类别是一级语义类别的细分。二级语义类别是对 V 槽位动词的直接概括。2 个语义级别分别提供了相应的频次信息。V 槽位的一级动词语义信息共有 14 类，频次为 111 694（表 4.2）；二级语义类别共有 38 类，每个一级语义类别所涵盖的二级语义类别数量不等，基本在 1 个和 5 个之间。每个二级语义类别分别给出了频次信息。

第二，V 槽位中的动词包括如下信息：代表二级语义类别的具体动词；每个动词在语料库中出现的频次；每个二级语义级别中动词的数量，共 187 个动词。表 4.3 中的 14 个一级语义信息及频次排序，在表 4.2 中已经有了详细的介绍。

下面我们对一级语义类别下的二级语义类别中的动词及语义特点做一介绍。

4.3.1.1 拥有类

拥有类下有 2 个二级语义类别，分别是"无"类和"有"类。"无"类共出现 17 121 次，出现在"无"类中的动词有 3 个，根据频次的高低分别是：没（9 165）、没有（7 337）、无（619）；"有"类共出现 15 951 次，出现在"有"类中的动词有 2 个，根据频次的高低分别是：有（14 639）、还有（1 312）。拥有类的二级语义类别仅有"无"和"有"2 个类别，所涉及的动词只有 5 个，仅占全部动词数（187）的 2.67%，但此类动词出现的频次高达 33 072，占总频次（111 694）的 29.61%，排名第 1。另外，拥有类与"时间 N"构式中的"时间是金钱"义密切相关，我们将在 4.3.3 节中进一步讨论。

4.3.1.2 方法类

方法类下有 4 个二级语义类别，分别是"抓住"类、"争抢"类、"使用"类和"挑拣"类。"抓住"类共出现 16 768 次，出现在"抓住"类中的动词共有 4 个，根据频次的高低分别是：不放过（8 384）、抓紧（8 038）、把握（245）、抓（101）。"争抢"类出现 4 913 次，出现在该类二级语义中的动词有 3 个，根据频次的高低分别是：争取（2 213）、抢（2 016）、争（684）。"使用"类共出现 2 072 次，该类动词共有 9 个，根据频次的高低分别是：使用（1 344）、利用（528）、换（87）、采用（51）、换取（28）、安排（24）、采取（5）、缓解（4）、晒（1）。"使用"

类强调时间使用的多种方法。

（1）采用一般方法使用，如使用、利用、采用、采取。

（2）采用特殊方法使用，如换、换取、安排、缓解。

（3）网络型词汇，如晒。

"挑拣"类共出现535次，该类动词有6个，根据频次的高低分别是：挑（320）、选（142）、掐（54）、筛（17）、挑选（1）、骗（1）。"挑拣"类动词具有如下特点。

（1）一般意义上的选择，如挑、拣、挑选。

（2）为了特定目的进行精确计算和选择，如掐、筛。

（3）行为上不道德的选择，如骗。

方法类不仅二级语义类型多，而且出现的动词数也多达22个，占动词总数的11.23%。同时，该类总频次排名第2，其特点反映了人们对时间处置方法的特定认识。

4.3.1.3 消费类

消费类下有3个二级语义类别，分别是"耗费"类、"花费"类、"节省"类。"耗费"类共出现11 357次，出现在"耗费"类中的动词共有4个，根据频次的高低分别是：浪费（7 382）、打发（2 351）、消磨（1 281）、耗（343）。"花费"类共出现3 467次，出现在"花费"类中的动词有2个，分别是：花（2 996）、花费（471）。"节省"类共出现2 557次，出现在"节省"类中的动词有4个，根据频次的高低分别是：节省（1 522）、节约（538）、省（491）、珍惜（6）。消费类动词有以下几个特点。

（1）不爱惜、不珍惜，如浪费。

（2）无聊或漫无目的，如打发、消磨、耗。

（3）一般意义上的使用，如花、花费。

（4）爱惜、珍惜，如节省、节约、省、珍惜。

消费类语义与"时间N"构式中的"时间就是金钱"义密切相关，这表明"时间就是金钱"概念隐喻在语言隐喻上跨域名词和动词等词类范畴。

4.3.1.4 感知类

感知类下有5个二级语义类别，分别是"判断"类、"感觉"类、"意识"类、"知晓"类、"信念"类。"判断"类共出现4 844次，出现在"判断"类中的动词有6个，根据频次的高低分别是：是（3 484）、就是（1 024）、不是（255）、叫（30）、所谓（27）、真是（24）。"感觉"类共出现2 461次，出现在"感觉"类中的动词有5个，根据频次的高低分别是：觉得（1 369）、感觉（792）、感到（268）、深感（18）、感受（14）。"意识"类共出现1 077次，出现在"意识"类中的动词有9个，根据频次的高低分别是：发现（272）、忘记（242）、忘记了（199）、认为（136）、以为（123）、意识到（47）、发觉（38）、推断（19）、体会（1）。"知晓"类共出现537次，出现在"知晓"类中的动词有4个，根据频次的高低分别是：知道（447）、晓得（47）、懂得（35）、深知（8）。"信念"类共出现364次，出现在"信念"类中的动词有3个，根据频次的高低分别是：相信（247）、坚持（112）、坚信（5）。感知类动词有以下几个特点。

（1）对时间进行客观判断，这种判断可以是"是与否"判断，如是、不是；可以是强调判断，如就是、真是；也可以通过命名的方式进行判断，如叫、所谓。

（2）主观判断或理解，如觉得、感觉、感到、深感、感受、知道、晓得、懂得、深知。

（3）主观意识或信念，这种主观意识或信念可以在理解或主观判断的基础上产生，如发现、发觉、认为、以为、意识到、推断、体会、相信、坚持、坚信，也可以出现以往的情况，如忘记、忘记了。

感知类语义一般通过对时间进行主客观判断，并在认知推理形成主观信念或意识的基础上形成，而通过主观推理形成对时间的认知所占的比例远远大于客观判断。这从侧面反映了时间这一抽象概念的多义性和意义的不确定性。

4.3.1.5 运动类

运动类下有5个二级语义类别，分别是"延迟"类、"追赶"类、"延误"类、"路程"类、"延长"类。"延迟"类共出现2 750次，出现在"延迟"类中的动词有7个，根据频次的高低分别是：停留（1 735）、滞留（518）、延迟（250）、滞后（184）、停顿（40）、停滞（17）、延缓（6）。"追赶"类共出现2 246次，出现在"追赶"类中的动词有3个，根据频次的高低分别是：赶（2 007）、超越（149）、跨越（90）。"延误"类共出现1 607次，出现在"延误"类中的动词有3个，根据频次的高低分别是：耽误（1 171）、延误（227）、错过（209）。"路程"类共出现814次，出现在"路程"类中的动词有3个，根据频次的高低分别是：开始（368）、缩短（304）、结束（142）。"延长"类共出现661次，出现在"延长"类中的动词有5个，根据频次的高低分别是：延长（365）、延续（251）、持续（20）、拉长（15）、拖延（10）。运动类的动词有以下几个特点。

（1）可供运动的路程，这个路程有开始、有结束，同时路程也有可能被缩短。在这个时间的路程上,还有一个突出的特点,即延长。具体地说,延长的路线可以被拉长、被拖延,同时也有可能得到延续和持续。

(2) 运动存在延迟、延误和追赶的情况。延迟表示比规定的时间晚,这种现象主要表现在停止不动,如停留、滞留、停顿、停止;也可以表现为时间放缓,如延迟、滞后、延缓。延误表示由于耽搁而错过了规定的到达时间,如耽误、延误、错过。追赶指的是由于前期耽误或迟缓,所以需要增加运动速度才不至于落后,或者说需要加快步伐才能准时或提前到达目的地。表示追赶的动词除了"赶",还可以通过"超越"或"跨越"这两个动词实现追赶的目的。

运动类语义将时间视作路程,也将时间看作具有运动能力和意识能力的个体。运动类动词的这一特点,有利于从路程和行人的关系了解时间这种特殊而又普遍的现象。

4.3.1.6 需求类

运动类下有2个二级语义类别,分别是"需要"类、"不足"类。"需要"类共出现5 912次,出现在"需要"类中的动词有5个,根据频次的高低分别是:需要(4 480)、所需(1 273)、需(67)、不需要(66)、还需(26)。"不足"类共出现75次,出现在"不足"类中的动词有5个,根据频次的高低分别是:缺(62)、只差(7)、就差(3)、欠缺(2)、不差(1)。需求类动词有以下几个特点。

(1) 一般需要和特殊需要。一般需要,如需要、需要;特殊需要,如所需、还需。特殊需要中还包括否定形式,如不需要。

(2) 需求的产生是由不足造成的,需求类中的不足主要通过"缺""差"这两个概念构成,如缺、欠缺、只差、就差。另外还有否定形式,如不差。

时间是一种难得的资源,人们需要时间完成各种任务,但由于时间转瞬即逝,留给人们的时间又存在不足,因此对时间的需求显得尤为重要。

4.3.1.7 规定类

运动类下有2个二级语义类别,分别是"确定"类、"确认"类。"确定"类共出现3 347次,出现在"确定"类中的动词有15个,根据频次的高低分别是:规定(2 375)、限定(358)、统一(274)、设定(114)、强调(63)、决定(60)、制定(48)、明确(19)、树立(14)、确立(13)、设计(3)、重(2)、准备(2)、夯实(1)、强(1)。"确认"类共出现1 199次,出现在"论证"类中的动词有6个,根据频次的高低分别是:经得起(748)、有待(131)、经不起(128)、靠(105)、确认(75)、承认

(12)。规定类动词有以下几个特点。

（1）时间是一种判别是否的标准，首先需要制定各种规章制度，确定判别标准。这种语义下的动词包括一般意义上的规定，如规定、统一、限定、设定、确立、明确；有意识地强调时间的重要性并做好充分的准备，如决定、树立、设计、强调、制定、重、准备、强、夯实。

（2）时间作为一种判别标准，需要经过论证才能最终确定。规定类语义中的论证性动词包括需要论证，如有待、靠；还包括确认该判别标准，如经得起、经不起、确认、承认。

时间是证明事物存在的试金石，时间能够检验某一规定、方针或政策的有效性。尽管时间是无形的，但时间在辨别是否方面，往往是具体的，有章可循的。

4.3.1.8 约定类

约定类下有2个二级语义类别，即"预约"类、"聚留"类。"预约"类共出现2 697次，出现在"预约"类中的动词有10个，根据频次的高低分别是：定（1 682）、预定（588）、预约（221）、订（74）、预计（74）、预留（24）、预订（17）、约定（12）、约（4）、原定（1）。"聚留"类共出现759次，出现在"聚留"类中的动词有3个，分别是：集中（584）、留（168）、留足（7）。出现在预定类中的动词具有以下特点。

（1）以"定"为标记，表示确定、不动之义，如定、预定、约定、原定。

（2）以"订"为标记，表示经过研究商讨而立下（条约、契约、计划、章程等）之义，如订、预订。

（3）以"预"为标记，表示预先、事先确定之义，如预定、预约、预计、预留、预定。

（4）以"约"为标记，表示提出或商量（须共同遵守的事）之义，如约、预约、约定。

（5）以"留"为标记，表示保留之义，如留、留足、预留，集中。

以上动词义围绕"定""订""约""留"，将时间视作有形的事态、事件、观念或概念，时间可以通过商量决定，可以预先计算或预先留出一部分等，以供需要时使用。

4.3.1.9 挪移类

挪移类下有1个二级语义类别，即"挪动"类。"挪动"类共出现1 890次，出现在"挪动"类中的动词有16个，根据频次的高低分别是：抽（641）、挤（442）、分（254）、不分（243）、排（116）、腾空（79）、腾（39）、空（34）、拨（14）、凑（14）、分散（4）、匀（3）、挪（3）、倒（2）、凑齐（1）、凑不齐（1）。挪移类动词具体包括以下几个方面的特点。

(1) 从容器或管道中吸或引出，如抽。
(2) 从整体中取出一部分，如分、不分。
(3) 用压力使劲排除，或挤压、推动，如挤、排。
(4) 挪移或空出、腾出来，如腾空、腾、空。
(5) 抽出一部分给别人或做别用，如匀。
(6) 将容器倒置，如倒。
(7) 分开或聚集到一起，如凑、分散、凑齐、凑不齐。
(8) 用手指或棍棒等推动或挑动，或从原来的位置移开，如拨、挪。

挪移类动词是对时间作为容器隐喻的概括。在时间容器中，"移动"位置构成了挪移动词的全部特征。也就是说，时间本身是容器，又是容器之物，可以用来移动、分散、集中、被倾倒、被挤压等。

4.3.1.10 感官类

感官类下有 2 个二级语义类别，分别是"视觉"类和"听觉"类。"视觉"类共出现 1 090 次，出现在"视觉"类中的动词有 7 个，根据频次的高低分别是：看（769）、一看（225）、看到（66）、看见（14）、没看（11）、看清（4）、没看见（1）。"听觉"类共出现 34 次，出现在"听觉"类的动词有 4 个，根据频次的高低分别是：听说（14）、听见（8）、听（7）、听到（5）。感官类动词有以下特点。

(1) 使视线接触人或物，如看、看到、看见、看清；也可以是视线未接触人或物，如没看、没看见；还有可能是虚化的语法化现象，如一看。
(2) 用耳朵接受声音，如听、听见、听到；也有可能是听到其他人说，如听说。

感官类动词主要集中在视觉和听觉 2 种感官，嗅觉、味觉和触觉这些感官并未涉及，这说明时间基本上与更高层次的人类感官建立联系。从视觉和听觉 2 种感官类别的频次来看，"视觉"类出现的频次是 1 090，"听觉"类出现的频次是 34，视觉类是听觉类频次的 32 倍，这进一步说明，感官级别越高，与时间建立联系的可能性越大。

4.3.1.11 使役类

使役类下有 2 个二级语义类别，分别是"希求"类和"使令"类。"希求"类共出现 652 次，出现在"希求"类中的动词有 4 个，根据频次的高低分别是：希望（572）、要求（70）、求（6）、要（4）。"使令"类共出现359次，出现在"使令"类中的动词有5个，根据频次的高低分别是：让（167）、使（117）、拿（53）、叫（21）、任（1）。出现在使役类中的动词有以下几个特点。

（1）表达对他人的希望，或对对方提出要求或请求等愿望，如希望、要求、求、要。

（2）表达使令类言语行为，要求对方能够直接行使行为，如让、使、拿、叫、任。

使役类动词都表达对对方的要求。有时候，这种要求不必马上实现，仅提出一种愿望或希望，也可以必须马上让对方付出行动。在这里，时间被看成能够实施并完成说者意图的有生命的个体。

4.3.1.12 情感类

情感类下有6个二级语义类别，分别是"感动"类、"害怕"类、"憎恨"类、"喜爱"类、"责怪"类和"蔑视"类。"感动"类共出现497次，出现在"憎恨"类中的动词有3个，根据频次的高低分别是：感慨（233）、遗憾（230）、感激（34）。"害怕"类共出现390次，出现在"害怕"类中的动词有4个，根据频次的高低分别是：怕（328）、害怕（32）、不怕（28）、惧怕（2）。"憎恨"类共出现43次，出现在"憎恨"类中的动词有3个，根据频次的高低分别是：恨（26）、讨厌（16）、怨念（1）。"喜爱"类共出现31次，出现在"喜爱"类中的动词有2个，分别是：喜欢（28）、爱（3）。"责怪"类共出现6次，出现的表达式是"谁说"。"蔑视"类共出现1次，表达蔑视的动词是"嘲笑"。出现在情感类中的动词有以下几个特点。

（1）表示普遍意义上的感动，如感慨、感激；也表示一般意义上的遗恨、不称心或惋惜，如遗憾。

（2）表达具体的情感宣泄，喜、怒、哀、乐、惧、恨等情感，如怕、害怕、惧怕、恨、讨厌、怨念、喜欢、爱、谁说、嘲笑。

情感是感情的具体化，是人们对外界刺激做出的肯定或否定而产生的心理反应，如喜欢、愤怒、悲伤、恐惧、爱慕、厌恶等。这些感情的存在反映了时间对人们心理活动的影响力。

4.3.1.13 流水类

流水类下有1个二级语义类别，即"流动"类。"流动"类共出现594次，出现在"流动"类中的动词有5个，根据频次的高低分别是：流逝（515）、流行（38）、流入（19）、流传（16）、流过（6）。出现在流水类中的动词有以下特点。

（1）像河流的流水一样注入、涌入、流进、汇入或流向、流去，如流入、流过、流逝。

（2）潮流式时尚，是一种普遍的社会心理现象，或指社会上一段时间内出现的或某权威性人物倡导的事物、观念、行为方式等被人们接受、采用，进而迅速推广以至消失的过程，或者某些观点、观念或谣言等传下来或传播开，如流行、流传。

流水类的这 5 个动词一方面描写了时间像流水一样流入、流过、流逝，同时又再喻指一种从众的社会心理现象，视某物、某种行为或某种观念为普遍接受或模仿的对象，并在人群中传播。

4.3.1.14 言说类

言说类下有 1 个二级语义类别，即"言语"类。"言语"类共出现 16 次，出现在"言语"类中的动词有 3 个，根据频次的高低分别是：谈（14）、念（1）、一谈起（1）。出现在言说类中的动词有以下特点。

（1）说话或讨论，如谈、一谈起。

（2）惦记、常常想，如念。

言说类动词出现的频次仅有 16 次，是所有 V 槽位语义类别中出现频次最低的一个类别，但言说类动词表达了较为丰富的语义内涵。在这里，时间被看成人们谈论或讨论的话题，也被看成思念或惦念的对象。

4.3.2 "V 标记"构式的语义特点

在检索 V 槽位动词的过程中，我们发现了一个有趣的现象：许多动词后面都跟有一个带标记的词与时间建立联系。我们把这种现象称为"V 标记"构式。该类构式的意义在某种程度上受标记词的影响。在整理概括出这些带标记构式的基础上，我们对"V 标记"构式语义特点进行分析。"V 标记"构式的分类，见表 4.4。

表 4.4　"V 标记"构式分类

序号	标记类别	频次
1	V 出类	2 578
2	V 好类	493
3	V 下类	198
4	V 住类	162
5	V 准类	146

续表

序号	标记类别	频次
6	V 回类	39
7	V 清类	25
8	V 满类	10
9	V 足类	4
合计		3 655

表 4.4 显示,"V 标记"构式出现的类型共有 9 种,分别由 9 个标记词构成。这 9 个标记词分别是:出、好、下、住、准、回、清、满、足。我们将由这些标记词组成的构式称为"类",即不同的构式类别。这 9 个构式类别在语料库中出现的总频次是 3 655,不同的标记构式出现的频次也存在差异,出现频次最高的是"V 出"类,共有 2 578 次。以下依次是:V 好类(493)、V 下类(198)、V 住类(162)、V 准类(146)、V 回类(39)、V 清类(25)、V 满类(10)、V 足类(4)。

在表 4.4 的基础上,我们对这 9 个"V 标记"构式中 V 槽位动词进行检索,获得详细的动词信息及分类,见表 4.5。

表 4.5 "V 标记"构式的动词信息及分类

序号	"V 标记"构式/频次		动词	
	标记类	子类	动词/频次	数量/个
1	V 出 (2 578)	V 出 (2 044)	抽(847),挤(490),腾(393),留(58),拨(42),空(40),拿(46),挪(26),省(13),排(11),匀(8),定(7),安排(6),订(5),分(5),倒(4),缩短(4),打(4),计算(3),划(3),节省(3),抢(3),选择(3),掏(3),制定(2),推敲(2),算(2),测(2),分辨(1),抠(1),剥(1),抓(1),辟(1),调整(1),预留(1),估算(1),算(1)	37
		V 不出 (534)	抽(282),腾(142),挤(44),找(18),挪(14),分(6),排(5),安排(4),缓(3),匀(3),拨(3),空(2),拿(2),逃(1),凑(1),想象(1),花(1),说(1),判断(1)	19

续表

序号	"V标记"构式/频次		动词	
	标记类	子类	动词/频次	数量/个
2	V好(493)	V好(484)	安排(81),算(65),定(35),把握(27),做(21),掌握(20),计算(17),调(16),控制(16),说(13),记(10),利用(10),选(9),打(9),订(7),确定(6),注意(6),调整(6),设定(6),掐(6),准备(5),约定(5),选择(5),协调(4),管理(4),配合(4),挑(4),预约(3),规划(3),分配(3),决定(3),排(3),商量(2),走(2),找(2),捏(2),设(2),调配(1),联系(1),敲定(1),够(1),确认(1),商定(1),估(1),控(1),拷(1),设置(1),交流(1),调节(1),登记(1),谈(1),讲(1),贴(1),系(1),限定(1),想(1),校对(1),估量(1),选定(1),凑(1),估算(1),预定(1),预计(1),预留(1),核实(1),运用(1),处理(1),观测(1),珍惜(1),整合(1),制定(1),不算(1),转(1),关注(1),捉(1),顾(1),组织(1),不到(1),作(1)	79
		V不好(9)	掌握(3),把握(3),算(1),控制(1),挑(1)	5
3	V下(198)	V下(140)	省(32),看(29),打发(17),消磨(12),安排(7),商量(5),订(5),改(5),确定(4),算(3),写(3),问(2),节省(2),说(2),投(1),调整(1),控制(1),确认(1),空(1),计算(1),讨论(1),腾(1),提醒(1),推算(1),瞥(1),消耗(1)	26
		V了下(58)	看(50),算(7),注意(1)	3
4	V住(162)	V住(104)	留(32),经受(18),拉(11),看(9),把握(8),停(7),锁(3),控制(2),拖(2),冻(1),勒(1),忍(1),扣(1),凝结(1),困(1),抱(1),抵挡(1),定(1),扯(1),掌握(1),拽(1)	21
		V不住(38)	耐(14),留(11),经受(5),停(2),架(2),抵挡(1),经历(1),受(1),拖(1)	9
		V得住(20)	经受(7),耐(5),留(2),等(1),对(1),承受(1),经(1),忍(1),扛(1)	9

续表

序号	"V标记"构式/频次		动词		数量/个
	标记类	子类	动词/频次		
5	V准(146)	V准(139)	挑(49),算(33),看(15),掐(11),找(6),扣(5),拿(3),抓(2),拣(2),记(2),掌握(2),调(2),瞅(2),凑(1),选(1),拿捏(1),踏(1),卡(1)		18
		V不准(7)	算(2),抓(1),掐(1),拿捏(1),摸(1),讲(1)		6
6	V回(39)	V回(34)	挣(7),换(5),难挣(7),抢(4),找(2),补(2),走(2),扯(1),掉(1),拉(1),拨(1),要(1)		12
		V不回(5)	买(3),找(1),赚(1)		3
7	V清(25)	V清(8)	看(6),写(1),算(1)		3
		V不清(2)	算(1),看(1)		2
		V清楚(8)	看(3),界定(1),写(1),问(1),没说(1),说(1)		6
		V不清楚(7)	搞(3),分(2),弄(2)		3
8	V满(10)	V满(10)	填(7),占(1),积(1),爬(1)		4
9	V足(4)	V足(4)	给(2),凑(1),占(1)		3
合计	3 655	19	—		268

表4.5概括了"V标记"构式及子构式的相关信息。"V标记"构式指的是"动词V+标记词+时间"表达式。我们按标记词对"V标记"构式进行分类,每个"V标记"构式下有1—4个不等的子类。我们将这些子类称为"V标记"子构式。表4.5具体给出了如下信息。

(1)"V标记"构式的类型和出现的频次(表4.4)。"V标记"构式共有9个类别、19个子构式。每个类别下的子构式数量不同,有的多达4个子构式(如"V清"构式),有的无子构式(如"V满"构式和"V足"构式)。

(2)同一类别下的子构式之间一般都呈反向关系,如"V出"构式的两个子构式分别是正向的"V出"构式和反向的"V不出"构式,"V好"

构式的两个子构式也分别是正向的"V好"构式和反向的"V不好"构式。

（3）除了V槽位动词与标记词的搭配信息及频次信息（表4.4），表4.5还提供了与标记词搭配的V槽位动词的数量及这些动词在语料库中出现的频次信息。标记词是构成构式义的基础语义信息，但每个标记构式的具体意义还受"V+标记+时间"构式V槽位动词信息及构式整体的影响。

为了观察每个标记构式的语义特点，尤其是V槽位动词与标记词之间的关系，我们分别对表4.5中的标记构式进行逐一分析，观察标记词本身的意义、V槽位动词及与标记词的搭配信息，目的在于更好地了解"V时间"构式在概念化时间中的不同表现。为了给"V标记"构式及其子构式进行形式区分，我们将"V标记"构式的各个类别分别加上"时间"节点词，即"V出时间"构式、"V好时间"构式、"V下时间"构式、"V住时间"构式、"V准时间"构式、"V回时间"构式、"V清时间"构式、"V满时间"构式、"V足时间"构式。

4.3.2.1 "V出时间"构式

"V出时间"构式中的"出"是该构式的标记词。"出"这个词是一个空间概念词，意思是"从里面到外面（跟'进、入'相对）"。在与动词搭配时，"V出"表示通过动作行为或某种力量，使物体离开该空间，来到空间的外面。在日常语言表达中，某些力并不总是能够将物体成功地带出空间，出现"V不出"现象。因此，"V出时间"构式出现正向和负向两个子构式，即"V出"构式和"V不出"构式。为了观察"V出"和"V不出时间"子构式V槽位的动词类型，我们在语料库中输入"v出时间"和"v不出时间"两种检索式，共得到56个与该"出"标记词搭配的动词。其中，"v出时间"中的动词是37个，"v不出时间"中的动词19个。

根据频次的高低，出现在"V出"构式中的动词依次为：抽（847）、挤（490）、腾（393）、留（58）、拨（42）、空（40）、拿（46）、挪（26）、省（13）、排（11）、匀（8）、定（7）、安排（6）、订（5）、分（5）、倒（4）、缩短（4）、打（4）、计算（3）、划（3）、节省（3）、抢（3）、选择（3）、掏（3）、制定（2）、推敲（2）、算（2）、测（2）、分辨（1）、抠（1）、剥（1）、抓（1）、辟（1）、调整（1）、预留（1）、估算（1）、算（1）。

出现在"V不出"构式中的动词频次从高到低分别是：抽（282）、腾（142）、挤（44）、找（18）、挪（14）、分（6）、排（5）、安排（4）、缓（3）、匀（3）、拨（3）、空（2）、拿（2）、逃（1）、凑（1）、想象（1）、花（1）、说（1）、判断（1）。

出现在"V 出"子构式 V 槽位中的动词有以下特点。

（1）从容器或管道中吸出或引出，如抽出。

（2）用压力使劲排除出去，或挤压、推动，如挤出、排出。

（3）挪动或空出、腾出来，如腾出、空出、挪出。

（4）用手或棍棒等抽出一部分或分出一部分给别人或做别用，如匀出、分出、拨出、划出、抠出、剥出、辟出、打出。

（5）将容器倒置，用手或其他工具挖出，如倒出、掏出。

（6）用手或用其他方式抓住、搬动（东西），或夺、硬拿，或挑选、选取，如拿出、抓出、抢出、选择出。

（7）停在某一个处所或地位上不动，如留出。

（8）减免，节约，不浪费，如省出、节省出。

（9）考虑、筹划，或经过研究商讨而确定事项等，如定出、安排出、订出、计算出、算出、测出、推敲出、分辨出、制定出、调整出、预留出、估算出、算出。

10. 使原有长度、距离、时间变短，如缩短出。

出现在"V 不出"子构式 V 槽位中的动词有以下特点。

（1）无法从容器或管道中吸出或引出，如抽不出。

（2）无法用压力使劲排除出去，或挤压、推动，如挤不出、排不出。

（3）无法挪动或空出、腾不出来，如腾不出、空不出、挪不出。

（4）无法用手或棍棒等抽出一部分或分出一部分给别人或做别用，或无法觅取到或寻求到，如匀不出、分不出、拨不出、凑不出、拿不出、找不出。

（5）无法妥善布置，如安排不出。

（6）无法延迟、推迟，如缓不出。

（7）无法按照对事物的客观描述在头脑中构成形象，或对事物或观点做出判断，如想象不出、判断不出。

（8）无法使用，如花不出。

（9）无法用言语表述，如说不出。

（10）无法逃跑或躲避，如逃不出。

"V 出"构式和"V 不出"构式 V 槽位的动词有共性也有差异性。共性特点是：大多数动词具有挪移类（见 4.3.1）动词的特点，如挤、抽、腾、空、挪、匀、排、倒、抠等。但正向和负向构式之间的 V 槽位动词也存在以下某些差异性。

（1）表示反义关系的动词分别出现在各自的构式中，如"省"和

"花"是一对反义词,时间可以省出来或节省出来,但可以花不出时间做某事。

(2) 在正向构式中,出现许多估算、推敲之类的心理活动词汇,但在负向构式中出现的比例较少,仅出现"想象"和"判断"两个词。

(3) 正向和负向构式的动词数量和出现的频次都存在差异。

总的来说,正向构式的动词数量和频次都高于负向构式。在"V出时间"构式中,正向构式出现的动词数量是 37 个,出现的频次是 2 044,而负向构式出现的动词数量是 19 个,出现的频次是 534,两者间的差异显而易见。尽管正向和负向构式中许多动词在两类构式中都存在,但出现的频次差异很大。例如,"抽、挤、腾"这 3 个动词在两类构式中都是高频词,但这些动词在正向构式中出现的频次是负向构式的几倍,如"抽"在正向构式中的频次是 847,但在负向构式中仅为 282,正向构式中"抽"的频次是负向构式中频次的 3 倍。再比如,"挤"在正向构式中的频次是 490,在负向构式中的频次仅为 44,两者之间的频次相差 446。

总之,"V出时间"构式的意义受"出"这个标记词词义和动词词义的影响,同时该构式的构式义也受到"V出时间"构式的压制,呈现出多义性的特点。

4.3.2.2 "V好时间"构式

"V好时间"构式中的"好"是该构式的标记词。"好"是一个形容词,用在动词后,表示完成、完毕或达到完善的地步。在日常语言表达中,某些项目并不总能完成、完毕或达到完善的地步,会出现"未完成""未完毕""未完善"的现象,即出现"V不好时间"现象。因此,同"V出时间"构式一样,"V好时间"构式也出现正向和负向两个子构式,即"V好"构式和"V不好"构式。我们将"V好"和"V不好"看作正向和负向两个子构式,分别在语料库中输入"v 好时间"和"v 不好时间"检索式,观察"V好时间"构式 V 槽位的动词信息。输入"v 好时间"检索式,我们得到 79 个与该标记词搭配的动词。

根据频次的高低,出现在"V好"构式中的动词依次为:安排(81)、算(65)、定(35)、把握(27)、做(21)、掌握(20)、计算(17)、调(16)、控制(16)、说(13)、记(10)、利用(10)、选(9)、打(9)、订(7)、确定(6)、注意(6)、调整(6)、设定(6)、掐(6)、准备(5)、约定(5)、选择(5)、协调(4)、管理(4)、配合(4)、挑(4)、预约(3)、规划(3)、分配(3)、决定(3)、排(3)、商量(2)、走(2)、找(2)、捏(2)、设(2)、调配(1)、联系(1)、敲定(1)、够

(1)、确认（1）、商定（1）、估（1）、控（1）、拷（1）、设置（1）、交流（1）、调节（1）、登记（1）、谈（1）、讲（1）、贴（1）、系（1）、限定（1）、想（1）、校对（1）、估量（1）、选定（1）、凑（1）、估算（1）、预定（1）、预计（1）、预留（1）、核实（1）、运用（1）、处理（1）、观测（1）、珍惜（1）、整合（1）、制定（1）、不算（1）、转（1）、关注（1）、捉（1）、顾（1）、组织（1）、不到（1）、作（1）。

输入"v不好时间"命令，我们得到5个与节点词"好"搭配的动词，根据频次的高低，依次是：掌握（3）、把握（3）、算（1）、控制（1）、挑（1）。

正向"V好时间"构式中的动词有以下特点。

（1）V槽位中出现的动词数量最多，共79个，占节点词总数（268）的29.48%。出现频次为1次的数量也很多，共42个动词，占正向"V好时间"构式的53.16%。这一现象说明，"V好时间"构式具有能产性强、语义丰富的特点。

（2）V槽位中的动词语义范围很广，具体包括以下几个类别。

① 安排类：这类动词能对时间进行有条理、分先后地处理、组织、协调等，如安排、把握、掌握、控制、利用、调、调整、设定、准备、协调、管理、规划、分配、排、调配、联系、设置、调节、组织、整合、控、设、运用、处理、珍惜。

② 估算类：这类动词能够对时间进行计算或推算，如算、计算、估、估量、估算、不算、校对、不到、观测、凑、够。

③ 商定类：这类动词能够对时间进行商量处理，如定、确定、约定、配合、预约、决定、商量、敲定、确认、商定、核实、选定、制定、限定、交流。

④ 预定类：这类动词能够对时间进行预先制定或确定，如预定、预计、预留、登记、选择、订。

⑤ 动作类：这类动词主要通过肢体动作、眼部表情和主观注意等动作行为，对时间进行处理，如做、记、掐、选、打、走、找、捏、拷、贴、系、挑、转、捉、作、顾、注意、关注、想。

⑥ 言说类：这类动词主要通过口头表达对时间进行处理，如说、谈、讲。

负向"V不好时间"构式中的动词有以下特点。

（1）不能对时间进行有条理、有组织、有计划、有标准的处理，表示没有很大的信心和很强的成功概率，如掌握不好时间、把握不好时间、控制不好时间。

（2）不能对时间进行计算或推算，如算不好时间、挑不好时间。

可见，"V好时间"构式的正向和负向两个子构式之间存在明显的差异性，这种差异性表现在以下几个方面。

（1）V动词数和频次比例严重失衡：正向"V好时间"构式V槽位的动词频次是负向"V不好时间"构式的53倍多，动词数则是15倍多。

（2）负向"V不好时间"构式V槽位没有新出现的动词：负向"V不好时间"构式V槽位出现了5个动词（掌握、把握、控制、算、挑），这些动词在正向"V好时间"构式中都有出现。

可见，正向"V好时间"构式对构式的图式性和能产性起到了决定性的作用，而负向"V不好时间"构式相对封闭，对构式能产性所起的作用较小。

4.3.2.3 "V下时间"构式

"V下时间"构式中的"下"是该构式的标记词。"下"是一个多义词，本义是方位词，表示位置所在地的意思。"下"用在动词后，表示完成或结果。"了"的发音为"le"也用在动词后面，表示动作或变化已经完成。所以，在"V下时间"构式下出现了两类子构式，一种是"V下时间"构式（简称"V下"构式），另一种是"V了下时间"构式（简称"V了下"构式）。我们将"v下时间"和"v了下时间"检索式输入语料库中，观察"V下"构式V槽位的动词类型及其特点。

语料库统计结果显示，出现在"V下"构式中的动词共有26个，根据频次的高低依次为：省（32）、看（29）、打发（17）、消磨（12）、安排（7）、商量（5）、订（5）、改（5）、确定（4）、算（3）、写（3）、问（2）、节省（2）、说（2）、投（1）、调整（1）、控制（1）、确认（1）、空（1）、计算（1）、讨论（1）、腾（1）、提醒（1）、推算（1）、瞥（1）、消耗（1）。"V下"构式V槽位中的动词有以下特点。

（1）虽然"V下"构式V槽位中的动词都强调动作的完成或结果，但有些动词强调纯粹的完成，如省下时间、节省下时间、空下时间、腾下时间，侧重节约时间另做他用。

（2）将时间看成一种问题，需要通过交换意见并最终获得一致意见，如商量、讨论、确认、确定。同时，时间问题也可以通过有序或统一安排得到解决，如调整、控制。无论是采用商讨的方式还是控制的方式，其目的在于获得统一的观点或得到妥善解决。

（3）根据具体条件及有关知识对事物的数量或算式的结果做出的大概

推断或估计，目的在于更好地合理利用时间，如算下时间、计算下时间、推算下时间。

（4）"打发下时间、消磨下时间、消耗下时间"这3个表达式都表示通过做某事而虚度时间、使时间因使用或受损失而逐渐减少的目的。也就是说，做某事的目的仅仅是让时间过得更快一些。这里的"下"表示"仅仅是……的目的"。

（5）通过感官和具体的行为动作表示对时间的关注。感官动作主要涉及视觉（看、瞥）、言说类行为（说、问）及其他动作行为（写、改、订、投）。

（6）从旁指点，促使注意，目的在于不要耽误时间，如提醒下时间。

出现在"V了下"构式中的动词有：看（50）、算（7）、注意（1）。

"V下"构式V槽位中的动词有以下两个特点。

（1）强调视觉上的关注，如看了下。

（2）强调心理和认知上的关注，如算了下、注意了下。

可见，"V下时间"构式义受"下"表示"完成"或"结果"的影响，同时也受到动词本身意义的影响，即构式对动词义的压制。两个子构式中V槽位动词强调有意识、有目的的行为。有时这些行为是瞬间行为，动作在瞬间完成。有时这些行为需要经过反复琢磨、推理或仔细推敲才能完成。

4.3.2.4 "V住时间"构式

"V住时间"构式下有3个子构式，分别是正向"V住时间"构式、负向"V不住时间"构式和"得"标记构式"V得住时间"构式（简称"得"标记构式）。"住"是"V住时间"构式的标记词。"住"作动词的补语，表示牢固或稳当。"得"在动词后面表示完成，能够做什么。为了观察这3类子构式各种V槽位动词的特点，我们在语料库中分别输入"v住时间""v不住时间""v得住时间"3个命令，共得到39个动词（包括重复使用的动词）162个使用频次。

出现在正向"V住时间"构式中的动词共有21个，根据使用频次的高低，分别是：留住（32）、经受（18）、拉（11）、看（9）、把握（8）、停（7）、锁（3）、控制（2）、拖（2）、冻（1）、勒（1）、忍（1）、扣（1）、凝结（1）、困（1）、抱（1）、抵挡（1）、定（1）、扯（1）、掌握（1）、拽（1）。

出现在负向"V不住时间"构式中的动词共有9个，根据其频次高低，分别是：耐（14）、留（11）、经受（5）、停（2）、架（2）、抵挡（1）、经历（1）、受（1）、拖（1）。

出现在"得"标记构式（"V得住时间"构式）中的动词共有9个，

根据其频次高低，分别是：经受（7）、耐（5）、留（2）、等（1）、对（1）、承受（1）、经（1）、忍（1）、扛（1）。

正向"V住时间"构式V槽位中的动词有以下特点。

（1）表示"抓住"或"控制住"，强调使用某种工具对获取对象实施处理。抓住，强调使用手或爪拿取；控制住，强调使用外力，包括用手或爪等工具或手段稳住被控制对象，使之无法动弹，如把握、控制、掌握、拉。

（2）采用某种具体的方法使某物、某个概念、某种观点留在记忆中。与抓住和控制住不同，记住的方法更强调认知和注意方面的努力，如留住、停、锁、拖、冻、勒、困、抱、扯、拽、扣、定。

（3）经受住表示一个人能够承受得住，有能力承受住压力、苦难、挫折、挑战等，如经受、忍、凝结、抵挡。

（4）通过视觉方式引起注意，如看。

负向"V不住时间"构式V槽位中的动词有以下特点。

（1）无法采用某种具体的方法使某物、某个概念、某种观点留在记忆中，或无法通过认知和注意方面的努力阻止某物运动或前行，如留不住、停不住、架不住、拖不住、耐不住。

（2）无法经受住表示一个人能够承受得住，有能力承受住压力、苦难、挫折、挑战等，如经受不住、抵挡不住、经历不住、受不住。

"得"标记构式V槽位中的动词有以下特点。

（1）能够采用某种具体的方法使某物、某个概念、某种观点留在记忆中，或通过认知和注意方面的努力阻止某物运动或前行，如留、耐、等、忍、扛。

（2）能够并有能力承受住压力、苦难、挫折、挑战等，如经受、承受、经、对。

"V住时间"构式强调（不）牢固或（不）稳当义，但在某种程度上受（不）牢固或（不）稳当的方式限制。正向"V住时间"构式V槽位中的动词在处置时间时，采用了3种限制方式：外在的物理限制、内在的心理限制（包括视觉）、外在和内在的共同限制。负向"V不住时间"构式V槽位中的动词在处置时间时，采用了两种限制方式：外在限制方式和内在限制方式。"得"标记构式V槽位特别强调有能力、有毅力承受各种压力和阻力。

4.3.2.5 "V准时间"构式

"V准时间"构式中的"准"是该构式的标记词。"准"的意思是准确、不偏离。在实际应用中，也会出现不准确或因各种因素造成偏离的情况。因此，"V 准时间"构式出现正向和负向两个子构式，即正向"V 准时间"构式和负向"V 不准时间"构式。我们将"v 准时间"和"v 不准时间"作为检索符输入语料库中，观察"V 准时间"构式 V 槽位动词的特点。语料库统计显示，正向"V 准时间"构式中的动词共有 18 个，负向"V 不准时间"构式中的动词共有 6 个。根据频次的高低，出现在正向"V 准时间"构式中的动词依次为：挑（49）、算（33）、看（15）、掐（11）、找（6）、扣（5）、拿（3）、抓（2）、拣（2）、记（2）、掌握（2）、调（2）、瞅（2）、凑（1）、选（1）、拿捏（1）、踏（1）、卡（1）。

出现在负向"V 不准时间"构式 V 槽位中的动词，依据频次的高低分别为：算（2）、抓（1）、掐（1）、拿捏（1）、摸（1）、讲（1）。

正向"V 准时间"构式 V 槽位中的动词有以下特点。

（1）采用工具（包括仪器设备等）精准控制或掌握某物，如挑、掐、找、抓、拣、选、拿、拿捏、踏、调、掌握。

（2）准确计算出数目，如算、扣、记、卡、凑。

（3）利用视力、目光，准确测算，如看、瞅。

负向"V 不准时间"构式 V 槽位中的动词有以下特点。

（1）无法采用工具（包括仪器设备等）精准控制或掌握某物，如抓不准、掐不准、拿捏不准、摸不准。

（2）无法准确计算出数目，如算不准。

（3）无法用言语说准确，如讲不准。

"V 准时间"构式强调对时间的精准处置。该构式 V 槽位中的动词在精准处置时间方面主要涉及 3 种类型的处置：物理工具或数学计算、推测（视觉判断）、言语判断。正向"V 准时间"构式和负向"V 不准时间"构式的差别在于负向构式使用了言语手段，而正向构式使用了视觉手段。

4.3.2.6 "V 回时间"构式

"V 回时间"构式中的"回"是该构式的标记词。"回"的意思是从别处到原来的地方。但在日常生活中，我们也会遇到不能回到原来地方的情况，出现"V 不回"现象。因此，"V 回时间"构式中出现了正向和负向两个子构式，即正向"V 回时间"构式和负向"V 不回时间"构式。为了观察"V 回时间"构式中 V 槽位的动词特点，我们将"v 回时间""v 不回时间"字符串输入语料库中，分别得到 12 个正向构式中的动词和 3 个负向构式中的动词。根据频次的高低，出现在正向"V 回时间"构式中的动词依次为：挣（7）、换（5）、难挣（5）、抢（4）、找（2）、补（2）、走

(2)、扯(1)、掉(1)、拉(1)、拨(1)、要(1)。

依据频次的高低,出现在负向"V不回时间"构式V槽位中的动词分别是:买(3)、找(1)、赚(1)。

正向"V回时间"构式V槽位中的动词有以下特点。

(1)时间可以兑换,就如同给人东西同时从他那里取得别的东西,如换回。

(2)时间需要用劳动换取,需要用力支撑,需要用力获取或赚取,如挣回、抢回、扯回、拉回、拨回。

(3)时间可以从别处回到原来的地方,也可以回不到原来的地方,如难挣回。

(4)时间可以被丢失,也可以被找回,或者用别的东西来补足,如掉回、找回、补回。

(5)时间可以像车、船等运行、移动或挪动,并回到原来的地方,如走回。

负向"V不回时间"构式V槽位动词主要有"买、找、赚"3个动词。这3个动词都强调无法从别处回到原地。这表明时间很珍贵,失去了就再也不能回来了。也就是说,无论花多少金钱也很难买回失去的时间,如买不回;无论花多大力气也找不回丢失的时间,如找不回;无论赚多少钱,也赢不回时间,如赚不回。

"V回"构式强调时间能够回到原点也可以回不到原点的意思,但不管怎样,时间不可能回归或倒流。因此,"V回时间"构式V槽位中的动词特别强调采用不同的力或不同的方式,努力让时间回到原点。这些方法包括:物理力、劳动力,或采用其他兑换、弥补的方法,或采用步行的方法。但也可能即使花再多的钱、挣再多的钱、付出再多的努力,也仍然可能无法将时间回到原处。

4.3.2.7 "V清时间"构式

"V清时间"构式中的"清"是该构式的标记词。"清"的意思是"清楚、明白"。但在实际使用中,我们常常会出现"不清楚、不明白"的情况。基于以上认识,"V清时间"母构式下出现两对正向和负向子构式,分别是正向"V清时间"构式、负向"V不清时间"构式,正向"V清楚时间"构式、负向"V不清楚时间"构式。我们将"v清时间""v不清时间""v清楚时间""v不清楚时间"检索式输入语料库中,观察"V清时间"构式V槽位动词的特点。

语料库统计得到25个与"清""清楚""不清""不清楚"节点词搭配

的动词。出现在正向"V清时间"构式中的动词有3个，依据频次高低，这些动词分别是：看（6）、写（1）、算（1）。出现在负向"V不清时间"构式中的动词有2个，分别是：算（1）、看（1）。出现在正向"V清楚时间"构式中的动词有6个，依据频次高低，这些动词分别是：看（3）、界定（1）、写（1）、问（1）、没说（1）、说（1）。出现在负向"V不清楚时间"构式中的动词有3个，分别是：搞（3）、分（2）、弄（2）。

"V清时间"母构式各个子构式V槽位中的动词有以下特点。

正向"V清时间"构式和正向"V清楚时间"构式中的动词共出现16次，除去重复的动词"看"和"写"，两个正向的子构式共有7个动词，这些动词有如下特点。

（1）通过语言表达、视觉通道来弄明白、弄清楚，如看清、看清楚、写清、写清楚、问清楚、说清楚。

（2）通过计算或测量的方式弄明白、弄清楚，如算清、界定清楚。

负向"V不清时间"构式和"V不清楚时间"构式中的动词共有5个，其特点如下。

（1）无法通过视觉通道或计算、测量的方式弄清楚或明白，如算不清、看不清、分不清楚。

（2）无法通过做事或从事某项活动而设法弄清楚或明白，如搞不清楚、弄不清楚。

"清"和"清楚"是同义词，都表示"清楚、清晰、明白"。但两者也有一点差别，"清"强调结果，如算清、算不清。"清楚"更强调条理性，如看清楚、界定清楚、搞清楚、分清楚、弄清楚。

"V清时间"构式及4个子构式将时间看成能让人了解或辨认的事物，表示对时间了解很透彻、很了解。该构式V槽位中的动词显示，（不）了解和（无法）辨识的方法有多种，具体包括：视觉方法、言说方法、计算方法、具体做事方法等。

除了常见的弄不清（楚）、分不清（楚）、搞不清（楚），视觉和言语表述都能实现这一效果，如看不清、听不清、说不清。同时，"V清时间"构式强调时间可以被弄清楚，也可以不被弄清楚，时间就像一个谜或一个难以回答的问题，如弄不清楚、分不清楚、搞不清楚。

4.3.2.8 "V满时间"构式

"V满时间"构式中的"满"是该构式的标记词。"满"用在动词后，表示全部充实、达到容量的极点。我们没有发现"V不满时间"现象，所以该构式没有子构式。为了观察与"满"搭配的动词及其特点，我们在语料库中输入"v满时间",得到10个与该节点词搭配的动词。根据频次的高低,出现在"V满时间"构式中的动词依次为:填(7)、占(1)、积(1)、爬(1)。"V满时间"构式V槽位中的动词具有以下特点。

(1) 把空缺的地方塞满或补满,如填满。
(2) 占据或拥有,如占满。
(3) 积累、聚集,如积满。
(4) 抓着东西往上去、攀登,如爬满。

"V满时间"构式表达了时间即容器之义。在时间容器中,容器的空间可以被填满,也可以被其他物体占据。容器的空间也可以被慢慢累积的物体占满,容器的表面也可能被东西覆盖。

4.3.2.9 "V足时间"构式

"V足时间"构式中的"足"是该构式的节点词。"足"用在动词后,表示补足、凑满。我们没有发现"V不足时间"现象,所以该构式没有子构式。为了观察与"足"搭配的动词及其特点,我们在语料库中输入"v足时间",得到3个与该节点词搭配的动词。根据频次的高低,出现在"V足时间"构式中的动词依次为:给(2)、凑(1)、占(1)。

"V足时间"构式V槽位中的动词具有以下特点。

(1) 时间是物体,可以交付或送与,如给足。
(2) 时间是可以被控制的,可以用力使其朝自己所在的方向或跟着自己移动,如拉,也可以被拥有,如占足。
(3) 时间是可以集零为整的,可以把零散的时间拼凑在一起,如凑足。

"V足时间"构式强调时间的足量,如何达到足量,可以有多种方式:送与方式、控制方式、拼凑方式。

4.3.3 "V时间"构式的概念化

4.3.1和4.3.2两小节分别从"V时间"构式和"V标记时间"构式的角度,穷尽检索了语料库中可能与"时间"搭配的动词形式,并从动词的语义分类和动词的标记性质,概括了概念化时间的各种动词类型。那么,现代汉语中的"V时间"构式的构式义是如何形成的?我们认为V槽位的动词在很大程度上对构式义的形成产生影响。据此,我们从范畴化的角度,通过具体的语料库实例,观察"V时间"构式的概念化特点。

根据时间处置的情况,结合表4.3中14个动词的语义类别之间的家族相似性,我们概括出V槽位动词语义的5大范畴类别,分别是:拥有-方法-消费-需求类、规定-约定类、运动-挪移-使役-流水类、感知-感官-情

感-言说类、动词标记类。(图 4.2)

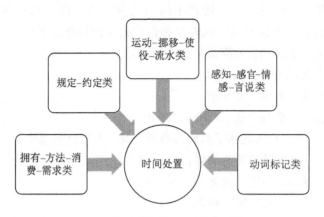

图 4.2　V 槽位动词的语义范畴

4.3.3.1　拥有-方法-消费-需求类

我们将拥有、方法、消费和需求这 4 个一级语义类别划分为一个语义范畴，主要出于这样一种假设：时间是金钱。金钱是财富，有人拥有得多，有人拥有得少；金钱是钱币，有人精打细算省着花，有人花钱如流水；金钱是工具，有人利用金钱获取利益，有人穷凶极恶，采取不正当途径争抢，有人嗜钱如命，抓住金钱不放手，有人利用一切手段和机会赚取金钱和利润；金钱是生活的保障，人们需要钱维持日常生计，需要钱进行各种投资，需要钱满足各种奢望，"不差钱"的时候并不是很多。有鉴于此，我们认为，"拥有-方法-消费-需求"可以被看成同一范畴成员，其核心义是金钱的有无、获取金钱的方法及对金钱的需求与使用。我们可以从下面的例子中观察"拥有-方法-消费-需求"范畴在概念化时间中的表现。

（1）如果你有时间，不妨走出去看一看，你的眼前会突然一亮，原来万物山河是那样的美妙。（微博）

（2）如果你有时间，你可以花一点你宝贵的时间看看这视频吗？只要你 10 分钟，如果你没有 10 分钟，那麻烦你转发下可以吗？（微博）

（3）我很清楚这件事，就因为这样，你才有时间、智慧、能力爱一个人。（假如苏西堕落 A：亦舒 Y：UN）

（4）只要有时间、感兴趣，也不妨研究些风水学、易经、八卦。（科技文献）

（5）在十七八世纪，女作家总是被当作疯子和怪物。即使在 19 世纪，妇女仍很少能有时间、更得不到什么鼓励去进行写作。（科技文献）

(6) 胡杨之美，没有芬芳却依然醉人，我愿意在那无时间、无历史的宁静中停留……（微博）

(7) 更生比母亲忙十倍，并无时间与玫瑰作对，挑剔她的错处，因此玫瑰过得很轻松。（玫瑰的故事 A：亦舒 Y：1995）

(8) 今日有个好远的朋友结婚，好可惜无时间去饮，祝他们永远幸福快乐……（微博）

上述 8 个例子说明，时间的有无直接关系生活的方方面面，如能否欣赏自然风光［例（1）、例（6）］、能否参加各种活动［例（2）、例（8）］、能否倾注感情［例（3）］、能否了解传统文化［例（4）］、能否从事自己感兴趣的领域［例（4）、例（5）］。

在"有、无"这个核心范畴中，"无"的概念从频次上讲远远多于"有"，如果加上"无"的同义词"没"（"没时间"这个语式在 BCC 语料库中出现的频次为 9 165 次），那么，表示"无"的概念在语料库中出现的频次可以高达 26 286 次。既然时间像金钱一样，并不是人人都很富足，因此"没钱没时间"就成了"有无"概念的基本思想，如例（9）、例（10）：

(9) 毕业了，学生时代完结了；第一次面试通过了，工作到现在 9 个月了；工资赚了又花得差不多了；单反买了却没钱没时间去旅行了。（微博）

(10) 美味的阳澄湖大闸蟹又降温了啊！没钱没时间的人真是可悲！（微博）

既然时间的拥有量相对偏少，人们就会想办法、采取各种手段去获取足够的时间量，因此"方法"范畴的产生就显得符合逻辑了。"抓、抓紧、抓住、不放过、把握"通过抓握的方式努力拥有，"抢、挣、争取"通过争抢或掠夺的方式非正当拥有，"挑、选、挑选、掐、筛、骗"通过甄别的方式提取或骗取，"使用、利用、安排、采用、采取、换、换取、缓解、晒"通过交换等方式使用时间从而获取相应的利益。如果说"使用"类概念说明时间有富裕的话，那么"抓住"类和"争抢"类、"挑拣"类概念则由于缺少或"无"时间造成的。另外，由于"无"多于"有"，时间也是人人需要的，且常常出现不足的情况。

如果方法类概念讲得通的话，消费类概念也就顺理成章了。首先，"耗费"的结果导致"无"时间，既然无时间就需要珍惜时间，要"节省、节约、省"。如果有时间，那么我们就可以随意地"花"时间或"花费"时间。

就"需求"概念而言，人们常常会有各种不同的需求，"需–需要–所需-还需"已成为常态。同样,由于"无"概念的驱使,时间也总是存在不足,因此"缺-只差-就差-欠缺"也成为真实客观的描写,导致进一步的需求。尽管偶尔也会出现"不需要"时间和"不差"时间的情况,但总的来说,在方法类中,"有"概念也显著低于"无"概念。

(11) 迟业宗思忖了一下,说:"换时间吧,我想说的事,不是一语半句能说得清的。"(解剖者的位置 A:江灏 Y:UN)

(12) 终于要换时间了。倒下的人可以多睡一个小时了。十点睡,睡到十二点。顿时,我觉得自己又恢复到了学生时代。(微博)

(13) 我原来是这么想的,我可以换个时间再去嘛,问题是我换时间你也换时间,还那么凑巧又一起。这就是俗话说的缘分呐!(微博)

(14) 首先让用户免费进去,用金钱换时间和空间。一旦玩家被吸引就很难拔出来,但是要想继续玩,玩到爽,就需要付费了……(微博)

(15) ……而一些急于购买的消费者便加价,"以金钱换时间"来达到提前拿车的目的。(文汇报,2004-6-29)

(16) ……征得李宗仁同意,将这本书印发给桂系师长级干部阅读,然后又提出了"积小胜为大胜,以空间换时间"的口号……(科技文献)

(17) 如果有必要,首先可以选择拿空间换时间。同时想干好很多事情,往往干不好,人的精力和时间生命是有限的。(微博)

(18) 他和同伴制定了一个"以人质换时间"的计划:抓住小刚,然后挟人质直闯研究所。(少年闪电侠 A:王晋康 Y:2002)

例(11)—例(18)以"换"为例,说明了时间处置的方法。例(11)—例(13)解释了"换时间",即"时间"是一个有固定位置的物体,为了特定的目的,"时间"的空间位置可以被调换或挪动。例(14)—例(18)进一步说明了调换"时间"的具体方法,如"用金钱换时间"[例(14)、例(15)]、"用空间换时间"[例(16)、例(17)]、"以人质换时间"[例(18)]。可见,用以交换的物品本身都十分珍贵且有价值,如"金钱、空间、人质",因而,"时间"的重要性和价值超越了可见、可及的金钱、空间和人质等。这里,"时间"被看成有价值的东西,其重要性足以影响计划的实施及目标的达成,如"达到提前拿车的目的"[例(15)]、"提出了'积小胜为大胜,以空间换时间'的口号"[例(16)]、"如果有必要,首先可以选择拿空间换时间"[例(17)]、"制定了一个'以人质换时间'的计划"[例(18)]。目的、口号、计划及必要条件,这些举措都为"时间"的重要性提供了现实佐证。

(19) 今天给家里来了个超级大扫除……干净,虽然打扫很浪费时间,

但是，我还是喜欢整洁的环境！（微博）

（20）不过围巾的款式太多，一个一个试过来未免太浪费时间，不妨来看看明星们喜爱的款式和搭配方法……（微博）

（21）你热爱生命吗？那么，别浪费时间，因为生命是由时间组成的。（微博）

（22）晚上等朋友一起吃饭，在"左岸"消磨时间，看到了这本书《你可以，爱》，想问问薪酬。（微博）

（23）我就像流浪猫一样，走着走着就丢了，一大清早就在消磨时间。（微博）

例（19）—例（23）提供了不珍惜时间、不利用时间获取价值的例子，如"浪费时间"［例（19）—例（21）］、"消磨时间"［例（22）—例（23）］。尽管"浪费/消磨时间"和"换时间"都属于采用手段对"时间"进行处置，但两者的目的迥异，对"时间"的认识和态度也完全不同。这表明时间的价值和重要性因人而异，因具体的语境和个人的情绪而发生改变。

（24）公报还道出了参加体育锻炼人数少的原因：一是"没时间"，二是"没场地"，三是"没意识"。（福建日报，2008-12-24）

（25）我发现，年轻的时候没时间，孩子小，等到年纪大了，估计钱是够了，时间也有了，孩子也不用担心了，就是自己跑不动了，是不是还能有体力和精力去爬山滑雪呀？（微博）

（26）人有钱有时间有个好身体，绝品；人有钱无病无时间，珍品；人无钱无病有时间，上品；人无钱无病无时间，次品。（微博）

从例（24）—例（26）中，我们可以看到"时间"的有无会影响我们生活的方方面面。例如，"没时间"可能就不能参加体育锻炼［例（24）］、"没时间"去爬山滑雪是自己的责任（带小孩），等到"有时间"了，人也老了，去爬山滑雪只能是一种奢望［例（25）］。正如例（26）这则微博所说，有钱有时间有个好身体是"绝品"；即使无钱，但身体好，有时间，也可以称得上是"上品"；但如果"无时间"一切都无从谈起。可见，时间似乎比生命更重要。这也印证了"时间 N"构式中"时间就是生命"的说法。"伟人与常人最大的差别就在于'珍惜时间'"（微博），也许这句话从某种程度上道出了我们对时间本质的认识。

综上所述，"拥有-方法-消费-需求"范畴以"拥有"中的"有无"时间为中心成分，由于"有无"的差异，需求和获取时间的方式不同，进而影响不同的时间消费观念。该范畴成员关系见图 4.3。

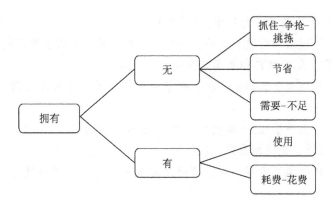

图 4.3 拥有类范畴成员关系

4.3.3.2 规定-约定类

我们将规定和约定这2个一级语义类别合并为一个语义范畴,主要出于这样一种假设:时间是一种不断变化且不确定的东西。每个人对时间的认识和理解不同,需要建立一套比较完善的体系或制度,供大家遵守。基于此假设,我们认为,"规定-约定"可以被看成同一范畴成员,其核心义是:时间的确定、确认及时间的预约和聚留。我们可以从下面的例子中观察"规定-约定"范畴在概念化时间中的表现。

(27) 他们又没规定时间,早晚写出都行,有什么关系?[读者(合订本)]

(28) 同时帮主规定时间聚在一起开会,进行违法活动,可怜的"小侠客"就这样误入歧途,成为法网中的"罪恶蜘蛛"。(报刊精选,1994)

(29) 市长金能筹接待后,明确答复请县政府召集各家协调,并限定时间解决。(人民日报,1993)

(30) 即使搞评估,也限定时间,要求三五天或七八天必须完成,迫使评估机构粗放评估,难保质量。(人民日报,1993)

(31) 这次换脸探出棉被外,想看看墙壁上的时钟以确认时间……可是墙壁上也没有时钟。(2003年,Kanon)

(32) 现在的一组"无题"画,已无法说清是在表述何事何人,更难以确认时间、环境,能够感受到的,仅是某种精神、情绪或意境,所谓"山在虚无缥缈间",是也。(文汇报,2000)

例(27)—例(32)列举了具体例子,说明"规定""限定""确认"在处置"时间"过程中的特点。"规定时间"和"限定时间"两者都以正式条文(包括口头约定)为前提,但"规定时间"可能仅仅是一种命令,命令的执行程度可视具体情况而定。"限定时间"则含有强制性的命令,有具体的完成时间点的要求。"确认时间"强调的是一种认知心理过程,或对假设做出肯定判断的过程。

(33) 从我走马上任的第一天起,就本着这一为官之道,把群众生活须臾不可离的路、水、电、煤气等列为市政府的工作重心,定目标、定时间、定专人,一件一件狠抓落实。(人民日报,1997)

(34) 我这个星期五放假,二十号之前应该都有时间,你看看哪天方便你订时间。(微博)

(35) 小朋友,你几时候走啊?快约时间一起吃饭!(微博)

"定时间"[例(33)]、"订时间"[例(34)]实际上跟"规定时间""限定时间"相似,都强调明确具体的执行时间点,但相比后者更强调行政手段的意味,前者更强调互动性和商讨性。同样,"约时间"[例(35)]更关注的是互动性和商讨性,而"确认时间"则更强调认知心理活动。

(36) 信念是经得起时间与风雨的考验的,不必要在意一时之急而损害过往,那样的将来会慢慢走近身前的。(微博)

(37) 巴巴议长说,毛中两国的传统友谊和良好合作关系是牢固的,经得起时间和事件的考验。(人民日报,1997)

(38) 如果一部文学作品是建立在虚假和主观臆造的基石上的,那它的基础只能是流沙,绝对经不起时间和历史的潮水冲刷。(2000年文汇报\7月份)

(39) 其实,白璧微瑕,有时往往显得真实,而韶华易逝,吃青春饭的假唱歌手是经不起时间的检验的。(人民日报,2002)

(40) 那种"以最少的投入获得最大的利润"的做法是一种过分商业化的行为。匆忙制作出版的作品终归经不起时间的淘洗,必将失去长远的生命力。(人民日报,1997)

(41) 北约与俄罗斯能否如罗伯逊所说实现双方关系的"突破",建立相互信任的关系,布莱尔建议能否成为北约的一致意见,都有待时间来证实。(人民日报,2001)

(42) 北集团推出的居住价值的复兴运动,是否标志着部分房地产开发商正自觉地向理性、合理、规范的道路上健康发展,有待时间检验。(科技文献)

例(36)—例(42)给出了"时间"主动执行处置的例子。在这些例子中,"时间"被概念化为验证真相的标准或试金石。验证的方法主要通过"检验""考验""证实""淘洗""冲刷"等手段。除了"经得起""经不起""有待"等淬炼程度,时间在采用上述手段外,还与具体的事实搭配,使原本抽象的时间标准具体化为可见的、可感知的、可测量的具体事物或行为。这些具体事物或行为包括"风雨""事件""历史",如"经得起时间与风雨的考验"[例(36)]、"经得起时间和事件的考验"[例(37)]、"经不起时间和历史的潮水冲刷"[例(38)]。

图4.4是对标准类范畴成员关系所做的概括。通过上述实例分析,我们发现,时间虽然无形无色,但通常作为检验或验证的标准而存在。我们既可以规定时间(通过确定、确认的方式),也需要遵守时间(通过约定、预约的方式),但同时,时间也会对我们的行为及其效果做出检验,经得起检验的,被证明为可行的,经不起检验的,需要做出调整。

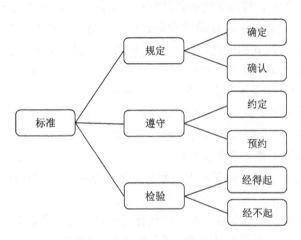

图4.4 标准类范畴成员关系

4.3.3.3 运动–挪移–使役–流水类

我们将运动、挪移、使役和流水这4个一级语义类别划分为一个语义范畴,出于这样一种假设:时间是一个动态流动的过程。这种动态性和流动性主要表现在以下几个方面。

第一,时间是运动的物体。时间的运动遵循客观物理运动规律,时间如行走在路程上的行人,路程有开始有结束,可延长可缩短。行程可能因为某事给耽搁、被滞留、被延误,也有可能因为这种耽搁、延后而追赶、超越。

(43)这种小偷在店内滞留时间一般较长,常常背对营业员。(科技文献)

(44)这样可以满足一些游客的高层次追求和需要,并延长游客的滞留

时间，达到既传播本民族文化又提高资源利用的效率和经济效益的目的。（报刊精选，1994）

（45）远水岂能解近渴，结果因延误时间而造成了人员的伤亡。（报刊精选，1994）

（46）而彭伟国和高仲勋是延误时间受罚的。（报刊精选，1994）

（47）这位朴实的女子浑身上下唯一的饰物是一块怀表，这是她激励自己追赶时间的标志。（人民日报，1994）

（48）时不我待。他要立马行动起来，去追赶时间，追赶那个失落的最美的梦……（人民日报，1998）

（49）科学家透过对于物质现象的研究，企图超越时间的局限，宗教人士也身体力行想要时间。（对话\超越时空：20世纪最卓越的两位心智大师的对话.txt）

（50）一代伟人的人格感召，超越时间，超越国界。（人民日报，1998）

例（43）—例（50）显示，时间的运动也分为至少两种情况：静态的时间和动态的时间。静态的时间指的是"时间"被设定为运动的目标、引领者或界限，如"追赶时间"［例（47）—例（48）］、"超越时间"［例（49）—例（50）］。动态的时间指的是"时间"本身是个沿着某一轨道运动的个体，其间可能会造成长时间的"滞留"［例（43）—例（44）］，也可能造成"延误"［例（45）—例（46）］。"时间"作为主体在运动过程中出现任何受阻、耽搁、滞留、延误等情况，都会对后续的行为和结果造成影响，如偷盗事件的发生［例（43）］、人员受伤［例（45）］、受罚［例（46）］。当然，这种结果也可能是正向的、积极的，如例（44）。

第二，时间是流动的液体。在时间的长河中，时间像流水，浩浩荡荡，没有尽头。流入-流过-流逝，是河水对时间的隐喻，即将自然界中河流的特征映射到时间上，使人们能够直接感知到时间流动的物理状态。时间像流水更抽象的表达，主要是将物理性质的流水延伸到社会文化领域，如流行-流传。例如：

（51）白昼的光景这样长，就适合相爱的人躺在一起，什么也不做，看时间流过。（微博）

（52）时间流过去了，带来了梅花、丁香、芍药和玉兰，一切北方色香悦人的花朵，在冰冻渐渐融解风光中逐次开放。（1992年\水云）

（53）走近这位老人，你会感受到历史的丰富而沧桑的痕迹，感觉到时间流逝、生命与岁月搏击的过程。（人民日报，1995）

(54) 虽然大家都说现金为王,但随着时间流逝,现金的价值将下降。(口语\对话\沃伦·巴菲特和比尔·盖茨的对话.txt)

例(51)—例(54)展示了时间如流水的具体例子。子在川上曰:"逝者如斯夫,不舍昼夜。"孔子的这句话代表了中国传统文化对时间的经典阐释,意思是说"消逝的时光就像这河水一样呀,日夜不停地流去"。所以,"时间"会像流水一样自然流淌,如"流过去"[例(52)]、"流逝"[例(53)—例(54)]。同时我们也可以感知到时间的流动,我们可以"看时间流过"[例(51)]、"感觉到时间流逝"[例(53)],还可以和时间一起流动,如"随着时间流逝"[例(54)]。可见,时间是流动的液体这样的隐喻至少包含三个层面的流动:时间自己流动、观察并感知时间的流动、随时间一起流动。

第三,时间是物理运动。时间的这种物理运动主要是在容器中进行的。也就是说,时间本身是容器,这个时间容器可以经历各种物理运动,且运动的方式随容器的形状变化而决定。时间可以是管状的容器,如抽时间、排时间、倒时间;时间可以是狭小的空间,如挤时间、腾空时间、腾时间、空时间、挪时间;时间可以是不规则容器,如分散时间、匀时间、分时间、不分时间、拨时间、凑齐时间、凑不齐时间。

(55) 每年八连的新战士来了,街道负责同志总要抽时间给他们上传统教育课,讲南京路的往昔,讲"五卅惨案",讲南京路在解放后的千变万化……(人民日报,1993)

(56) 他俩和有关专家、学者共同研制了一台吞水音图原理样机,没有时间,加班加点挤时间,常常干到深夜一两点。(报刊精选,1994)

(57) 大少奶口口声声说要多腾时间陪丈夫,但一听见沙皇要她和百货公司合作做一个宣传,她马上眉飞色舞,一口就答应了。(1990年\幻羽喷泉)

(58) 大冬天的看人家公司挪地点、挪时间,提早圣诞趴实在没意思,爷,咱以后不陪他们玩!!!(微博)

例(55)—例(58)列举了"时间是容器""时间是容器中的物体"的例子。"时间是容器"指的是"时间"被视作容器本身,可以被搬动、挪动,如例(58)中的"挪地点、挪时间"。"时间是容器中的物体"指的是"时间"可以被看作搁置在容器中的具体物品,如"抽时间"[例(55)]、"挤时间"[例(56)]、"腾时间"[例(57)]。

第四,时间是力量。这种力量能促使他人行为的改变。时间可以满足他人的需求,如希望时间、要求时间、求时间、要时间。时间可以执行他人的命令，实施言语行为，如让时间、使时间、拿时间、叫时间、任时间。

（59）多希望时间不再流转，让一切停留在相拥的时刻。

（60）让时间说真话。

"时间"是一种运动的力量，不以人的意志为转移，我们通常会在主观上对时间有所控制，调节时间的节奏，满足自己的需要。如"多希望时间不再流转"［例（59）］。"让时间说真话"［例（60）］来自歌曲《记得》。歌词是这样的："我们都忘了，这条路走了多久，心中是清楚的，有一天，有一天都会定的。让时间说真话，虽然我也害怕。在天黑了以后，我们都不知道会不会有遗憾。"例（59）—例（60）表达了人在"时间"力量面前的孤独与无奈。我们想驾驭时间，但又希望时间按自己的本真发展，如"说真话"。

图 4.5 概括了"时间"动态性范畴成员的关系，时间可以被概念化为运动、流水、挪移和使役关系。运动是指时间可以被延误、延长、延迟，可以作为标杆被追赶。时间像一条奔流不息的江河，自由流淌，我们可以静下来看看河水的流淌，也可以和流水一起，随波逐流。时间是容器，有不同的形状和大小，时间也是容器之物，可以各种方式挪动、挪移或摆放。时间是一种力量，你可以请求时间帮你做事，同时给时间以充分的自由，让时间发挥自己的本真，如说真话等。

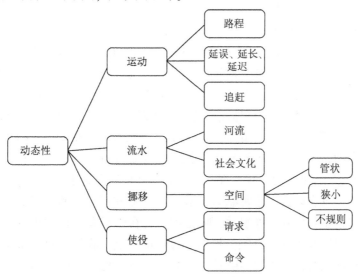

图 4.5 动态性范畴成员关系

4.3.3.4 感知-感官-情感-言说类

我们将感知、感官、情感和言说这 4 个一级语义类别划分为一个语义范畴，出于这样一种假设：时间是一种主观态度。这种主观态度主要表现在以下几个方面。

第一，主观判断和认识。这种主观判断涉及个人对时间的认识、信念和主观臆断。时间是可以通过主观和客观的方式加以界定或判断的，因此，"A 是/就是/真是/不是 B"的隐喻方式就构成了认识时间的主要模式。另外，更加口语化的判断"时间叫……""所谓时间……"也成了重新界定时间概念的重要语言模式，如例（61）—例（62）。

（61）所谓时间，实际上是指生命延续。所谓生命，就是延续与记忆。(1989年\追忆似水年华)

（62）所谓时间即金钱；吾国人不知顾借，殊为可叹！（科技文献）

所谓主观认识，是指对时间形成的一种思考方式或意识活动。一则我们通常会通过自己的亲身经历或感觉经验，对时间进行推理或推断，形成对时间概念的认识；二则我们通常会依赖有关时间概念的认识，获得时间概念，成为知识结构的一部分，明白、懂得并坚信这一知识。

（63）程晓鸣要在基础数学教学和数学竞赛辅导两条战线上作战，他觉得时间实在太紧、太少、太宝贵了。（报刊精选，1994）

（64）作为一个政治家，她要拥有一生的辉煌，更感到时间的紧迫。（史传\宋氏家族全传）

（65）发现时间是贼。

"觉得时间实在太紧、太少、太宝贵"［例（63）］和"感到时间的紧迫"［例（64）］都是对"时间"概念的一种主观认知，因为时间不会"紧"、无所谓"多少"，其是否珍贵也是按个人的自我价值判断加以考量（当然这种价值判断也与群体规约的社会认知有关）。"发现时间是贼"［例（65）］来自歌曲《给自己的歌》。歌词是这样的："想得却不可得你奈人生何，该舍的舍不得只顾着跟往事瞎扯，等你发现时间是贼了，它早已偷光你的选择。"这里的"发现"是一种顿悟，在语法上属于一种语法化现象。

第二，感官体验。这种感官体验涉及视觉和听觉体验，但更侧重视觉体验。其他感官体验，如嗅觉、味觉和触觉在时间概念低频出现。这也许跟我们的感官系统等级有关。根据心理学的观点，我们的感官系统也是一个有等级的系统，即视觉→听觉→嗅觉→味觉→触觉。处在感官系统最高层的是视觉，其次是听觉，这两个感觉能够直接对时间产生反应，并形成对时间的主观态度。

（66）尊尼狄普说："这不是魔术，这只是时间暂留，一种视觉效果。"我们也许都玩过类似的游戏。眼睛看到的东西，不一定全然真实。时间不

可能暂留,我们却看到时间在某一刻重叠。(文学\香港作家\张小娴 把天空还给你)

(67) 虽然睡着了,我的眼睛没有看见时间,我的身体却能计算出来。(翻译作品\文学\追忆似水年华)

(68) 两人的对话亦如是,平淡如水静静流淌。有时紧凑,有时舒缓。有时是静止的空白,只听见时间像纯净的涧水般,一滴一滴,很清脆地掉落在 George Michael 清寂的声音里。(都市快讯,2003)

"时间暂留"现象是"一种视觉效果",因为"时间不可能暂留"[例(66)]。"时间像纯净的涧水",我们可以听到它"一滴一滴"掉落的声音[例(68)]。睡着时,我们可能看不见时间,有时候我们的"身体却能计算"出时间[例(67)]。用身体计算时间是触觉对时间感知的一个例子。这表明,只要条件(语境)许可,我们的感官系统都能够参与对时间义的建构,哪怕是低层次感官,如味觉和触觉。

第三,情感态度。情感是态度的一部分,情感是态度整体中的一部分,是态度层面上一种较复杂而又稳定的评价和体验。情感包括道德感和价值感两个方面,具体表现为爱情、幸福、仇恨、厌恶、美感等。情感是人对客观事物是否满足自己的需要而产生的态度体验。情绪和情感都是人对客观事物所持的态度体验,只是情绪更倾向于个体基本需求欲望上的态度体验,而情感则更倾向于社会需求欲望上的态度体验。

除了一般意义上的感动,情感还涉及害怕等情感类别。其中,害怕情感占比最高,超过了其他4类情感(憎恨、喜爱、责怪、蔑视)的总和。这也进一步说明,时间对我们的重要性已达到了让人心生恐惧的程度。也许,这与我们大脑天生具有害怕、恐惧的特性有关系。

(69) 我喜欢时间,只有时间是最可靠的朋友,只有时间会产生、沉淀价值。(微博)

(70) 讨厌距离,使感情看不见,摸不着;讨厌时间,使感情淡了又淡,唯有亲情,我无法评论……(微博)

(71) 什么是时间,它到底是什么?人类不断地探索,但是谁也无法准确解释。我喜欢时间也讨厌时间;有时还戏弄时间,同时也被时间戏弄……(1997年\时间为我停止)

时间让人喜欢,因为时间是可靠的朋友,而且时间会产生并沉淀价值[例(69)];时间让人讨厌,因为时间使感情变得寡淡[例(70)];我们可以喜欢时间,也可以讨厌时间,有时候甚至戏弄时间,但同时我们也可能被时间戏弄[例(71)]。时间在某种程度上成了我们感情交互的对象和情绪变化的原因之一。

第四，言为心声。通常我们嘴上所说与我们的所思和所想有关，言说中的言语，包括"谈、念、一谈起"言说类动词也对时间概念化起着一定的作用。

(72)《秋室杂文·谈时间》人需友谊，只有神仙与野兽才喜欢孤独，人是要朋友的。（生吞活剥 A：梁实秋 Y：UN）

(73) 他们幻想着十年的时间身上留下怎样的痕迹。他们谈时间，空间，也谈论人生的道理。（红豆 A：宗璞 Y：1957）

和空间、人生的道理一样，时间是人们茶余饭后谈论的话题之一［例(72)—例(73)］。我们可以用"我们赖以生存的时间"来概括我们对时间的认识。

图 4.6 概括了时间处置过程中的主观态度。感知是形成主观判断和主观认识的重要因素。视觉、听觉是感知时间的重要器官，其他感觉器官对时间的体验相对较弱。情感（喜怒哀乐爱恨惧）及各种情绪变化的发生，"时间"都可能成为诱因。有时，我们可以"戏弄"时间，但也有可能被时间"戏弄"。"时间"确实是我们日常生活不可或缺的要素，是茶余饭后重要的谈资。

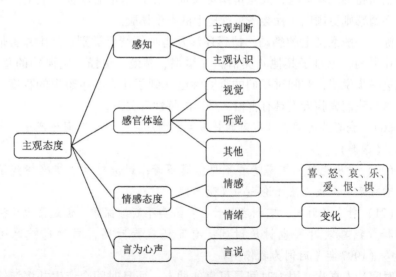

图 4.6　主观态度类范畴成员关系

4.3.3.5　动词标记类

我们将"出、好、下、住、准、回、清、满、足"及其对应的"不出、不好、不住、不准、不回、不清"视为一个范畴，主要基于这样的假设：特定的动作标记是实现时间概念化的重要手段。在现代汉语中，这种动作标记主要有以下几个特点。

第一，标示容器记号。容器一般指用来包装或装载物品的贮存器（箱、罐、坛）。容器本质上是一个有形的空间。具有空间特征的容器在形状、大小和功能等方面各不相同。一般说来，空间有上下和里外之分。空间可能会被物体填满，也可能会被移出或清空、腾出。因此，"下""出-清-满-足"构成容器记号的主要标记。从容器标记可以看出，并不是与容器有关的所有概念都可以用来指称时间。语料库显示，只有"下"这个表达空间概念的词出现在动词标记中，其他空间词（上、长、短、中、高、底、里、外）都没有出现在动词标记中。另外，具有动态概念的空间词汇，"出-清-满-足"在语料库数据中也没有找到对应体（进/里、浊、空）。这一现象表明，在空间隐喻时间的过程中，并非所有的空间词汇都能被选择用于表达时间或概念化时间。这或许与人们在日常生活中强调容器的装载功能有关。

（74）朱家臣认为，把自己的时间、别人的时间都耗到吃喝招待上，太浪费，太不划算，不如腾出时间多到群众中跑跑，多听点实情。（报刊精选，1994）

（75）她很乐意回答记者们提出的问题。她参加新闻发布会，一定要留出时间让记者自由发问。（报刊精选，1994）

（76）明天九点演出！老马，能看下时间么！咱能不参（掺）和么。（微博）

（77）陆迪开始兴奋起来，但随即看了下时间之后，又黯淡下来。"怎么就剩四分钟呢？"（校园篮球风云 A：大秦炳炳 Y：2007）

（78）你想知道甚么？在这里问也一样，可以省下时间与钞票。（琉璃世界 A：亦舒 Y：UN）

例（74）—例（75）中的动作标记词"出"（腾出、留出）具有容器功能的作用。通常，人们会腾出或留出容器空间放置其他东西。所以，这里的空间词喻指时间是容器内的物品，可以任意移动或挪动。空间词与动词一起使用，表示动作移动的方向或运动轨迹。

例（76）—例（78）中的"下"（看下、看了下、省下）不再表示空间概念中的词汇，而是已经虚化了的语法词，表示动作的完成。从这层意义上来说，当时间表示容器（空间）时，只有表达容器用途（装满、清空）这类词语才能喻指时间。容器本身的空间特征，如上下、里外、高矮等空间特征,都不能直接表达时间。即使"V(了)下"出现的频次很高,但此处的"下"并非空间概念对时间的直接喻指,而是通过语法化手段完成时间特征的描写。

第二,结果记号。结果一般指在一定阶段事物发展所达到的最后状态。这里的结果或最后状态既可以通过"V好/住/准/回"实现,如例(79)—例(80)中的"约好时间""利用好时间"。另外,结果或最后的状态也可以通过容器标记中的"V下/清/满/足"实现,如例(77)—例(78)。

(79) 怎么他们没跟他约好时间?(九州·斛珠夫人 A:萧如瑟 Y:2006)

(80) 只有利用好时间、服务好百姓,才能真正体现居委会"本色"。(福建日报,2008-8-28)

第三,否定记号。在容器记号和结果记号中出现了与之相反的标记形式,即否定记号。这种否定记号通过否定词"不"实现对动作行为和结果的否定,如"把握不好时间"[例(81)]和"搞不清时间"[例(82)]。

(81) 我家新搬的地方比原来的地方远得多,一时把握不好时间。我以后注意。(牵手 A:王海鸰 Y:2011)

(82) 他已辨不清白天和夜晚,他的表已被拿走了,所以也搞不清时间。(诱惑 A:马克斯坦 Y:1991)

图4.7概括了"V标记时间"构式中标记类范畴成员之间的关系。图4.7显示,现代汉语中"V标记时间"中的标记具有3种记号功能:容器记号、结果记号、否定记号。容器记号强调容器的功能,不关注容器本身。结果记号表示行为或动作的完成,对行为或动作起强化作用。否定记号是对结果记号的否定,强调动作或行为无法实现的事实。

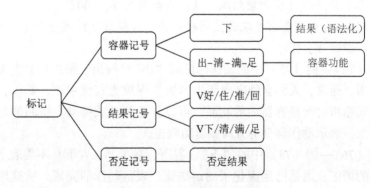

图4.7 标记类范畴成员关系

5 "A时间"构式

5.1 "A时间"构式家族

形容词是词类的一种,主要用来描写或修饰名词或代词,表示人或事物的性质、状态、特征或属性。形容词表达的是一种存在、一种情感、一种情绪、一种态度或一种感受。形容词是感情色彩浓郁的词类。中国传统文化中有"色不迷人人自迷,情人眼里出西施"的说法,认为由于有感情,不论对方外表如何,都会觉得对方美。时间是一种客观存在,但随着主观因素和情绪的变化,人们会对时间会产生不同的理解与认识。在第4章中,我们看到情感因素和情绪变化对时间处置过程中的动词选择确实产生一定的影响。从形容词的角度观察时间与哪些形容词搭配,可以更全面地观察时间概念化中说话者心里的变化。

本章我们还是以形-义配对的构式为出发点,首先将形容词与时间的修饰关系确定为"A时间"构式(A表示形容词)。然后归纳出"A时间"构式家族,目的在于依据构式穷尽检索语料库中表达时间概念的形容词,进而概括出时间概念化的情感因素、特点。

与"时间N"构式和"V时间"构式一样,"A时间"构式也存在一个构式家族。为了穷尽所有可能的修饰时间的词语,我们将"A时间"构式中的A划分为以下几个类别。

第一,表示性质的形容词,如好、大、小、新、旧、老、长、短、高、低、多、少、强、弱、远、近、黑、白、早、上、下、真、假、难、异、香、臭、美、丑、漂亮、难看等。我们用"A+时间"表示"A时间"构式的一类子构式。

第二,由"的"构成的形容词,如短的、多的、宝贵的、有限的、不同的、短暂的、充裕的、合适的、漫长的、适当的、固定的、错误的、固定的、正确的、正常的、过多的、尴尬的等。我们用"A 的时间"表示"A 时间"构式的一类子构式。

第三，由后置形容词修饰，我们用"时间 A"表示，如时间长、时间短、时间久、时间紧、时间少、时间不同、时间早、时间快、时间慢、时间不对、时间短暂、时间充裕、时间紧张、时间灵活等。另外，副词通常可以用来修饰形容词，这部分形容词也能部分反映时间的特点。常见的副词有"很"和"非常"。我们用"时间+A"构式表示"时间 A"构式的一个子类，用"时间很 A"和"时间非常 A"表示"时间 A"构式的另外两个子类。因此，"时间 A"构式存在 3 个并列的子构式："时间+A"构式、"时间很 A"构式和"时间非常 A"构式。"A 时间"构式家族及成员关系，如图 5.1 所示。

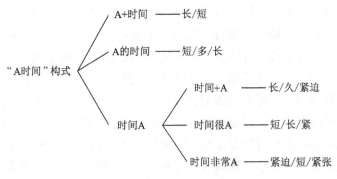

图 5.1 "A 时间"构式家族

5.2 "A 时间"构式的总体特征

5.2.1 数据检索

为了获得"A 时间"构式 A 槽位形容词的数据，我们将检索式"a 时间"（代表"A+时间"构式）、"a 的时间"（代表"A 的时间"构式）、"时间 a"（代表"时间+A"构式）和"时间很 a""时间非常 a"（代表"时间很/非常 A"构式）分别输入 BCC 语料库。在"多领域"栏下，"a 时间"共得到 60 819 个频次结果，计算机自动统计出 661 个搭配结果。"a 的时间"共得到 26 697 个频次结果，计算机自动统计出 761 个搭配结果。"时间 a"共得到 30 958 个频次结果，计算机自动统计出 782 个搭配结果。"时间很 a"共有 2 071 个频次结果，计算机自动统计出 162 个搭配结果。"时间非常 a"共有 287 个频次结果，计算机自动统计出 45 个搭配结果。

为了确保数据的有效性，我们重新进入数据库，对进入 A 槽位、但不符合语言直觉的项目逐一进行语境识别和筛查。比如，"A 时间"构式中的"多、好、香、热、精"等形容词与"时间"搭配并不符合汉语使用者的直觉，因此，我们需要进行语境识别，以确定这些形容词和时间搭配是否有效。

5.2.2 数据处理

5.2.2.1 "A+时间"构式的处理

输入"a 时间"检索式，计算机自动生成 661 个"形容词+时间"的搭配结果，但很多搭配并不符合语法和语义要求。例如，"热时间"实际上指的是"退热时间"，"精时间"主要指"输精时间"，"晚时间"在语料库语境中主要指"半晚时间、每晚时间、一晚时间、整晚时间"，在语义上并非指时间的先后，即晚于规定的时间。

再如，"悲哀时间迫切，但是接下来该怎么办呢"，在这个句子中，悲哀是语气词，在"悲哀"和"时间迫切"之间需要加标点符号。这种现象也可以被看成由于标点符号失误而造成的误用。为了确保形容词和时间搭配的正确性，我们在语料库中输入"a"（形容词）检索符，检索出现代汉语中所有可能的形容词，共有 48 091 119 个频次的形容词。经过手工查询，删除重复出现的形容词，共得到 3 135 个形容词。然后将这 3 135 个"形容词+时间（a 时间）"逐一输入语料库中，剔除所有不合格搭配，发现共有 201 个形容词可以进入"A+时间"构式，合格率约占全部形容词（3 135）的 6.41%。

5.2.2.2 "A 的时间"构式的处理

我们将"a 的时间"输入语料库，共得到 26 697 个结果，计算机自动统计出 716 个搭配结果。"的"是一个标记词，是对其前面的形容词和后面的名词语法关系的界定。尽管如此，我们还是回到语料库中，对 716 个形容词进行语境识别，观察其是否符合"A 的时间"构式的要求。

例如，"久"是一个形容词，但"久的时间"并不符合汉语的表达习惯。语境信息显示，"久"之前需要添加程度副词（如那么、这么、相当、太、很、如此等）才能符合语境要求。同样，"少"这个形容词也需要通过程度副词加以修饰才能进入"A的时间"构式中。这些程度副词包括太、较、更、这么、极、愈来愈等。

"香"尽管也是一个形容词，但语境信息显示，在"香的时间"表达式中，"香"是一个名词。该词与前面的数量词合用构成一个计量时间的单位，而不像形容词一样表达对时间的主观评价，如一炷香的时间、二炷香的时间、三炷香的时间、半炷香的时间等。因此，这样的形容词被认为是无效形容词。

另外，某些形容词除了符合"A+时间"构式，还有其他用法。例如，"晚"如果修饰时间，表示时间晚于规定的时间，和"早"相对。但是，"晚"也可用作量词，修饰时间，如一整晚时间、整晚时间、一晚时间。"晚"还可以用作指示词修饰时间，如那一晚时间、前一晚时间。为了剔除不符合语境要求的"晚的时间"，我们采用"副词/指示词+A 的时间"检索式，查找符合条件的用法。输入"d 晚的时间"（d 表示副词）得到 10 个频次结果，搭配包括：很晚、无论多远多晚、太晚、再晚、还晚、不早不晚、稍晚、更晚。其他起强调作用的表达式主要通过指示词"这、那"+"么"组成。输入"这么晚的时间"共得到 6 个结果，输入"那么晚的时间"共得到 1 个结果。这样，我们可以得到"晚"的形容词用法，其频次为 17，而不是计算机默认的 79。"大"也有类似的情况，其作形容词使用的频次为 24。

其他不符合条件的形容词包括：活（在条件格式中主要作动词）、微博（名词）、真的（副词）、成熟（动名词）、玩乐（动名词）、疼痛（动名词）、平衡（动名词）、热（描写温度等）、痛（动词/名词）、到家（动名词）、最高（程度副词修饰动词或名词，如温度最高、效率最高）、衰老（动名词）、简单（修饰时间表或时间观念等）、足（名词）、旺盛（修饰精力和动词）、干燥（修饰前面的动词）、凉爽（天气）等。

根据以上标准，我们删除了不符合条件的形容词，得到 344 个可以进入"A 的时间"构式的形容词，合格率为 48.04%。

5.2.2.3 "时间A"构式的处理

我们将"时间A"输入语料库，共得到 30 958 个频次结果，计算机自动统计出 728 个搭配结果。我们对 728 个形容词进行语料库语境确认，剔除不合格的搭配，共得到 190 个结果。例如，"好"在"省点时间好"中用于评价"省"这个行为动作的合适性，并没有直接用来修饰"时间"。再比如，在"工作时间不满 12 个月"中，"时间"指的是工作时间，"不满"表示程度关系，用于修饰后面的"12 个月"。这种由于计算机切分失误导致的不合格搭配不符合"时间A"构式要求。再比如"我哪有时间寂寞""他恐怕忙得没时间寂寞"。在这两句中,"寂寞"这个形容词是用来表示动作主体的心情,不是"时间"的本质或特征。因此,这类搭配也不符合"时间A"构式要求。

为了相对系统地理解"A时间"构式中A(形容词)的状况,我们通过副词"很"和"非常"作为标记词,观察这两个常见副词所修饰的形容词的状况。我们输入"时间很A"(代表"时间很A"构式),共得到2 071个频次结果,计算机自动统计得到162个搭配结果。我们输入"时间非常a"(代表"时间非常A"构式),共得到287个频次结果,计算机自动统计得到45个搭配结果。也就是说,我们通过"时间a"("时间+A"构式)和"时间很/非常a"("时间很/非常A"构式)两类构式形式,获得"时间A"构式A槽位可能的形容词。

5.2.3 A槽位原始数据

我们首先统计"A时间"构式家族的3类构式中形容词的总频次,获得进入A槽位形容词的原始数据。

表5.1 "A时间"构式家族A槽位形容词频次汇总

序号	频次	3类构式A(形容词)数量				
		A+时间	A的时间	时间A		
				时间+A	时间很A	时间非常A
1	万次以上	2	—	—	—	—
2	千次以上	3	3	4	—	—
3	百次以上	18	24	18	3	—
4	10—99次	62	92	34	20	3
5	2—9次	72	170	38	27	11
6	1次	44	55	7	14	11
总数		201	344	101	64	25
				190		

表5.1概括了"A时间"3类子构式A槽位形容词的频次,其特点如下。

第一,构式的图式性和能产性。出现在A槽位的形容词从1次到万次以上，全距非常大。这一现象可以说明，"A时间"构式是一个有着固定图式，并具有开放性和能产性的构式。该构式允许符合条件的形容词进入A槽位，共同建立对"时间"概念的理解。

第二，最高频次分布不均。各类构式A槽位形容词的最高频次数量不均，整体呈梯级下降趋势。"A+时间"构式的最高频次出现了2个万次以上的形容词，这是其他两类构式所没有的。"A的时间"构式最高频次为千次以上，出现的形容词共有3个。在"时间A"构式中，"时间+A"构式有4个形容词的最高频次达千次以上。"时间很A"构式的最高频次是百次以上，出现的形容词共有3个。"时间A"构式中"时间非常A"构式的最高频次在10—99次之间，共有3个形容词。

第三，最高频形容词数量有限。从"A时间"的5类子构式（其中，"时间A"构式下设3个子构式，分别是"时间+A""时间很A""时间非常A"）来看，出现频次最高的形容词数量非常有限，分别是：2、3、4、3、3。这一现象表明，高频形容词在构式中都具有典型性和代表性，典型地代表了"A时间"构式的核心意义。

第四，A槽位形容词的开放程度不同。5类子构式A槽位形容词的总数是735个，出现形容词数最多的子构式是"A的时间"构式，共出现344个，其次是"A+时间"构式，共出现201个，出现频次最少的子构式是"时间非常A"构式，共出现25个。尽管每类子构式A槽位的形容词总数各不相同，但低频形容词在3类子构式中占有极大的比率，无论是出现1次的形容词，还是出现2—9次的形容词，都在各自的构式中占有最高的比例。这一现象表明，5类子构式A槽位都具有开放性质，构式的能产性相对较强，都能吸引不同类型的形容词进入各自的构式槽位。

5.3 "A时间"构式的概念化分析

5.3.1 各类子构式中的形容词

在表5.1的基础上，我们对每类子构式中的形容词进行观察，并在语义识别的基础上，对形容词进行语义分类，目的在于获得更加详细的语义信息。

5.3.1.1 "A+时间"构式中的形容词

"A+时间"构式中共有201个形容词,出现的频次高低差别很大,从出现32 778次到出现1次。出现频次万次以上的形容词有2个:长（32 778）、短（10 543）。出现千次以上的形容词有3个:多（5 168）、不同（2 291）、具体（1 210）。出现百次以上的形容词有18个,频次从高到低分别是:好（858）、固定（733）、平均（502）、宝贵（420）、干燥（365）、保温（297）、正常（258）、短暂（243）、有效（235）、相同（175）、自由（167）、统一（164）、不够（159）、有限（155）、适当（149）、准确（136）、老（110）、少（101）。出现10—99次的词有62个,出现2—9次的形容词有72个,出现1次的形容词有44个。"A+时间"构式中的形容词及频次,见表5.2。

表5.2 "A+时间"构式中的形容词及频次

序号	频次	形容词数/个	形容词
1	万次以上	2	长,短
2	千次以上	3	多,不同,具体
3	百次以上	18	好,固定,平均,宝贵,干燥,保温,正常,短暂,有效,相同,自由,统一,不够,有限,适当,准确,老,少
4	10—99次	62	清醒,平衡,久,正确,充分,合理,无聊,充足,重要,稳定,连续,实际,一般,大,多余,最好,关键,漫长,公开,最快,合适,快乐,快,现实,平稳,死,最多,可用,少有,明确,一样,健康,早,特殊,暗,旱,干旱,小,安全,见效,全,激动,详细,绝对,平常,平,精确,自然,开心,正,敏感,适用,困难,繁忙,理想,必要,真实,酸,欢乐,大好,最大,柔软
5	2—9次	72	客观,痛苦,个别,透明,异常,用力,平和,明显,美好,有利,缓,基本,成功,传统,严格,危险,浪漫,主观,鬼,相近,冷,幸福,完整,空,长久,最早,远,实用,疲劳,微小,新,活,方便,独立,极大,精彩,类似,净,快活,拥挤,高,重大,紧张,较大,特别,干净,最小,密,密集,年轻,美丽,旧,易,怪,最新,一致,意外,神秘,轻松,兴奋,安静,努力,秘密,乐观,犹豫,恰当,破,痴,持久,心酸,衰老,悠闲

续表

序号	频次	形容词数/个	形容词
6	1次	44	近，强，舒服，巨大，坏，科学，纯，胖，典型，完美，温柔，直接，寂寞，慢，满，虚，幸运，美，平静，神奇，温暖，独特，孤独，自在，最低，热闹，暖，单一，凉，相似，错误，寒冷，潇洒，灿烂，畅通，美妙，正规，吓人，悲观，随意，伤感，隐蔽，暖和，委屈
总数		201	—

5.3.1.2 "A 的时间"构式中的形容词

"A 的时间"构式中共有 344 个形容词，出现的频次高低差别很大，跨度从出现 5 946 次到出现 1 次。出现频次千次以上的形容词有 3 个：短（5 946）、多（4 642）、长（4 628）。出现百次以上的形容词有 24 个：宝贵（845）、有限（753）、不同（462）、短暂（402）、充分（398）、充裕（369）、久（242）、充足（316）、合适（293）、贵（282）、漫长（247）、多余（236）、适当（230）、多久（288）、好（212）、固定（210）、错误（209）、正确（172）、最快（166）、具体（156）、相同（147）、少（122）、明确（106）、无聊（102）。出现 10—99 次的形容词有 92 个，出现 2—9 次的形容词共有 170 个，出现 1 次的形容词有 55 个。（表 5.3）

表 5.3 "A 的时间"构式中形容词及频次

序号	频次	形容词数/个	形容词
1	千次以上	3	短，多，长
2	百次以上	24	宝贵，有限，不同，短暂，充分，充裕，久，充足，合适，贵，漫长，多余，适当，多久，好，固定，错误，正确，最快，具体，相同，少，明确，无聊
3	10—99次	92	重要，正常，准确，恰当，最好，最少，合理，长久，必要，自由，快乐，过多，尴尬，严格，明显，开心，新，幸福，短促，最多，确切，强，一样，不对，高，清醒，美好，统一，痛苦，早，精确，有效，不必要，安静，特殊，快，沉默，方便，珍贵，集中，宽裕，犹豫，大，完整，无情，活跃，关键，紧张，巨大，忙碌，敏感，对，愉快，平衡，空闲，特别，紧迫，晚，现实，忙，小，稳定，绝对，闲，基本，理想，公开，诡异，可怕，零碎，悠闲，最大，详细，连续，难过，静，寂寞，广阔，黑暗，繁忙，相近，清爽，有利，困难，不错，大多数，较大，微妙，平常，适用，遥远，清晰

续表

序号	频次	形容词数/个	形容词
4	2—9次	170	远，真实，美，美丽，完美，宽松，努力，从容，欢乐，神奇，富裕，平静，科学，热，冷漠，近，琐碎，丰富，紧凑，大好，一致，奢侈，伟大，清静，低迷，健康，简短，悲伤，不够，宁静，生气，实际，极大，冷静，零散，最小，冗长，显著，热闹，危险，相似，和平，严重，神秘，拥挤，可贵，孤独，浪漫，年轻，灵活，最早，惊人，正，散，独立，轻松，模糊，感伤，经济，忧伤，长远，不经意，适时，混乱，安定，烦恼，安全，确实，残酷，寻常，可恶，枯燥，恐惧，糟糕，可靠，甜蜜，空，兴奋，独特，难得，无穷，可怜，充沛，寂静，烦躁，可观，疲劳，苍白，苦闷，焦虑，空白，迅速，失望，疯狂，纯洁，舒服，难忘，复杂，凉，寒冷，遗憾，意外，清闲，难，清淡，类似，艰难，苦，漂亮，深，佳，冷，紧，慢，静谧，旧，静寂，悠久，难堪，有钱，纯净，松弛，实用，开窍，脆弱，密集，有用，偶然，合宜，骄傲，神圣，整，残忍，单调，辛苦，可行，可用，抽象，客观，空洞，准，急迫，奇妙，迟疑，任性，自然，香甜，坏，辉煌，敏锐，一般，差，恶心，强大，狭窄，破碎，满满，微小，缓慢，喜悦，别，辽远，狂，迟迟，像样，体面，紧要，原始，急促，苛刻
5	1次	55	熟，良好，惯常，得意，安稳，光明，明亮，不利，陌生，不景气，艰苦，迫切，高兴，清澈，典型，热烈，融洽，单一，少有，恶劣，带劲，温暖，实在，明晰，渺远，冲动，苦闷，充实，麻木，吃亏，浮躁，亮，懒，公正，恐慌，空虚，虚空，光亮，拘束，久长，硬朗，幽深，有益，友好，杂，悲壮，见效，保守，厚重，自在，肮脏，最坏，缓，欢愉，喜欢
总数		344	—

5.3.1.3 "时间A"构式中的形容词

"时间A"构式可分为3个构式类别："时间+A"构式、"时间很A"构式和"时间非常A"构式。进入"时间+A"构式中A槽位的形容词有101个。其中，出现千次以上的形容词有4个，出现百次以上的形容词有18个，出现10—99次的形容词有34个，出现2—9次的形容词有38个，出现1次的形容词有7个。进入"时间很A"构式A槽位的形容词有64个。其中，出现百次以上的形容词有3个，出现10—99次的形容词有20个，出现2—9次的形容词有27个，出现1次的形容词有14个。进入"时间非常A"构式A槽位的形容词有25个。其中，出现10—99次的形容词有 3 个，出现 2—9 次的形容词有 11 个，出现 1 次的形容词有 11 个。这 3 类构式 A 槽位的形容词和频次，分别见表 5.4、表 5.5 和表 5.6。

表 5.4 "时间+A"构式中形容词及频次

序号	频次	形容词数/个	形容词及频次
1	千次以上	4	长（9 012），短（4 661），久（1 697），紧（1 248）
2	百次以上	18	紧迫（895），不够（817），有限（720），多（605），少（556），不同（518），不对（227），短暂（226），充裕（182），宝贵（179），晚（175），仓促（163），紧张（158），残忍（142），相同（135），一样（131），慢（119），一致（102）
3	10—99 次	34	早（98），快（92），正常（88），充足（64），迟（63），最多（60），漫长（55），紧急（52），长久（52），短促（51），最快（47），相近（45），匆忙（42），合适（40），自由（35），紧迫（33），紧凑（30），持久（30），错误（26），灵活（23），不当（21），正确（21），缓慢（20），无情（20），匆促（20），宽裕（20），合理（17），最早（15），紧促（13），乱（12），珍贵（12），混乱（11），稳定（10），富裕（10）
4	2—9 次	38	错乱（9），急（8），弯曲（7），突然（7），充沛（7），固定（7），从容（6），随意（6），忙（6），充分（5），最少（5），紊乱（5），准（4），具体（4），可贵（4），准确（3），迫切（3），残酷（3），金贵（3），方便（3），紧要（3），拖沓（3），久长（3），凑巧（3），随便（3），意外（3），急促（2），单一（2），冗长（2），恰当（2），清楚（2），不妥（2），真实（2），长远（2），沉闷（2），要紧（2），繁忙（2），特殊（2）
5	1 次	7	分散，诡秘，烦闷，拖拉，稀缺，细碎，零散
	总数	101	—

表 5.5 "时间很 A"构式中形容词及频次

序号	频次	形容词数/个	形容词及频次
1	百次以上	3	短（744），长（484），紧（216）
2	10—99 次	20	宝贵（61），晚（55），紧迫（41），短暂（37），充裕（37），久（34），紧张（24），有限（24），重要（23），残忍（22），关键（18），急迫（18），早（16），尴尬（15），漫长（13），自由（11），随意（11），充足（10），近（10），准时（10）

续表

序号	频次	形容词数/个	形容词及频次
3	2—9次	27	好，紧凑，慢，仓促，珍贵，短促，急，准，累，富裕，热，准确，固定，辛苦，长久，不错，奇妙，快乐，混乱，可怕，宽裕，乱，巧，不够，无聊，闷，稳定
4	1次	14	急促，开心，大方，痛苦，危险，倒霉，健康，零碎，灵活，懒，强大，舒服，要紧，不好过
总数		64	—

表 5.6 "时间非常 A" 构式中形容词及频次

序号	频次	形容词数/个	形容词及频次
1	10—20次	3	紧迫（22），短（15），紧张（11）
2	2—9次	11	有限（9），宝贵（4），重要（4），紧（3），短暂（3），长（3），少（3），短促（3），敏感（2），早（2），确定（2）
3	1次	11	紧凑，充裕，紧急，困难，迫切，难得，匆忙，好，清楚，可贵，容易
总数		25	—

5.3.2 A 槽位形容词分类及特点

我们依据形容词出现的频次，对"A 时间"构式家族的中不同频次段的形容词进行观察，目的在于全面了解参与概念化时间的形容词的类型及特点。

5.3.2.1 "A+时间" 构式 A 槽位形容词的特点

表 5.2 展示了"A+时间"构式 A 槽位形容词的全貌。我们根据每个频次段中的形容词数及形容词语义，对 A 槽位形容词的类别和特点进行概括。

出现万次以上的形容词有 2 个，分别是"长"和"短"。长和短是空间概念，指两点之间的距离。如两点之间的距离大，则为"长"；如两点之间的距离小，则为"短"。时间是一个抽象的概念，其理解需要借助具体的、熟悉的概念，即莱考夫和约翰逊（1980）所说的"时空隐喻"或"时间概念空间化"。在"A+时间"构式 A 槽位的形容词中，出现频次最高的形容词分别是"长"和"短"，且"长"的频次是"短"的 2 倍，分别是 32 778 和 10 543。除时空隐喻以外，产生这种现象的原因部分是汉语特有的思维习惯和语用习惯。比如,汉语中有"三长两短"的说法,显然"长"和"短"的区别在数量上存在差异。另外,我们经常会说"长短",而不说"短长",可见,与"短"相比,汉文化中"长"更具有标记性。

为了验证上述看法,我们回到语料库中,输入"多长时间"和"需要多长时间",得到的频次分别是 2 730 和 218。我们输入"多短时间",得到的频次仅有 2 次,仅一个表达式符合条件,见例(1)。

(1) 当我有心事,你不闻不问,无论多短时间,我累了……如果,有一天,我走进你心里,我也会哭,因为那里没有我。(微博)

受思维习惯和语用习惯的影响,在提问、疑惑或求证的过程中,人们通常会使用"(需要)多长时间",而不是"(需要)多短时间"这种表达式。这可能因为在频次方面"长时间"多于"短时间"。

出现千次以上的形容词有 3 个,分别是"多""不同""具体"。"多"是一个数的概念,强调数量大,则为"多",反之则为"少"。时间的数量概念,可能跟时间的量化有关。由于时间没有边界,具有连续性,所以在对时间进行测量时,需要借助数量概念,将时间分隔成量的单位,以便进行统计或计算。

在语料库中,"多"并不能直接用来修饰"时间",通常需要通过副词、量词等手段才能实现。常见的"副词+多+时间"表达式有:那么多、这么多、太多、挺多、够多、更多、相当多、N 多。常见的"量词+多"表达式有:表示年限,如一年多、四年多、十年多、半年多;表示星期,如两周多、三周多等。

(2) 每天都要在关门这件事上,浪费 N 多时间~~(微博)

(3) 我不能在我的学术研究之外浪费太多时间。(龙与地下城 A:UN Y:UN)

(4) 一中晚上开那个会,耗了我那么多时间。不然我复(习)完生物了。(微博)

(5) 有人说:"打这样大的溜矿井,培训专业打井人员最少也得花半年多时间。"(福建日报,1970-12-3)

除了"副词+多+时间"[例(2)—例(4)]、"量词+多+时间"[例(5)],该类表达式还常跟动词"耗费""方法""拥有"类动词搭配,如"浪费/用掉/花了那么/这么/太多时间""占用/花/耗/付出(太)多时间""节省更多的时间"等。这类表达式还可以通过否定形式表示,如"没有太/更多时间""不必/不会花/占太多时间""不会需要太多时间"等。这一现象,也进一步佐证了第 4 章高频动词类别产生的原因(表 4.3)。

第二个出现千次以上的形容词是"不同"。"不同"的意思是不相同、不一样,指两个或多个事物之间存在某些差异性。我们能感知到太阳的东升西落,时间似乎也有了早晨的时间、中午的时间和晚上的时间的差别。尽管这些时间看似不同,从某种程度上来说,时间是同质的,具有相同的内部结构。1点和2点之间的时间与2点和3点之间的时间本质上并没有差别。但是,由于人们的行为、所处的环境及地点会赋予时间特定的含义,因此时间就有了异质的特性。我们可以以太阳的运动为参照,将时间分割成不同的单位。我们也可以按照季节的变化,将时间划分为四个季节。同样,我们也可以按照我们自身的行为和想象来界定时间,给时间划分为不同的单位。因此,在我们的语言系统(时间系统)中,就有了"不同"时间。

第三个出现千次以上的形容词是"具体"。"具体"指细节方面很明确的、不抽象的、不笼统的意思。从本质上讲,"具体"与"不同"在语义上是近似的。如果时间没有被具体化,就不会有个体差异,也不存在比较。

以上分析显示,千次以上的形容词有一个共同特点:时间被具体化为一个个可以切分的个体,这些个体有同质的,也有异质的,或多或少存在某种程度上的差异。并且,这些个体都是可以被量化、被计算的,可以增加,也可以减少。我们可以用概念隐喻概括千次以上形容词的特点,即"时间是具体的、异质的且可以量化的个体"。

出现百次以上的形容词共有18个,频次从高到低分别是:好、固定、平均、宝贵、干燥、保温、正常、短暂、有效、相同、自由、统一、不够、有限、适当、准确、老、少。根据语义特征,这18个形容词具有以下特点。

(1) 表示有优点,使人满意,价值大,如好、宝贵、自由。
(2) 表示不改变、不移动、不流动,按常规方法计算等,如固定、平均、正常、有效、相同、适当、准确、统一。
(3) 表示具体的行为时间,如干燥、保温。
(4) 表示速度快,转瞬即逝,如短暂、不够、有限、少。
(5) 表示原来的、习惯发生的,如老时间。

上述分析表明,"A+时间"构式A槽位形容词,不限于空间上的"长""短",也不限于具体的、可拆分的个体,还涉及价值、行为、计算、速度快、量少、习惯等方面的信息。

出现10—99次的形容词共有62个,频次从高到低分别是:清醒、平衡、久、正确、充分、合理、无聊、充足、重要、稳定、连续、实际、一般、大、多余、最好、关键、漫长、公开、最快、合适、快乐、快、现实、平稳、死、最多、可用、少有、明确、一样、健康、早、特殊、暗、旱、干旱、小、安全、见效、全、激动、详细、绝对、平常、平、精确、自然、开心、正、敏感、适用、困难、繁忙、理想、必要、真实、酸、欢乐、大好、最大、柔软。根据语义特征，这 62 个形容词具有以下特点。

(1) 表示事物的性质，既强调事物重大又有影响，强调事物清晰、具体、明白，同时又强调合乎道理、事理或效用，如重要、关键、必要、正确、明确、详细、精确、合理、合适、适用、见效。

(2) 表示事物之间关系，如平衡关系、对比关系、一般和特殊关系及大小关系，如平衡、稳定、平稳、一样、一般、平、平常、全、正、特殊、绝对、大、小、最大。

(3) 表示量的多少，如充足、充分、多余、最多、可用、少有。

(4) 表示自然关系，如早、暗、旱、干旱、酸、自然、柔软。

(5) 表示速度快慢，如久、漫长、死、快、最快、连续。

(6) 表示既不依赖主观意识，又对未来事物具有想象和希望，如实际、现实、真实、理想。

(7) 表示情感的变化，如无聊、欢乐、大好、最好、快乐、激动、开心。

(8) 表示对事物的主观认识或态度，如困难、繁忙、敏感、健康、清醒、安全、公开。

上述分析显示，10—99 次内出现的 A 槽位形容词出现的范围更广，语域更加宽泛，既涉及事物之间的客观关系，如自然关系、事物之间各种关系及事物的性质，也强调人的主客观意识，如对事物认识、态度和情感的变化。

出现 2—9 次的形容词共有 72 个，频次从高到低分别是：客观、痛苦、个别、透明、异常、用力、平和、明显、美好、有利、缓、基本、成功、传统、严格、危险、浪漫、主观、鬼、相近、冷、幸福、完整、空、长久、最早、远、实用、疲劳、微小、新、活、方便、独立、极大、精彩、类似、净、快活、拥挤、高、重大、紧张、较大、特别、干净、最小、密、密集、年轻、美丽、旧、易、怪、最新、一致、意外、神秘、轻松、兴奋、安静、努力、秘密、乐观、犹豫、恰当、破、痴、持久、心酸、衰老、悠闲。根据语义特征，这 72 个形容词具有以下特点。

(1) 表示事物抽象的关系，如主客观关系、一般与特殊、近似类似关系等，如客观、主观、个别、特别、透明、明显、基本、严格、相近、类似、一致、完整、独立、神秘、秘密、鬼、怪。

（2）表示人的各种身体、心理感觉和情感态度，如美好、浪漫、幸福、精彩、快活、轻松、兴奋、安静、乐观、年轻、美丽、缓、悠闲、犹豫、疲劳、紧张、异常、危险、意外、痴、痛苦、心酸、衰老。

（3）表示通过特定的方式获得结果，如用力、努力、平和、有利、成功、实用、方便、恰当、易。

（4）表示值得肯定的事物，如传统、长久、最早、重大、持久。

（5）表示事物间的各种关系，如冷、活、新、最新、旧、破、净、干净、空、远、微小、最小、极大、较大、高、密、密集、拥挤。

上述分析表明，出现在"A+时间"构式 A 槽位中的形容词涉及多种关系，如抽象事物之间的关系、具体事物之间的关系，强调事物的价值和获取结果的行为方式。同时，A 槽位形容词还特别关注人的感觉与情感态度。可见，出现在 2—9 频次段中的形容词不仅数量最多，而且涉及的语义范围和语域范围也很广，并且更加多样。

出现 1 次的形容词共有 44 个，根据语义特征，这 44 个形容词具有以下特点。

（1）表示事物的关系，相近还是相异，如近、纯、相似、单一、直接、畅通、隐蔽。

（2）表示事物的科学性、奇特性，如科学、典型、独特、神奇、美妙、正规、错误、最低。

（3）表示人的身体特征、体积大小，如胖、满、虚、慢、强、巨大。

（4）表示天气变化，如凉、暖、寒冷、灿烂、暖和、温柔、温暖。

（5）表示人的各种身体、心理感觉和情感态度，如舒服、完美、美、幸运、平静、自在、潇洒、随意、热闹、寂寞、孤独、悲观、伤感、委屈、坏、吓人。

上述分析显示，出现在 1 频次段 A 槽位中的形容词也涉及多种关系，如表示事物的相似、相近关系，表示事物的科学性，表示人的身体特征、天气变化和人的身体与心理感觉及情感态度。尽管有些语义范畴与其他频次段有重叠，但该频次段中的形容词涉及的范围更广，而且都是出现 1 次的形容词。这种现象表明"A+时间"构式是极具开放性的构式，这也进一步说明，在"A 时间"构式的图式性增加的同时，该构式的能产性和语义兼容性也增强了。

5.3.2.2 "A 的时间"构式 A 槽位形容词的特点

我们根据表 5.3，对"A 的时间"构式每个频次段中的形容词的语义特点进行分析。

出现千次以上的形容词有 3 个,分别是"短""多""长"。与"A+时间"构式一样,"长"和"短"也是出现频次最高的形容词。但在"A 的时间"构式 A 槽位中,还出现了一个形容词"多"。多,即数量大,跟"少"相对。可见,除了空间上的长、短,"A 的时间"构式还把时间作为可以量化的个体,个体越多,数量就越大。

出现百次以上的形容词共有 24 个,频次从高到低分别是:宝贵、有限、不同、短暂、充分、充裕、久、充足、合适、贵、漫长、多余、适当、多久、好、固定、错误、正确、最快、具体、相同、少、明确、无聊。根据语义特征,这 24 个形容词具有以下特点。

(1) 表示有优点,使人满意,价值大,如好、宝贵、贵。

(2) 表示按常规方法计算等,如固定、正确、相同、不同、明确、合适、适当、具体、错误。

(3) 表示数量多寡,如充分、充裕、充足、多余、有限、少、久。

(4) 表示速度关系,如短暂、漫长、多久、最快。

(5) 表示人的心情,如无聊。

上述分析表明,"A 的时间"构式 A 槽位形容词不限于空间上的"长、短"和数量上的多寡、持续时间的快慢、计算方法的恰当,还可以表示事物的价值及人的心态。

出现 10—99 次的形容词共有 92 个,频次从高到低分别是:重要、正常、准确、恰当、最好、最少、合理、长久、必要、自由、快乐、过多、尴尬、严格、明显、开心、新、幸福、短促、最多、确切、强、一样、不对、高、清醒、美好、统一、痛苦、早、精确、有效、不必要、安静、特殊、快、沉默、方便、珍贵、集中、宽裕、犹豫、大、完整、无情、活跃、关键、紧张、巨大、忙碌、敏感、对、愉快、平衡、空闲、特别、紧迫、晚、现实、忙、小、稳定、绝对、闲、基本、理想、公开、诡异、可怕、零碎、悠闲、最大、详细、连续、难过、静、寂寞、广阔、黑暗、繁忙、相近、清爽、有利、困难、不错、大多数、较大、微妙、平常、适用、遥远、清晰。根据语义特征,这 92 个形容词具有以下特点。

(1) 表示事物的性质,既强调事物重大而有影响,强调事物清晰、具体、明白,同时又强调合乎道理、事理或效用,如重要、正常、准确、精确、确切、详细、恰当、合理、适用、方便、有效、有利、不错、严格、明显、一样、统一、相近、对、不对、特殊、特别、绝对、集中、完整、关键、稳定、平衡。

（2）表示事物之间关系，即平衡关系、对比关系、一般和特殊关系及大小关系，如长久、强、高、大、巨大、小、最大、广阔、较大。

（3）表示量的多少，如最少、过多、最多、宽裕、零碎、大多数。

（4）表示自然关系，如新、早、晚、静、黑暗、清爽、清晰、遥远。

（5）表示速度关系，如快、连续、短促。

（6）表示既不依赖主观意识，又对未来事物具有想象和希望，如现实、基本、理想、公开、自由。

（7）表示情感的变化，如开心、幸福、愉快、快乐、尴尬、犹豫、无情、紧张、安静、紧迫、可怕、难过、清醒。

（8）表示对事物的看法和态度，如最好、珍贵、必要、不必要、美好、痛苦、沉默、寂寞、活跃、忙碌、忙、繁忙、空闲、闲、悠闲、敏感、诡异、困难、微妙、平常。

上述分析显示，10—99次内出现的A槽位形容词的范围更广，语域更加宽泛，既涉及事物之间的各种客观关系，如自然关系、数量关系、速度关系，事物之间各种关系，包括平衡关系、对比关系、一般与特殊关系、大小关系及事物的性质，也强调人的主客观意识，如对事物的态度和情感变化。

出现2—9次的形容词共有170个，频次从高到低分别是：远、真实、美、美丽、完美、宽松、努力、从容、欢乐、神奇、富裕、平静、科学、热、冷漠、近、琐碎、丰富、紧凑、大好、一致、奢侈、伟大、清静、低迷、健康、简短、悲伤、不够、宁静、生气、实际、极大、冷静、零散、最小、冗长、显著、热闹、危险、相似、和平、严重、神秘、拥挤、可贵、孤独、浪漫、年轻、灵活、最早、惊人、正、散、独立、轻松、模糊、感伤、经济、忧伤、长远、不经意、适时、混乱、安定、烦恼、安全、确实、残酷、寻常、可恶、枯燥、恐惧、糟糕、可靠、甜蜜、空、兴奋、独特、难得、无穷、可怜、充沛、寂静、烦躁、可观、疲劳、苍白、苦闷、焦虑、空白、迅速、失望、疯狂、纯洁、舒服、难忘、复杂、凉、寒冷、遗憾、意外、清闲、难、清淡、类似、艰难、苦、漂亮、深、佳、冷、紧、慢、静谧、旧、静寂、悠久、难堪、有钱、纯净、松弛、实用、开窍、脆弱、密集、有用、偶然、合宜、骄傲、神圣、整、残忍、单调、辛苦、可行、可用、抽象、客观、空洞、准、急迫、奇妙、迟疑、任性、自然、香甜、坏、辉煌、敏锐、一般、差、恶心、强大、狭窄、破碎、满满、微小、缓慢、喜悦、别、辽远、狂、迟迟、像样、体面、紧要、原始、急促、苛刻。根据语义特征，这170个形容词具有以下特点。

（1）表示事物抽象的关系，如主客观关系、一般与特殊、近似类似关系等，如真实、实际、科学、抽象、空洞、客观、偶然、神奇、神秘、奇妙、独特、整、零散、显著、独立、经济、确实、可靠、类似、相似、一致、正、准、一般。

（2）表示人的各种身体、心理感觉和情感态度，有以下类别。

① 容颜：漂亮、美、美丽、体面、像样、完美。

② 快乐的心态：欢乐、喜悦、甜蜜。

③ 悲伤烦闷的情绪：悲伤、生气、冷漠、冷静、孤独、感伤、忧伤、失望、遗憾、烦恼、苦闷、焦虑、糟糕、枯燥、单调。

④ 淡定放松的心态：从容、安定、轻松、任性、松弛、舒服、清闲。

⑤ 激动喜悦的心态：兴奋、烦躁、疯狂、狂。

⑥ 让人害怕或让人难以忘记的情绪：恐惧、惊人、意外、难忘、迟疑、难堪。

⑦ 让人讨厌的情绪：恶心、可恶、残忍、残酷、苛刻。

⑧ 表示做事费劲：难、艰难、疲劳、辛苦。

⑨ 表示不够坚强：可怜、苍白、脆弱。

⑩ 不同口味：苦、香甜、自然。

⑪ 其他特征：年轻、灵活、浪漫、骄傲、开窍、敏锐、有钱、健康。

（3）表示通过合适的方式获得结果，如努力、不经意、适时、实用、有用、合宜、可行、可用。

（4）表示对事物肯定或否定的判断，如大好、佳、伟大、不够、极大、可观、强大、紧要、可贵、难得、和平、安全、寻常、神圣、辉煌、危险、严重、坏、差。

（5）表示具体事物之间的远近、大小关系，如远、近、冗长、长远、别、辽远、微小、最小。

（6）表示速度的快慢，如简短、迅速、紧、慢、急迫、满满、缓慢、迟迟、急促。

（7）表示事物的性质，有以下类别。

① 表示事物间的间隔：琐碎、紧凑、狭窄、密集、拥挤、散、破碎、宽松、复杂、空、深、无穷、空白。

② 表示冷热程度：热、凉、冷、寒冷、热闹。

③ 表示安静的状态：平静、清静、宁静、静谧、寂静、静寂、低迷。

④ 表示事物的久远程度：旧、最早、悠久、原始。

⑤ 表示种类多、数量大：丰富、充沛、富裕、奢侈。

⑥ 表示事物的纯洁程度：纯洁、清淡、纯净、模糊、混乱。

上述分析表明，出现在"A 的时间"子构式 A 槽位中的形容词的语义范围广，至少涉及 7 个语义范畴，且同一语义域中不同事物之间也展现出错综复杂的关系。

出现 1 次的形容词共有 55 个，即熟、良好、惯常、得意、安稳、光明、明亮、不利、陌生、不景气、艰苦、迫切、高兴、清澈、典型、热烈、融洽、单一、少有、恶劣、带劲、温暖、实在、明晰、渺远、冲动、苦闷、充实、麻木、吃亏、浮躁、亮、懒、公正、恐慌、空虚、虚空、光亮、拘束、久长、硬朗、幽深、有益、友好、杂、悲壮、见效、保守、厚重、自在、肮脏、最坏、缓、欢愉、喜欢。根据语义特征，这 55 个形容词具有以下特点。

（1）表示事物的关系，相近或相异，如渺远、久长、幽深、缓、典型、单一、杂。

（2）表示事物的科学性，如惯常、公正、有益、见效、保守、厚重、艰苦、悲壮。

（3）表示自然环境，如亮、光明、明亮、光亮、清澈、明晰、温暖。

（4）表示人的各种身体状态、心理感受、情绪变化、人品、人际关系等，有以下类别。

① 心情愉悦：得意、安稳、高兴、热烈、融洽、欢愉、喜欢、友好。
② 情绪低落：空虚、虚空、麻木、苦闷。
③ 情绪激动：浮躁、恐慌、迫切、带劲、冲动。
④ 身体状态：硬朗。
⑤ 人品特征：实在、吃亏。
⑥ 人际关系：陌生、熟、拘束、自在。

（5）表示对事物肯定或否定的判断，如良好、不景气、少有、不利、充实、最坏、恶劣、肮脏。

上述分析显示，出现在 1 频次段 A 槽位中的形容词也涉及多种关系，如表示事物的相似、相近关系，表示事物的科学性，表示自然环境的光明清澈，表示对事物肯定或否定的判断。在这个频次段，表示人的各种身体状态尤其是人的身体、心理感受、情绪变化的形容词占比较大。值得一提的是，此频次段还出现了人品和人际关系等方面的形容词，用于表达对时间的认识。可见，与"A+时间"构式一样，"A 的时间"构式也是一个极具开放性的构式类型。"A 的时间"构式的参与，增加了"A 时间"构式家族成员的丰富性，在图式性加强的同时，也增强了该构式的能产性和语义兼容性。

5.3.2.3 "时间 A"构式 A 槽位形容词的特点

(1) "时间+A"构式 A 槽位形容词的特点。

出现千次以上的形容词有 4 个,频次从高到低分别是:长(9 012)、短(4 661)久(1 697)、紧(1 248)。"长"和"短"与"A+时间"构式和"A 的时间"构式中的情况相似,这里不再重复。"久"跟"暂"相对,表示时间长的意思。"紧"与"松"相对,表示物体受到几方面的拉力或压力以后所呈现的状态。"时间紧"表示时间短,时间不够宽裕。

出现百次以上的形容词有 18 个,频次从高到低分别是:紧迫、不够、有限、多、少、不同、不对、短暂、充裕、宝贵、晚、仓促、紧张、残忍、相同、一样、慢、一致。这组形容词有以下几个特点。

①强调数量少,导致时间不够、紧张或珍贵,如少、不够、有限、短暂、紧迫、仓促、紧张、宝贵。

②强调数量多,导致时间宽裕,如多、充裕、慢。

③强调事物之间的比较和对比关系,如不同、相同、一样、一致、不对。

④表示比规定的或合适的时间靠后,如晚。

⑤表示一种暴行或一种冷漠无情、残酷的感情,如残忍。

出现 10—99 次的形容词有 34 个,频次从高到低分别是:早、快、正常、充足、迟、最多、漫长、紧急、长久、短促、最快、相近、匆忙、合适、自由、紧迫、紧凑、持久、错误、灵活、不当、正确、缓慢、无情、匆促、宽裕、合理、最早、紧促、乱、珍贵、混乱、稳定、富裕。这组形容词有如下特点。

①表示时间长短、速度快慢,如长久、持久、漫长、短促、快、最快、迟、早、最早、缓慢。

②表示急迫,没有拖延的余地,如紧急、紧迫、紧凑、紧促、匆促、匆忙。

③表示不缺乏,还有富余,如充足、宽裕、最多、富裕。

④表示顺应客观规律的发展,与社会规约吻合,如正常、相近、合适、正确、合理、自由、灵活、稳定。

⑤表示不正确,与客观事实或道德规范不符,如错误、不当、乱、混乱。

⑥表示没有情义,没有感情,如无情。

⑦表示价值高,意义重大,如珍贵。

出现 2—9 次的形容词有 38 个，频次从高到低分别是：错乱、急、弯曲、突然、充沛、固定、从容、随意、忙、充分、最少、紊乱、准、具体、可贵、准确、迫切、残酷、金贵、方便、紧要、拖沓、久长、凑巧、随便、意外、急促、单一、冗长、恰当、清楚、不妥、真实、长远、沉闷、要紧、繁忙、特殊。这组形容词有如下特点。

① 表示短促、速度快，出乎意料，如急、突然、急促。

② 随着自己的意愿，不受拘束，或者遇到自己希望或不希望的事情，如从容、随意、方便、随便、凑巧、意外。

③ 表示充足，如充沛、充分。

④ 表示不抽象，不笼统，细节很明确，如具体、准、准确、恰当、清楚、真实。

⑤ 表示量少，如最少。

⑥ 表示处在特定的位置，能/不能变动，如固定、弯曲、单一、特殊。

⑦ 表示值得珍视、看重或值得倡导，如可贵、金贵。

⑧ 表示没空闲，急迫、急速地做事情，如忙、繁忙、紧要、要紧、迫切。

⑨ 表示无次序，失去常态，如错乱、紊乱。

⑩ 表示做事拖拉，不爽利，如拖沓、沉闷、冗长、不妥。

⑪ 表示时间和距离远，如久长、长远。

⑫ 表示凶狠无情，如残酷。

出现 1 次的形容词共 7 个，分别是：分散、诡秘、烦闷、拖拉、稀缺、细碎、零散。这几个形容词有以下特点。

① 表示行动迟缓，不能抓紧时间完成，如拖拉。

② 表示不集中、散乱，如分散、细碎、零散。

③ 表示可用资源相对不足，如稀缺。

④ 表示隐秘，不易捉摸，如诡秘。

⑤ 表示心里憋闷，心情不畅快，如烦闷。

以上分析显示，"时间+A"构式 A 槽位形容词呈多样化趋势：除了表示空间距离大小、远近，表示数量多寡，表示事物之间的主客观比较和对比关系等概念的形容词也大量出现。另外，表示社会规范、反映社会价值和道德品质等方面的形容词也占一定的比例。

（2）"时间很 A"构式 A 槽位形容词的特点。

与 "A+时间" 构式、"A 的时间" 构式和 "时间+A" 构式中的高频形容词一样，"时间很 A"构式 A 槽位的最高频形容词（百次以上），也包括

"短""长""紧"。"长"和"短"是空间概念，指两点之间的距离大或小。在量化时间的过程中，人们通常使用空间概念的长短来测量。所以，当时间量不足的情况下，空间两端之间的距离就会显得很小，进而缺少了可以自由活动的张力。从这层意义来说，时间"紧"可以被看成空间义的一种隐喻性延伸。

出现10—99次的形容词有20个，根据频次高低分别是：宝贵、晚、紧迫、短暂、充裕、久、紧张、有限、重要、残忍、关键、急迫、早、尴尬、漫长、自由、随意、充足、近、准时。根据语义特征，这些形容词有以下特点。

① 表示拥有程度，如宝贵、充裕、充足、有限。

② 表示速度关系，如晚、早、紧迫、急迫、紧张、短暂、近久、漫长。

③ 表示对处理事务的态度，如尴尬、自由、随意、准时、重要、关键。

④ 表示狠毒野蛮的行为，如残忍。

出现2—9次的形容词有27个，根据频次高低，分别是：好、紧凑、慢、仓促、珍贵、短促、急、准、累、富裕、热、准确、固定、辛苦、长久、不错、奇妙、快乐、混乱、可怕、宽裕、乱、巧、不够、无聊、闷、稳定。这些形容词有以下特点。

① 表示心理和身体状态，如好、快乐、不错、奇妙、巧、累、热、辛苦、无聊、闷、可怕。

② 表示行为处理的关系，如紧凑、仓促、短促、急、慢、长久、混乱、乱。

③ 表示拥有的程度，如珍贵、富裕、宽裕、不够。

④ 表示有固定的标准，如准、准确、固定、稳定。

出现1次的形容词有14个，其特点如下。

① 表示行为状态紧急、灵活或懒散，如急促、要紧、零碎、灵活、懒。

② 表示身体或心理状态，如开心、大方、舒服、健康、强大、痛苦、倒霉、危险、不好过。

以上分析显示，"时间很A"构式A槽位的形容词出现的语义范围非常广，形容词类别非常丰富，包括空间关系、对事物的拥有程度、速度关系、行为关系。除此之外，A槽位形容词还包括身体和心理状态、行为处理的方式及标准。

(3)"时间非常 A"构式 A 槽位形容词的特点。

在"时间非常 A"构成中,出现 10 次以上的形容词共 3 个,根据频次的高低,分别是:紧迫、短、紧张。"紧迫"用来形容事物的紧急迫切状态;"紧张"指精神处于高度准备状态;"短"指的是空间概念,表示两端之间的距离小,喻指时间少。表示时间的紧迫、紧张都与"短"有关系,即由于时间少或时间不够,人们精神紧张。如果说"短"是时空隐喻的映射,那么"紧迫"和"紧张"则是时空隐喻的进一步隐喻化所致。

出现 2 次以上的形容词共有 11 个,根据频次的高低,分别是:有限、宝贵、重要、紧、短暂、长、少、短促、敏感、早、确定。这些形容词有以下特点。

① 强调时间少而紧迫,如紧、短暂、短促、少。
② 强调时间珍贵,如有限、宝贵、重要、敏感、确定。
③ 表示未到规定的时间,如早。

出现 1 次的形容词有 11 个,其特点如下。
① 表示紧迫或充裕,如紧凑、紧急、匆忙、迫切、充裕。
② 表示有价值,如好、可贵、难得。
③ 表示难易程度,如容易、困难、清楚。

上述分析显示,"时间非常 A"构式 A 槽位的形容词总体围绕"短"(空间距离小)这一意义展开,是"短"义的进一步隐喻化。"时间非常 A"构式中的形容词虽然数量有限,相对其他构式类型而言,都属于相对低频形容词。但程度副词"非常"限定下的形容词特点,在一定程度上与人们的神经系统紧张、身体肌肉紧张及处理棘手事情紧迫有直接关系。低频形容词的大量出现,表明该构式的语义宽容度在逐渐增加,构式的图式性在逐渐增强。

5.3.3 "A 时间"构式的概念化

与名词、动词一样,形容词是另一个参与概念化时间的词汇类型。那么,形容词在时间概念化中是否也有自身的特点?为了回答这个问题,我们首先从"A 时间"各子构式的高频形容词出发,观察形容词概念化时间的原型特点。在此基础上,根据形容词和子构式的吸引关系,结合 5.3.2 小节的分析,观察 A 槽位形容词概念化时间的认知路径。

5.3.3.1 空间关系原型

原型代表着物体自身特征的形状,是指原始的类型或模型。在认知语言学中,原型通常指范畴化过程中的中心性,其他成分属于边缘成分。边缘成分与原型存在或多或少的相似性，或者说是家族相似性。寻找 A 槽位形容词原型，有利于把握"A 时间"构式概念化时间的脉络，获得形容词在概念化时间过程中的认知特点。

依据表 5.1，我们发现尽管 5 类构式（"时间 A"构式包括 3 类构式）的最高频形容词在频次方面差别很大，从万次以上到 10 次以上不等，但这些最高频形容词有一些共同特征。为了观察方便，我们将 5 类子构式最高频形容词进行了整理，见表 5.7。

表 5.7　5 类子构式最高频形容词

序号	频次	形容词数/个	子构式 A 槽位形容词				
			A+时间	A 的时间	时间 A		
					时间+A	时间很 A	时间非常 A
1	万次以上	2	长（32 778） 短（10 543）	—	—	—	—
2	千次以上	7	—	短（5 946） 多（4 642） 长（4 628）	长（9 012） 短（4 661） 久（1 697） 紧（1 248）	—	—
3	百次以上	3	—	—	短（744） 长（484） 紧（216）	—	—
4	10 次以上	3	—	—	—	—	紧迫（22） 短（15） 紧张（11）

表 5.7 清晰地概括了 5 类子构式最高频形容词的频次、词数和词类等信息。概括地说，这 5 类子构式最高频形容词有以下几个特点。

（1）数量少。最高频形容词是指每类子构式中出现频次最高的形容词。在这 5 类子构式中，共出现 15 个最高频形容词，分别是：万次以上 2 个，千次以上 7 个，百次以上 3 个，10 次以上 3 个。

（2）语义范围集中。语义集中指的是上述 15 个出现在不同子构式中的形容词，在语义上表现出接近或近似。在"A 时间"子构式中出现 2 个（长、短），在"A 的时间"构式中出现 3 个（短、多、长），在"时间+A"构式中出现 4 个（长、短、久、紧），在"时间很 A"子构式中出现 3 个（短、长、紧），在"时间非常 A"子构式中出现 3 个（紧迫、短、紧张)。可见,各类子构式A槽位中的最高频形容词存在重复现象。这些最高频形容词共7个:长、短、多、久、紧、紧迫、紧张。这7个形容词语义相对集中,主要包括空间上的"长""短",数量上的"多",心理上的"久",以及神经上的"紧""紧迫""紧张"。

(3) 空间原型。空间是物质存在的一种客观形式,由长度、宽度、高度和大小表现出来。上述7个出现在5类子构式的最高频形容词中,只有"长""短"属于典型的空间概念。因此,形容词"长""短"可以看成空间概念化的原型。

一方面,"长""短"在子构式中出现的频次高于其他任何形容词频次。"长""短"在"A时间"子构式中出现的频次分别是32 778和10 543,在"A的时间"子构式中的频次分别是4 628(长)和5 946(短),在"时间+A"子构式中的频次分别是9 012(长)和4 661(短),在"时间很A"子构式中的频次分别是484(长)和744(短),在"时间非常A"子构式中的频次分别是15(短)和3(长)。这里需要解释一下,"长"在"时间非常A"子构式中并不是最高频形容词。高频词通常被认为已经规约化或概念化的标志。从范畴化的角度看,高频词通常被理解为范畴的中心或典型范畴。

另一方面,"长""短"的空间原型,还可以从形容词与5类子构式的吸引关系中得到验证。通过对5类子构式A槽位的735个形容词进行统计分析,我们发现,仅有7个形容词能同时进入5类子构式中。这些形容词包括:短、短暂、长、有限、早、紧张、宝贵。这一现象表明,这7个形容词与"A时间"构式有极高的吸引关系。从某种程度上说,这些形容词构成了"A时间"构式的核心义。从频次效应来看,"短""长"在"A时间"构式中出现的频次极高,同时又对5类构式具有强吸引力,因而"短""长"可以看成"A时间"构式的原型概念。其他词汇或多或少受"短""长"义的影响,通过隐喻等认知手段进入"A时间"构式中。

正如5.3.2小节所分析,"长""短"是空间概念,用空间概念解释时间概念,是时空概念隐喻的基本路径。我们认为,如果时空隐喻已经固化为一种基本的思维方式,或者说时-空隐喻已经规约化,那么此类隐喻就有可能成为"死喻"(dead metaphor),就像"山脚""山腰""山顶"一样。所谓"近取诸身,远取诸物",强调的是人与自然和谐相处的"天人合一"观念。我们以自身周围可见、可感知之物为依据,观察并认识世界。利用空间认识时间,已经成为我们概念系统认知的一部分。如果在"A时间"构式中,"短""长"空间概念是隐喻化时间的原型概念,那么,有没有可能在"短""长"空间隐喻的基础上进一步隐喻,并衍生出二级隐喻、三级隐喻?除了空间隐喻,A槽位时间概念化还有哪些隐喻现象?也就是说,A槽位形容词主要采用了哪些隐喻手段,实现了对时间的概念化?

对上述问题的回答,能够帮助我们了解形容词在概念化时间中空间概念及其意义延伸对理解时间的作用。我们围绕"长""短"两个形容词观察空间概念的进一步隐喻延伸,并在此基础上补充说明概念化时间的其他实现途径。

5.3.3.2 物理空间的隐喻性延伸

空间隐喻延伸是指在空间概念"长"和"短"隐喻时间的同时,有某些相关概念同时作用于对时间的理解。我们将这里的空间隐喻延伸理解为物理空间的隐喻性延伸,以区别认知空间的隐喻性延伸。依据5.3.2小节的分析,我们发现了物理空间环境下时间概念隐喻性延伸的路径,如图5.2所示。

图5.2 物理空间的隐喻性延伸

如图5.2显示,在"A时间"构式环境下,A槽位形容词沿着物理空间,从物体长短、数量多少和速度快慢的角度来理解时间,并出现多层次隐喻性延伸。

(1)物体的长短,即上面分析的空间概念原型"长""短",如长、短。

(2)物理空间还包括对物体的大、小、高及物体的密集程度等物理特征的描写,如小、微小、最小、大、较大、极大、巨大、最大、高、密、密集、拥挤、空。

(3)物体间远距和近距的描写,如远、近、冗长、长远、辽远。

实际上,物体的长短分别延伸出数量上的多少和速度上的快慢。从数量上来说,长即多,短即少。从速度上说,长即慢,短即快。

(1)数量上的多,如多、充足、充分、多余、充裕、多余、过多、宽裕、最多。

(2)数量少的少,如少、有限、零碎、不够、最少。

(3)速度上的快,如快、短暂、短促、简短、迅速、最快、紧、急迫、急促。

(4)速度上的慢,如慢、漫长、缓慢、迟迟、久、连续。

5.3.3.3 认知空间的隐喻性延伸

认知空间是指个人在日常生活中通过对客观物质环境的学习而逐步认知的空间。我们将认知空间理解为通过认知加工，形成对事物或现象的判断和评价。我们将这种判断和评价理解为对事物本质的认识、对事物进行主客观评价及人的情感态度。

图 5.3 显示，在"A 时间"构式环境下，A 槽位形容词沿着认知空间，从对事物的客观判断到事物的主观评价再到情感态度，构成了理解时间的隐喻链，或者说理解时间的隐喻性延伸。

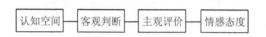

图 5.3 认知空间的隐喻性延伸

客观判断，指对事物做出不受主观因素制约的判断。所谓不受主观因素制约，主要有以下几个方面的表现。

(1) 对事物的性质、性状做出科学、客观的界定和评判，如科学、重要、关键、正确、明确、详细、精确、合理、合适、适用、见效、实际、现实、真实、理想。

(2) 不依赖主观意识，又对未来事物具有想象和希望，如现实、基本、理想、公开、自由、真实、实际、抽象、空洞、偶然、神奇、神秘、奇妙、独特、整、零散、显著、独立、经济、确实、可靠、类似、相似、一致、正、准、一般。

(3) 通过合适的方式获得结果，如用力、努力、平和、有利、有用、实用、可行、可用、成功、方便、恰当、易、不经意、适时、合宜。

(4) 对自然环境做出客观描写，如热、凉、冷、寒冷、活、新、最新、旧、破、净、干净、早、暗、旱、干旱、酸、自然、柔软、新、早、晚、静、黑暗、清爽、清晰、亮、光明、明亮、光亮、清澈、明晰、温暖等。

主观评价，是指从个人的角度去评价，带有个人的感情色彩，有时是片面的、武断的。主要有以下两个方面的表现。

(1) 表示对处理事务的态度：困难、繁忙、尴尬、自由、随意、准时、重要、关键。

(2) 表示行为处理的关系：紧凑、仓促、短促、急、慢、长久、混乱、乱。

情感态度是情感和态度这一整体中的一部分，它与态度中的内心感受、意向具有协调一致性，是态度在生理上一种较复杂而又稳定的生理评价和体验。情感包括道德感和价值感两个方面，具体表现为爱情、幸福、仇恨、厌恶、美感等。主要有以下几个方面的表现。

（1）身体特征：漂亮、美、美丽、体面、衰老、硬朗、年轻。

（2）心理状态。

① 积极乐观：乐观、美好、浪漫、幸福、精彩、融洽、友好。

② 轻松从容：从容、安定、安静、轻松、松弛、舒服、清闲、悠闲、无聊、得意、安稳、任性、自在。

（3）情绪变化。

① 悲伤失望：悲伤、生气、冷漠、冷静、孤独、感伤、忧伤、失望、遗憾、糟糕、枯燥、单调、心酸、痛苦。

② 激动喜悦：激动、高兴、开心、快乐、快活、欢乐、欢愉、兴奋、喜悦、喜欢、甜蜜。

③ 害怕惊恐：恐惧、惊人、意外、难忘、迟疑、犹豫、难堪。

④ 厌恶讨厌：恶心、可恶、残忍、残酷、苛刻。

⑤ 烦恼狂躁：烦恼、苦闷、焦虑、烦躁、疯狂、狂、痴、紧张。

"A时间"构式在概念化时间中，主要借用空间上的"短"和"长"形成对时间义的原型理解，并在此基础上出现物理空间和认知空间多个层次的隐喻性延伸。物理空间层面上的隐喻性延伸将物体的长短扩展到数量上的多少和速度上的快慢等概念上。认知空间层面上的隐喻性延伸是对物理空间延伸的升华，主要通过客观判断、主观评价和情感态度等手段完成对"A时间"构式义的认知加工。

6 "Q 时间"构式

本章继续以"时间"为节点，观察量词对时间义形成的影响。通过语料库数据，我们发现"量词+时间"（Q+时间）这样的表达式也存在一个家族。我们将带有量词的时间表达式称为"Q 时间"构式，将 Q 的各种变体形式组成的构式类型，称为构式家族。通过对构式家族中 Q 槽位量词的检索、统计与分析，我们发现了用来量化时间的量词类型和特点，在此基础上，结合量词的特点，概括出"Q 时间"构式义产生的认知因素及特点。

"Q 时间"构式家族

量词是一种计量单位，可以将名词（具体或抽象）赋予单位，并进行计量或统计，如一串葡萄、一包香烟、一把米、一碗水等。时间无色无形，为了对时间进行有效管理，包括计算和统计，人们常常给时间设置边界，赋予一定的单位，并进行计量或统计。可见，量词与名词、动词和形容词一样，也是时间概念化的一种重要手段。

我们将 q（量词）输入 BCC 语料库，可以得到 29 683 427 用法频次，统计共有 685 个量词。为了发现量词与时间的关系，我们首先假定"量词+时间"是一种形-义配对的构式（"Q 时间"构式），是计量时间、表达时间意义的语言单位。我们通过对 685 个量词进行人工识别，发现了能够与"时间"搭配的量词类型，并得到"Q 时间"构式家族的 4 个子构式："Q+时间"构式、"Q 的时间"构式构、"一 QN 时间"构式和"一 QN 的时间"构式。"Q 时间"构式家族及其子构式类型，如图 6.1 所示。

图 6.1 显示，4 个子构式包含了量词（Q）与时间关系的不同层面："量词+时间"，如段/年/天时间；"量词+的+时间"，如年/天/分钟的时间；"一+量词+名词+时间"，如一个月/一盏茶/一顿饭时间；"一+量词+名词+的时间"，如一个月/一盏茶/一顿饭的时间。可见，除了构式形式存在细微

的差异,用来量化时间的量词具有重复性。

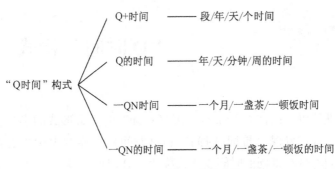

图 6.1 "Q 时间"构式家族

(注:"Q 时间"各子构式中 Q 槽位的量词有部分可能会重复,我们后期会将重复的量词合并,保留符合条件的量词。)

那么,现代汉语中有哪些量词可以用来量化时间?这些量词有什么特点?为了回答上述问题,我们首先观察 4 类子构式中量词的类型和特点,然后总结概括量词在概念化时间中的作用。

"Q 时间"构式的总体特征

语料库只提供输入检索项的全部原始数据,并不能区分这些数据是否符合研究的语境需要,因此我们采用人工识别的方式,对原始数据进行语境识别。对原始数据进行有效处理,便于获得可供分析的有效信息。

6.2.1 数据检索

我们将 4 个子构式的检索式分别输入语料库中,首先得到的是各子构式的总频次。然后通过计算机自动统计,获得各子构式 Q 槽位的量词与"时间"的搭配结果。由于原始数据中存在不符合构式要求的项目,为了确保数据的有效性,我们再次进入数据库,对进入 Q 槽位但不符合语言直觉的项目,逐一进行语境识别和筛查。

事实上,"Q 时间"构式中许多量词并不符合子构式语境,因此需要采用人工识别的方式,剔除这些不合格的项目。例如,在"Q+时间"子构式中,出现了"位""场""件"等量词,这些量词与"时间"搭配并不符合汉语使用者的习惯,因此我们需要进行语境识别,以确定这些量词和时间搭配是否有效。

为了便于统计,我们将构式和检索式进行了区分。检索式是语料库默认的检索方式,量词用小写的 q 表示,对应的构式用大写的 Q 表示。我们用"Q+时间"代表"Q 时间"构式家族下的一个子构式,以示区别。"Q 时间"构式下 4 个子构式的语料库检索式分别是:q 时间、q 的时间、一 qn 时间(n 表示名词)、一 qn 的时间。

6.2.2 数据处理

6.2.2.1 "Q+时间"构式数据处理

我们将"q 时间"输入 BCC 语料库,得到 52 982 个频次结果,计算机自动统计得到 177 个搭配结果。我们将这 177 个量词逐一进行第二次检索,确定每个量词在与"时间"搭配时的不同特征,进而概括进入 Q 槽位的量词及特点;在此基础上,得到量化时间的总体特征和概念化方法。

通过语境检索和识别,我们发现在 177 个量词中,有些量词类别不符合"Q 时间"构式的要求。这些量词包括:位(如寻找停车位时间、最晚留位时间)、场(如暖场时间、开场时间、出场时间、专场时间、离场时间、退场时间、落场时间、串场时间、这是一场时间与耐心的拉锯战)、件(如寄件时间)等。剔除这些在搭配、语义和用法上不符合的量词,"Q+时间"子构式 Q 槽位共有 46 个量词。

6.2.2.2 "Q 的时间"构式数据处理

我们将"q 的时间"输入语料库,得到 16 181 个频次结果,统计出 114 个搭配结果。剔除不合格搭配,如位的时间、场的时间、米的时间、条的时间、件的时间、家的时间、页的时间、张的时间、盘的时间、度的时间等,"Q 的时间"构式共有 29 个符合条件的表达。

6.2.2.3 "一 QN 时间"构式数据处理

我们将"一 qn 时间"输入 BCC 语料库中,得到 1 311 个频次结果,统计得到 159 个搭配结果。剔除不合格搭配,如一个单位时间(领导干部在一个单位时间过久)、一次动作时间(完成一次动作时间为 4—6 秒)、一次午餐时间(一次午餐时间,在淮海路太平洋广场地下一层的大时代遇到当年的下铺,甚是兴奋)、一个通知时间(如事前规定一个通知时间)、一个地点时间、一个岗位时间、一种心理时间、一种线性时间等,"一 qn 时间"构式共得到 23 个符合条件的结果。

6.2.2.4 "一 QN 的时间"构式数据处理

我们将"一 qn 的时间"输入 BCC 语料库中,得到 2 665 个频次结果,统计得到 258 个搭配结果。同样，为了确保数据的准确，我们对 258 个搭配进行逐个语境核对，发现如下不合格表达。

（1）动作时间，而不是表量时间，如"一把钥匙时间"是不合格的，因为语境提供的是"拧一把钥匙的时间"。再如，"一个苹果时间"也是不合格的，语境信息是"睡一觉喝一杯烫水吃一个苹果的时间"。类似的还有"读一本好书的时间""拔一颗乳牙的时间""还原一次魔方的时间""做一遍笔记的时间""扫完一幅画的时间""看一场电影的时间"等。

（2）不符常规的量词表达，如在"一个女人的时间花在哪里是看得见的"语境中，"一个女人的"并非常规的量词表达；在"做了一个工人的时间分配调查"语境中，"一个工人的时间"在切分上不符合语法规范，因此也需要被剔除。据此，"一 QN 的时间"子构式共得到 57 个有效结果。

6.2.3 Q 槽位原始数据

基于 6.2.2 小节的数据处理，我们对"Q 时间"家族的 4 类子构式中的量词进行频次统计，按出现的频次进行分类，总结得出"Q 时间"构式家族 Q 槽位量词的原始数据。

表 6.1 概括了"Q 时间"构式 4 类子构式 Q 槽位量词的频次。表 6.1 显示，出现在 Q 槽位的量词从 1 次到万次以上不等。这一现象表明，"Q 时间"各子构 Q 槽位式吸引量词的能力各有不同。"Q+时间"构式能够吸引高达万次以上的量词，且这些最高频量词数量极少，共 2 个。千次以上的量词与 3 类子构式具有吸引关系，分别是"Q+时间"构式、"Q 的时间"构式和"一 QN 的时间"构式。

表 6.1 "Q 时间"构式家族 Q 槽位量词频次汇总　　单位：个

序号	量词频次	"Q 时间"子构式			
		Q+时间	Q 的时间	一 QN 的时间	一 QN 时间
1	万次以上	2	—	—	—
2	千次以上	6	3	1	—
3	百次以上	8	4	4	1
4	10—99 次	10	9	14	8
5	2—9 次	15	10	20	11
6	1 次	5	3	18	3
	总数	46	29	57	23

从 Q 槽位出现的量词数来看,"一 QN 的时间"子构式和"Q+时间"子构式吸引量词的能力比较强,吸引的量词数分别是 57 个和 46 个。这一现象表明,"一 QN 的时间"子构式和"Q+时间"子构式具有较强的图式性和能产性。如果将出现 1 次的量词作为低频词,那么"一 QN 的时间"构式中出现的低频量词最多,达 18 个,其他 3 类构式的低频量词都相对较低,最多不超过 5 个。

"Q 的时间"和"一 QN 时间"这两个构式对量词的吸引程度并不强,尤其是"一 QN 时间"子构式在能产性和图式性方面都相对较弱。但这也进一步说明,"Q 时间"构式家族成员之间存在中心性和边缘性的特点,"一 QN 时间"构式相对处于边缘地位。"Q 时间"构式家族在概念化时间过程中所表现出来的兼容性和包容性也说明了该构式家族的生命力所在。

6.3 Q 槽位中的量词

4 类子构式 Q 槽位中的量词具体有哪些?这些量词分别有什么特点?它们又是如何概念化时间的?为了回答上述问题,我们首先观察 4 类子构式 Q 槽位中的量词类别、量词的特点,然后通过例子概括总结量词在概念化时间中的认知特点。

6.3.1 语义类别及量词信息

在表 6.1 的基础上,我们对每个子构式中的量词进行语义识别,目的在于得到更加详细的语义信息。

6.3.1.1 "Q+时间"构式中的量词

"Q+时间"构式 Q 槽位共有 46 个量词,这些量词出现的频次差别很大,频次范围从 1 次到万次以上不等。出现频次万次以上的量词有 2 个:段(16 551)和年(15 997)。出现千次以上的量词有 6 个:天(7 741)、月(5 091)、个(5 005)、点(3 973)、周(1 338)、分钟(1 319)。出现百次以上的量词有 8 个,频次从高到低分别是:些(863)、钟(233)、秒(221)、秒钟(176)、日(134)、次(121)、份(112)、小时(110)。出现 10—99 次的量词有 10 个,出现 2—9 次的量词共有 15 个,出现 1 次的量词有 5 个。"Q+时间"构式中的量词、量词数及频次等信息,见表 6.2。

表 6.2 "Q+时间"构式中的量词

序号	频次	量词数/个	量词/频次
1	万次以上	2	段（16 551），年（15 997）
2	千次以上	6	天（7 741），月（5 091），个（5 005），点（3 973），周（1 338），分钟（1 319）
3	百次以上	8	些（863），钟（233），秒（221），秒钟（176），日（134），次（121），份（112），小时（110）
4	10—99次	10	倍（61），块（56），元（51），夜（48），把（40），刻钟（24），维（21），刻（20），点点（14），丁点（2）
5	2—9次	15	昼夜（9），岁（7），帧（7），轮（7），回（6），代（6），重（5），宿（4），顿（4），截（4），丝（2），套（2），辈子（2），余年（2），颗（2）
6	1次	5	番（1），纳秒（1），阵子（1），声（1），人次（1）
	总数	46	—

6.3.1.2 "Q 的时间"构式中的量词

"Q 的时间"构式 Q 槽位共有 29 个量词，出现千次以上的高频量词共有 3 个，分别是：年（9 028）、天（3 236）、分钟（1 545）。Q 槽位中，出现百次以上的量词共有 4 个，频次从高到低分别是：周（717）、秒（563）、倍（168）、把（130）。出现 10—99 次的量词共有 9 个，出现 2—9 次的量词共有 10 个，出现 1 次的量词共有 3 个。"Q 的时间"构式中的量词、量词数及频次等信息，见表 6.3。

表 6.3 "Q 的时间"构式中的量词

序号	频次	量词数/个	量词/频次
1	千次以上	3	年（9 028），天（3 236），分钟（1 545）
2	百次以上	4	周（717），秒（563），倍（168），把（130）
3	10—99次	9	夜（98），刻钟（55）、份（47），日（45），次（39），秒钟（32），分（27），段（23），代（10）
4	2—9次	10	季（9），号（7），宿（4），趟（4），节（4），回（4），集（4），声（3），维（2），公里（2）
5	1次	3	点（1），世（1），帧（1）
	总数	29	—

6.3.1.3 "一QN的时间"构式中的量词

出现在"一QN的时间"构式QN槽位中的量词共有57个。频次最高的量词仅有1个：一个月，频次是1 257。出现频次百次以上的量词有4个，分别是：一个星期（199）、一个小时（199）、一秒钟（137）、一首歌（129）。出现频次10—99次的量词有14个，出现频次2—9次的量词共有20个，出现频次1次的量词有18个。"一QN的时间"子构式中的量词、量词数及频次等信息，见表6.4。

表 6.4　"一QN 的时间"构式中的量词

序号	频次	量词数/个	量词/频次
1	千次以上	1	一个月（1257）
2	百次以上	4	一个星期（199），一个小时（199），一秒钟（137），一首歌（129）
3	10—99次	14	一盏茶（71），一个礼拜（67），一节课（50），一顿饭（48），一代人（34），一个世纪（30），一个钟头（29），一个学期（21），一支烟（18），一根烟（15），一个时辰（14），一个绕口令（14），一杯咖啡（11），一堂课（11）
4	2—9次	20	一个季度（5），一个假期（4），一顿晚饭（4），一杯茶（4），一部电影（3），一场大雨（2），一个赛季（2），一盒烟（2），一盏灯（2），一套听力（2），一杯coffee（2），一首MV（2），一杯奶茶（2），一箩筐（2），一个周期（2），一袋烟（2），一个晚餐（2），一个通宵（2），一个厕所（2），一个阶段（2）
5	1次	18	一个巴掌（1），一个航班（1），一个刻度（1），一个课题（1），一顿早饭（1），一个自助餐（1），一回晚饭（1），一集电视剧（1），一杯清茶（1），一节自习课（1），一块蛋糕（1），一泡尿（1），一场GAME（1），一片空白（1），一碗粉（1），一碗泡面（1），一包烟（1），一根冰棍（1）
	总数	57	—

6.3.1.4 "一QN 时间"构式中的量词

出现在"一QN时间"构式QN槽位中的量词共有23个，出现频次最高的量词仅有1个：一个月，频次是897。出现频次10—99次的量词有8个，出现频次2—9次的量词有11个，出现频次1次的量词有3个。"一QN 时间"子构式中的量词、量词数及频次等信息，见表6.5。

表 6.5 "一 QN 时间"构式中的量词

序号	频次	量词数/个	量词/频次
1	百次以上	1	一个月（897）
2	10—99 次	8	一个学期（70），一盏茶（66），一顿饭（37），一个小时（26），一秒钟（21），一个礼拜（13），一个钟头（12），一支（袋/根）烟（10）
3	2—9 次	11	一个钟（9），一首歌（5），一个单元（3），一杯咖啡（3），一代人（3），一个钟点（2），一个学年（2），一碗面（2），一个答题（2），一个下午茶（2），一个午饭（2）
4	1 次	3	一笔闲暇（1），一杯茶（1），一节课（1）
总数		23	—

6.3.2 Q 槽位量词的特点

依据量词出现的频次，我们对"Q 时间"构式家族的 4 类子构式不同频次段的量词进行语义分类，并观察各频次段量词的特点。

6.3.2.1 "Q+时间"构式 Q 槽位形容词的特点

表 6.2 概括了"Q+时间"构式 Q 槽位中的全部量词。我们根据每个频次段中的量词数及量词的性质，概括该构式量词的特点。

出现万次以上的量词有 2 个，分别是"段"和"年"。这两个量词是最高频量词，频次分别是：16 551 和 15 997。"段"是量词，表示长条形的东西分成的若干部分。"年"是时间的单位，公历 1 年是地球绕太阳一周的时间，平年 365 日，闰年 366 日，每 4 年有 1 个闰年。在这里，时间分别用物质的概念（段）和国际通用的计时单位（年）作为计量时间的度量或尺度。

出现千次以上的量词有 6 个，根据频次的高低，依次是：天、月、个、点、周、分钟。这些量词有以下几个特点。

（1）表示时间单位，用于计算几点、几分、几秒的计量单位，即钟表时间，如点、分钟。

（2）表示时间单位，用于计算天数、月数和周数的计量单位，即日历时间，如天、月、周。

（3）用于没有专用量词的名词，时间是一个抽象的概念，没有像桌子、凳子这样表示实体的名词具有可数性，因此出现了不同量词量化时间的现象，量词"个"就是其中之一。

出现百次以上的量词有 8 个，根据频次的高低，依次是：些、钟、秒、秒钟、日、次、份、小时。这些量词有以下几个特点。

（1）表示时间单位，用于计算几点、几分、几秒的计量单位，即钟表时间，如钟、秒、秒钟、小时。

（2）表示时间单位，用于计算天数、月数和周数的计量单位，即日历时间，如日。

（3）用于物品计量单位，计度，如些、份。

（4）用于计数或计算频次的单位，如次。

出现 10—99 次的量词有 10 个，分别是：倍、块、元、夜、把、刻钟、维、刻、点点、丁点；出现 2—9 次的量词有 15 个，分别是：昼夜、岁、帧、轮、回、代、重、宿、顿、截、丝、套、辈子、余年、颗；出现 1 次的量词有 5 个，分别是：番、纳秒、阵子、声、人次。这些量词有以下几个特点。

（1）用于计算昼夜的单位，如夜、昼夜、宿。

（2）表示时间单位，用于计算几点、几分、几秒的计量单位，即钟表时间，如刻钟、刻、纳秒。

（3）表示量少的单位，如点点、丁点、丝。

（4）用于计年龄或计年的单位，如岁、余年、辈子、代。

（5）用于计数或计算频次的单位，如倍、轮、回、重、人次、番、声、顿、阵子。

（6）用于物品计量单位，计度，如把、帧、维、截、套、颗、块、元。

以上分析显示，"Q+时间"构式 Q 槽位的量词呈现出多样性的特征。用于概念化时间的量词涉及多种计量单位，除了钟表时间、日历时间，还涉及计量物品的单位、计量频次的单位、计量年龄的单位等。

6.3.2.2 "Q 的时间"构式 Q 槽位形容词的特点

表 6.3 概括了"Q 的时间"构式 Q 槽位中的全部量词。我们根据每个频次段中的量词数及量词的性质，概括该构式量词的特点。

出现千次以上的量词有 3 个，分别是"年""天""分钟"，频次高低依次是 9 028、3 236 和 1 545。这 3 个量词都是计时单位，分别是日历时间，如"年"；一昼夜 24 小时的时间，如"天"；以及钟表时间，如"分钟"。

出现百次以上的量词有 4 个，频次从高到低依次是：周、秒、倍、把；出现 10—99 次的量词有 9 个，频次从高到低依次是：夜、刻钟、份、日、次、秒钟、分、段、代；出现 2—9 次的量词有 10 个：季、号、宿、趟、节、回、集、声、维、公里；出现1次的量词有3个：点、世、帧。这些量词有以下特点。

（1）用于计算昼夜的单位，如夜、宿。

（2）表示时间单位，用于计算几点、几分、几秒的计量单位，即钟表时间，如秒、刻钟、秒钟、分、点。

（3）表示时间单位，用于计算天数、月数和周数的计量单位，即日历时间，如周、日、季、号。

（4）用于计数或计算频次的单位，如次、趟、回、声。

（5）用于物品计量的单位，计度，如倍、把、份、段、节、维、公里、集、帧。

（6）用于年龄或计年的单位，如代、世。

以上分析显示，"Q的时间"构式Q槽位的量词也呈现出多样性的特征。用于概念化时间的量词涉及多种计量单位，除了钟表时间、日历时间，还涉及计量物品的单位、计量频次的单位、计量年龄的单位等。

6.3.2.3 "一QN的时间"构式Q槽位形容词的特点

表6.4概括了"一QN的时间"构式QN槽位中的全部量词单位。我们根据每个频次段中的量词数及量词的性质，概括该构式量词的特点。

出现千次以上的量词有1个：一个月。和年、日、周等量词一样，"一个月"也是用来计算月数的时间单位。

出现百次以上的量词有4个：一个星期、一个小时、一秒钟、一首歌。这4个量词单位分属3个计量范围："一个星期"属于日历时间；"一个小时"和"一秒钟"属于钟表时间；"一首歌"是一个新出现的计量单位，将唱一首歌的时间视作量化时间的单位，这样的量词单位也称为事件时间。

出现10—99次的量词单位有14个，根据频次的高低，依次是：一盏茶、一个礼拜、一节课、一顿饭、一代人、一个世纪、一个钟头、一个学期、一支烟、一根烟、一个时辰、一个绕口令、一杯咖啡、一堂课。这些量词单位有以下特点。

（1）按事件计量，如一盏茶、一节课、一顿饭、一支烟、一根烟、一个绕口令、一杯咖啡、一堂课。

（2）按日历时间计量，如一个礼拜、一个世纪、一个学期、一个时辰。

（3）按钟表时间计量，如一个钟头。

（4）按年龄、代际计量，如一代人。

出现2—9次的量词单位有20个，分别是：一个季度、一个假期、一顿晚饭、一杯茶、一部电影、一场大雨、一个赛季、一盒烟、一盏灯、一套听力、一杯 coffee、一首 MV、一杯奶茶、一笼筐、一个周期、一袋烟、一个晚餐、一个通宵、一个厕所、一个阶段。这些量词单位有以下特点。

（1）按日历时间计量，如一个季度。
（2）按钟表时间计量，如一个钟头。
（3）按事件时间计量，如一顿晚饭、一杯茶、一部电影、一场大雨、一个赛季、一盒烟、一盏灯、一套听力、一杯 coffee、一首 MV、一杯奶茶、一袋烟、一个晚餐、一个通宵、一个厕所。
（4）按节假日或时间段计量，如一个假期、一个周期、一个阶段。
（5）按容器计量，如一笼筐。

出现 1 次的量词单位有 18 个，分别是：一个巴掌、一个航班、一个刻度、一个课题、一顿早饭、一个自助餐、一回晚饭、一集电视剧、一杯清茶、一节自习课、一块蛋糕、一泡尿、一场 GAME、一片空白、一碗粉、一碗泡面、一包烟、一根冰棍。这些量词单位都以事件为计量单位，强调做某一行为的时间，如画一个刻度的时间、做一个课题的时间、打一个巴掌的时间、吃一顿早饭的时间、吃一块蛋糕的时间、撒一泡尿的时间等。

以上分析显示，按事件计量时间的单位在"一 QN 的时间"构式中占极大的比例。

6.3.2.4 "一 QN 时间"构式 Q 槽位形容词的特点

表 6.5 概括了"一 QN 时间"构式 QN 槽位中的全部量词。出现在该子构式 QN 槽位中的量词单位（一 QN）共有 23 个。这些量词单位从高到低依次是：一个月、一个学期、一盏茶、一顿饭、一个小时、一秒钟、一个礼拜、一个钟头、一支（袋/根）烟、一个钟、一首歌、一个单元、一杯咖啡、一代人、一个钟点、一个学年、一碗面、一个答题、一个下午茶、一个午饭、一笔闲暇、一杯茶、一节课。这些量词单位的特点如下。

（1）按日历时间计量，如一个月、一个学期、一个礼拜、一个学年。
（2）按钟表时间计量，如一个小时、一秒钟、一个钟头、一个钟、一个钟点。
（3）按事件计量，如一盏茶、一顿饭、一支（袋/根）烟、一首歌、一杯咖啡、一碗面、一杯茶、一个答题、一个下午茶、一个午饭、一节课。
（4）按年龄、代际计量，如一代人。
（5）按物理空间计量，如一个单元、一笔闲暇。

以上分析显示，除了日历时间和钟表时间，按事件计量时间也是"一 QN 时间"子构式 QN 槽位的主要特征。

6.3.3 "Q 时间"构式的概念化

与名词、动词和形容词一样,量词是另一种概念化时间的词汇类型或单位。由于词性不同,量词或量词单位在时间概念化中一定存在某种特定的特点。为了观察量词或量词单位在概念化时间中的表现,我们观察"Q 时间"各子构式的高频量词或量词单位,确定量词概念化时间的原型特征,然后概括总结出现在"Q 时间"构式 Q 槽位中的所有量词类型,分析量词概念化时间的认知路径。

6.3.3.1 原型特征

高频词通常指特定语篇内使用频次最高的词汇或表达式。在同类语义域中,高频词汇或表达式通常代表所在类别语义域的核心意义。从范畴化的角度看,高频词通常是范畴家族成员的中心。在"Q 时间"构式家族中,系列子构式吸引了不同类型的量词。这些量词在构式家族中自然继承了家族某些相似的特征。我们通过"Q 时间"4 类子构式的高频词观察构式家族中量词成分的中心性或原型特征。

依据表 6.1,我们发现尽管 4 类子构式的最高频量词在频次上存在差异,从百次以上到万次以上不等,但总体呈现出一定的规律和趋势。4 类子构式最高频量词信息,见表 6.6。

表 6.6 4 类子构式最高频量词

序号	频次	量词数/个	子构式 Q 槽位量词			
			Q+时间	Q 的时间	一 QN 的时间	一 QN 时间
1	万次以上	2	段(16 551) 年(15 997)	—	—	—
2	千次以上	4	—	年(9 028) 天(3 236) 分钟(1 545)	一个月(1 257)	—
3	百次以上	1	—	—	—	一个月(897)

表 6.6 清晰地概括了 4 类子构式最高频形容词的频次段、形容词数及频次等信息。概括地说,4 类子构式最高频量词有以下几个特点。

第一,将时间看成可以切分的物体,且这种物质是长条形的,这种长条形的物体可以任意或按一定的比例分成若干部分。"段"就是这类量词中的典型。量化时间的这种特性在"Q+时间"子构式中占比最高。这种现象表明，现代汉语在概念化时间过程中，通常会使用"时间即可以切分成若干等分的长条形物体"的隐喻。在语料库中，我们发现与"段"搭配的词类有如下特点。

A. 与指示词"这/那"搭配，出现"这/那段时间""近段时间"的表达式。

（1）这段时间，不知怎么了，心里一直想着爷爷，我心里面很内疚。（微博）

（2）突然好怀念在校的那段时间、每天都能跑到音乐室里训练、丹田里发出么么么咪咪咪那几个调。（微博）

（3）近段时间一直在看《幸福魔方》，多次被里面的故事所感动。（微博）

指示词"这/那"表示距离的远近，通常以说话者为指示中心，靠近说者的那段时间称为"这段时间"［如例（1）］，远离说者的那段时间称为"那段时间"［如例（2）］。"近"表示空间或时间距离短（跟"远"相对）。"近段时间"与"这段时间"意义相近，但"近段时间"更强调心理距离的靠近，不强调与"远"做对比［如例（3）］。因此，在与"段"的搭配中，没有出现"远段时间"这样的表达式。

从频次上看，"这段时间"出现的频次最高，达9 819次，"那段时间"和"近段时间"出现的频次相对较低，分别是2 010次和820次。但是，从相对说话者的距离的远近来看，人们倾向于使用近指时间段，即"这段时间"和"近段时间"。远指的时间段使用频次相对较低，这也许与远距离指称投射困难有关系。

B. 与空间词搭配，出现了"前/后段时间""上/下段时间"等表达式。例如：

（4）8月8日一过立秋节气，杭州的气温噌噌往下降，12日杭州市区最高气温只有30.3 ℃，昨天更低，只有24.2 ℃。想想前段时间40 ℃的高温，真是恍若隔世。（都市快讯，2003-8-15）

（5）今天早上顾客还比较多，后段时间过得好快，八九点的时候人都没几个，又只能打瞌睡了。（微博）

（6）有关人员分析：这是股市周期性规律，上段时间股价下滑时间长，股市反弹就厉害。（福建日报，1992-12-19）

（7）但请相信。你在这个空间付出的，必在下个空间、下段时间得到回报。回报是好是坏，取决于现在的你。（微博，有改动）

现代汉语中表示"段"的时间使用了"时间在动"时间认知模式。说者所在的位置是"现在"，当他面向过去的那段时间被称为"前段时间"

[例（4）]；当时间经过说者，走向将来，那么说者身后的那段时间，就被称为"后段时间"[例（5）]。除了"前/后"，现代汉语还使用"上/下"空间概念表示时间，如例（6）—例（7）。"上段时间"表示过去，"下段时间"表示将来。从"上/下段"来看，说者将自己置于立体空间中，头顶以上的一段为过去，脚以下的一段为将来。可见，现代汉语中的时间段，既可以是水平方向的（如前/后段），也可以是垂直方向的（如上/下段）。

语料库数据显示，"前段时间"出现的频次是 3 380 次，"后段时间"出现的频次是 4 次，"上段时间"出现的频次是 9 次，"下段时间"出现的频次是 2 次。从频次效应看，现代汉语更倾向于使用水平方向的时间段，并且侧重面向过去的"前段时间"。垂直时间段的使用相对较少，这种垂直时间段的使用，也许与口语表达有关。这也进一步说明现代汉语时间的形式多样性和认知复杂性。

C. 与数词搭配，出现"一段时间""一大段时间""两段时间""三段时间"等表达式。例如：

（8）原来是这样，害我郁闷好长一段时间！！（微博）

（9）大家一起为它奋斗了一大段时间，总算有了个交代。（微博）

（10）大学生心理问题在初进大学和将要离开大学这两段时间中发生率较高。（科技文献）

（11）现代研究证明，在早、中、晚这三段时间里，人体内的消化酶特别活跃，这说明人在什么时候吃饭是由生物钟控制的。（微博）

例（8）—例（11）说明"段"可以被继续切分为不同的等分，如"一大段"[例（9）]、"两段"[例（10）]、"三段"[例（11）]。在这些具体的等分中，"一大段时间"出现的频次最高，共 64 次，"两段时间"出现 30 次，"三段时间"出现 4 次。这表明"段"虽然可以继续被切分，但"段数"越多，频次越小。语料库中基本没有出现"四段时间""五段时间"这样的表达。这一现象表明，在"段"与数字搭配使用中，虚数或约数是主要选择对象。因此，与"两段"和"三段"相比，"一大段"在量化时间时表示占很大比例，而不指具体的段数。在数字修饰"段"中，"一段时间"出现的频次极高，达 34 148 次。与"一大段时间"相比，"一段时间"相对更加虚化，表示有可能是几小时、几天、几个星期或几年的时间不等，视讲话时的语境及说者心理的预期而定。

D. 与动词搭配，出现了"V（了）段时间"["动词（了）段时间"]这样的表达式或构式。该构式中常见的动词有：有、歇、休息、安静、太平、冷静、消停、缓、消失、过、隔、蒸发、跨越等。这些动词有如下特点。

一是表示拥有，如有段时间［例（12）］、有一大段时间。

二是表示由动到静的变化，如歇了段时间、休息段时间、安静（了）段时间、太平段时间、冷静一大段时间、消停（了）段时间、缓了段时间［例（13）—例（14）］。

三是表示动态动作，如消失段时间、过（了）段时间、隔段时间、蒸发段时间、跨越两段时间［例（15）—例（16）］。

（12）香香淡淡的柠檬茶，过去有段时间一直喝，现在又喜欢上了！（微博）

（13）就不能太平段时间！（微博）

（14）嘎嘎玩很久了，只是歇了段时间，现在又弄起来了。（微博）

（15）刚学会开车，有一种瘾，过段时间不摸方向盘，简直难以忍耐。（平凡的世界 A：路遥 Y：1986）

（16）请允许我人间蒸发段时间。（微博）

第二，将时间等同于历法。历法时间，也称阳历或公历，是国际通用的一种计时方式。除"段"以外，4类子构式Q槽位的最高频量词主要通过历法时间"年""月""天"来计量。

在用"年"计量时间时，现代汉语倾向在"年"前加上数字，如一年时间、两年时间、十年时间、几年时间、几十年时间、数年时间、数十年时间、数百年时间等。

在用"月"计量时间时，现代汉语的用法与"年"差不多，主要也是通过在"月"前面加上数字的方式，如一个月时间、两个月时间、半个月时间、几个月时间、一个多月时间、数月时间、个把月时间等。

在用"天"计量时间时，现代汉语也主要采用数字加"天"的表示方式，如一天时间、两天时间、半天时间、十天时间、几天时间、十几天时间、数天时间、90多天时间、两三天时间等。

在采用历法计量时间时，除了共性表达式，还有一个特别之处，即"个把月时间"。"个把"的意思是个别、少数，一两个。"个把月"指的是一个月以上或者一两个月。"个把+月"这种表达式不仅在口语中常见，而且在学术写作中出现，如例（17），也出现在文学作品中，如例（18）。

（17）李评本《三国演义》约比毛评本迟个把月时间脱稿付梓，该书卷首有李自序，但序文比毛评本里的序文要短。（科技文献）

（18）人的一生就这么短短的个把月时间的无限制状态，今后到死也不会再有了。（长者 A：余秋雨 Y：UN）

第三，将时间等同于钟表时间。时间常常通过技术手段如钟表等精密仪器和设备，对地球围绕太阳自转一天的时间进行量化，即用时、分和秒精确测量一天的时间。在4类子构式最高频量词中，钟表时间出现频次最高的是分钟。与历法时间一样，"分钟时间"常见的表示方法是"数字+分钟时间"，如1分钟时间、5分钟时间、10分钟时间、几分钟时间、20分钟时间、半分钟时间、40多分钟时间、两三分钟时间、数分钟时间等。

以上分析说明，"Q时间"构式主要将时间段、历法时间和钟表时间等手段量化时间。在量化时间的过程中，"段""年/月/天""分钟"构成了"Q时间"构式概念化时间的原型。

6.3.3.2 量词与构式的吸引关系

构式槽位中的词汇与该构式之间往往具有某种吸引与排斥关系。我们这里主要观察出现在Q槽位中量词和构式的吸引关系，目的在于观察Q槽位中的量词数、量词类型和量词特点，从而进一步说明量词如何通过特定的计量方式对时间进行概念化。

基于表6.2、表6.3、表6.4和表6.5，剔除在4类子构式中重复出现的量词，我们发现能够进入Q槽位的量词有116个，其中，对4类子构式均具有吸引关系的量词有1个，对3类子构式具有吸引关系的量词有2个，对两类子构式具有吸引关系的量词有29个，只出现在1类子构式中的量词有84个。（表6.7）

表6.7　子构式与量词的吸引关系

序号	吸引力	量词数/个	量词
1	4类	1	（一）秒钟
2	3类	2	（一个）月，（一个）小时
3	2类	29	段，年，天，周，分钟，秒，次，份，维，帧，倍，刻钟，日，点，回，代，宿，声，一首歌，一盏茶，一节课，一顿饭，一代人，一个钟头，一支烟，一根烟，一杯咖啡，一袋烟，（一个）钟
4	1类	84	个，些，钟，块，元，夜，把，刻，点点，丁点，昼夜，岁，轮，重，顿，截，丝，套，辈子，余年，颗，番，纳秒，阵子，人次，把，分，季，号，趟，节，集，公里，世，夜，一个星期，一个礼拜，一个世纪，一个学期，一个时辰，一个绕口令，一堂课，一个季度，一个假期，一顿晚饭，一杯茶，一部电影，一场大雨，一个赛季，一盒烟，一盏灯，一套听力，一杯coffee，一首MV，一杯奶茶，一箩筐，一个周期，一个晚餐，一个通宵，一个阶段，一个巴掌，一个航班，一个课题，一顿早饭
	总数	116	—

表 6.7 概括了能够与 4 类子构式具有吸引关系的量词情况。在所有 116 个量词中，只出现在一个子构式中的量词多达 84 个，占全部量词总数的 72.41%。这一现象表明，人们对时间的认识或计量，越来越呈开放态势，进而说明 "Q 时间"构式具有极强的能产性。也就是说，只要语境合适，构式就允许语境化的量词进入 Q 槽位，共同完成 "Q 时间"构式义的建构。

这些一次性出现的量词主要包括 3 个类别：第 1 类是原本就属于量词范畴的量词，如个、些、块、元、把、刻、点点、丁点、轮、重、顿、截、丝、套、颗、番、纳秒、阵子、人次、把、分、季、号、趟、节、集、公里等。第 2 类是表示日夜变化和岁月更替的名词，如夜、昼夜、岁、辈子、余年、一个星期、一个礼拜、一个世纪、一个学期、一个时辰等。这些名词在 "Q 时间"语境中获得了量词的身份。第 3 类是由行为对象、容器或工具转变而成的量化单位，如一顿晚饭、一杯茶、一部电影、一场大雨、一个赛季、一盒烟、一盏灯、一套听力、一杯 coffee、一首 MV、一杯奶茶、一碗面等。这类名词的量词化通常与行为动作搭配使用，如吃一顿晚饭的时间、喝一杯 coffee 的时间、看一部电影的时间。在日常生活中，这类行为所花的时间逐步固化，或者被讲话双方所认可，成为一种共有知识，因此在适合的语境中，原先的动词（吃、喝、看）逐步省略，构成了量化时间的单位，填补在 "V……时间"结构的省略号中。如花一顿晚饭时间、花一杯奶茶时间、花一个学期时间等。

对子构式具有强吸引力的量词是"秒钟"。相对于钟表时间中"分钟""刻钟""小时"，"秒钟"对 "Q 时间"更有吸引力。"秒钟"，即"秒"。与分、点等其他时间单位一样，秒是国际单位制中时间的基本单位。"秒"字由"禾"和"少"组成，原意是指稻穗上的细芒，含有极其微小的意思；现指计量单位名称。"秒"是通常计算时间的最小单位，60 秒等于 1 分或等于 1/60 小时（60 秒 = 1 分 = 1/60 小时）。在概念化时间的过程中，"秒"作为计量单位，更能反映人们对时间的不同认识。

"秒钟"和"分钟""月"等其他钟表时间和历法时间一样，其表达式倾向于使用"数字+秒钟时间"，如 1 秒钟时间、5 秒钟时间、20 秒钟时间、几秒钟时间、数秒钟时间、30 至 60 秒钟时间等。在实际使用中，"×秒钟时间"（×表示实数或约数）除表示具体的"秒数"，说明时间短、速度快 [例 (9)] 外，更多地用来表示恐吓 [例 (10)]、紧迫感 [例 (11)]、情况很紧急特殊 [例 (12)] 等。

(9) 回归仪式选定了程志强为中国三军仪仗队设计的方案。回归仪式上，英国国旗要在 1997 年 6 月 30 日 23 时 59 分 59 秒降下，中国国旗在 7 月 1 日零时零分升起。从降旗到升旗只有 1 秒钟时间。(人民日报，1999)

(10) "快出来，罗伯特，"约翰逊上校喊道，"一切都结束了。"没有回答。"罗伯特，我给你 5 秒钟时间。"一片沉寂。他们等待着。(福建日报，1992-8-18)

(11) "……时间太短，埃莉的判断不可能出自实据。这几秒钟时间里，她依靠的只是她的直觉，加上某种深入分析程序。""这就是说，我们还没有发现邮件人。"(真名实姓 A：弗诺·文奇 Y：UN)

(12) 在眼光交错时，她甚至以为自己见到了恶魔本人。几对男女经过她面前，遮挡了她的视线。虽然只是短短的数秒钟时间，但是等到妨碍的人消失时，她也失去了那个黑夜男人的踪影。她有些诡异，不由自主的寻找他，一向锐利的目光却再难找到那个恶魔般的神秘男人。(倾城之恋 A：凌玉 Y：1998)

也就是说，在用钟表时间"秒"概念化时间的过程中，认知心理因素、神经因素和环境因素都融入其中，压缩或快进了原本客观的秒数计时。可见，即使采用技术手段对时间进行客观的秒、分、时的计量，但在实际使用中，人们更多地将客观计时单位（尤其是"秒"）用于解决某些紧迫、棘手的问题。

除了"秒"，钟表时间中的"小时""分钟"及历法时间中的"月""天"对子构式的吸引程度也很高。钟表时间和历法时间是当今世界普遍采用的计时方式，这两种计时方式已经影响我们生活的方方面面，因此出现高频使用现象是可以理解的。

6.3.3.3 量化时间的语义单位

为了观察量词在概念化时间的具体路径，我们依据表 6.7，对参与计量时间的语义单位进行分类整理，共得出 8 个语义类别：历法、钟表、物体、数量、吃喝、学习、娱乐和其他。(表 6.8)

表 6.8 量词语义类别

序号	语义类别及量词数量	次类及量词数量	量词
1	历法 (16)	年月日 (5)	年，月，日，天，号，
		昼夜 (5)	夜，昼夜，宿，夜，通宵
		周季 (6)	周，星期，礼拜，季，季度，世纪

续表

序号	语义类别及量词数量	次类及量词数量	量词
2	钟表（13）	秒分刻（6）	秒，秒钟，分，分钟，刻，刻钟
		钟点（7）	钟，点，小时，钟，钟头，钟点，时辰
3	物体（15）	长度（5）	段，截，节，公里，刻度
		份额（10）	份，个，块，颗，维，套，集，把，元，箩筐
4	数量（25）	频次（15）	次，回，趟，轮，番，顿，声，帧，倍，重，人次，纳秒，阵子，阶段，周期
		代次（6）	代，一代人，岁，辈子，余年，世
		少量（4）	点点，丁点，丝，些
5	吃喝（25）	茶类（7）	一盏茶，一杯茶，一杯奶茶，一杯清茶，一个下午茶，一杯咖啡，一杯 coffee
		饮食（12）	一顿饭，一回晚饭，一个晚餐，一顿晚饭，一顿早饭，一个午饭，一个自助餐，一碗粉，一碗泡面，一碗面，一块蛋糕，一根冰棍
		香烟（4）	一支烟，一根烟，一盒烟，一袋烟
		如厕（2）	一个厕所，一泡尿
6	学习（9）	课程（7）	一节课，一堂课，一节习课，一个单元，一个答题，一套听力，一个课题，
		学期（2）	一个学期，一个假期
7	娱乐（6）	歌曲（4）	一首歌，一首 MV，一场 GAME，一个绕口令
		影视（2）	一部电影，一集电视剧
8	其他（7）	动态（4）	一场大雨，一个赛季，一个航班，一个巴掌
		静态（3）	一片空白，一笔闲暇，一盏灯
总数	116		—

表 6.8 总结了通过计量的方式概念化时间的 8 种量词语义类别。这 8 种语义类别采取的是任意排序方式，既没有按频次顺序排列，也没有按每个类别中出现量词数排列。列出这 8 种类别仅仅是为了客观展示概念化时间的所有可能的量词语义类别。

A. 历法类。历法计时通常采用年、月、日、天、号这些常见的计时方式。在"Q 时间"构式中，我们把昼夜、周（星期）、季节也可看成历法类。我们发现，人们倾向于使用"夜"单位计量时间，如夜、昼夜、宿、通宵。

"夜"作计时单位时，常见的形式是"×+夜时间"（×表示数字、约数），如一夜时间、两夜时间、三天三夜时间、五天五夜时间、三昼夜时间、一昼夜时间、两昼夜时间、大半宿时间、一宿时间、一个通宵。

"夜"通常表示从天黑到天亮的一段时间，但用"夜"作时间计量单位时，原本相对客观的时间可能会缩短或拉长。这种现象通常与说者的心理预期及讲话时的语境或情感有关。如果心理预期是希望时间快速过去，原本的时间可能相对缩短，如例（13）中的"心想一夜时间很快就会过去"，例（14）中的"仅两日两夜时间，便……"如果时间比心理预期满，那么原本的时间可能相对拉长，如例（15）中的"足足花了五天五夜"，例（16）中的"整整用了'从傍晚到深夜'的大半宿时间"。

（13）他现在庆幸有了个宿处，心想一夜时间很快就会过去。（英雄艾文荷 A：司各特 Y：1997）

（14）他和萧侯仪、诸葛慧，轻装便服，打扮成商贩，专拣荒僻的山间小道，施展轻力，仅两日两夜时间，便直接闯上郑郡的盘龙山了。（三国异侠传 A：萧玉寒 Y：2002）

（15）狄明扬接着又把武大先生给自己服了三颗雪莲子，以及要自己倒立运功，足足花了五天五夜时间才把体内沸腾的气机化去，武大先生走后，自己又练了两个多月，详细说了一遍。（起舞莲花剑 A：东方玉 Y：1998）

（16）小螃蟹听到"特别的声音"后，要搞清这是什么声音，谁发出的声音，为什么发出这种声音，直到谜底揭开，整整用了"从傍晚到深夜"的大半宿时间。（科技文献）

古代诗人也常常使用"夜"来表达情感，寄托思绪。唐朝诗人李白在《金陵城西楼月下吟》中写道："金陵夜寂凉风发，独上高楼望吴越。白云映水摇空城，白露垂珠滴秋月。"这4句写登楼的时间、地点及环境气氛。夜深人寂，金陵城下西风乍起，诗人独上西城，举目四忘，只见整个吴越原野全部被如水的月光笼罩了，呈现出一片朦胧的景色。作者起笔平稳，境界阔大，虽未言情，而墨浓情深，从而为下面所抒发的思古幽情蓄足了力量。唐朝诗人张继在《枫桥夜泊》中也通过"夜"寄托愁思："月落乌啼霜满天，江枫渔火对愁眠。姑苏城外寒山寺，夜半钟声到客船。"

另外，周、星期、礼拜、季、季度、世纪等量词也常常与"时间"搭配，作为历法计时规约化表达。

B. 钟表类。在钟表计时中，时钟的时（点）、分、秒和刻，通常被看成计量具体时间的主要方式。在钟表计时表达中，人们倾向于使用"×钟（×）"表达式表达量化时间概念，如秒钟、分钟、刻钟、一个钟头、一个钟点。

其中，"一个时辰"这样的量词单位是古代传统的计时单位，把一昼夜平分为 12 段，每段叫作 1 个时辰，相当于现在的 2 个小时。12 个时辰分别以地支为名称，从半夜起算，半夜 11 点到凌晨 1 点是子时，上午 11 点到下午 1 点是午时。在日常交流中，时辰泛指时刻或时间。

C. 物体类。在计量时间中，时间通常被概念化为具体的物质或物体，这些物体或物质主要通过长度和份额切分的方式理解时间。段、截、节是主要的长度单位，公里和刻度主要通过距离计量时间。除此之外，物体类计时单位还包括某类物体的份额，如份、个、块、颗、维、套、集、把、元、箩筐等。

D. 数量类。在"Q 时间"构式框架内，时间可以通过计量单位计量。这里的计量单位包括频次、代次和少量这 3 种类别。频次强调重复某事的次数，如次、回、趟、轮、番、顿、声、帧、倍等；代次主要指年龄、一生、一世、一代作为计量单位计算时间。在数量计量中，少量也是计量时间的一种方式，常见的少量计量单位包括点点、丁点、丝、些等。

表示少量的时间强调时间极短，如例（18）中的"在我发愣那点点时间"、例（19）中的"不给她丁点时间"、例（20）中"不给最强大的敌人一丝时间去应付的机会"。但也有可能少量时间相对较长，如例（17）中"需要点点时间，慢慢丢掉这刚上身的习惯"。习惯的养成需要很长时间，同时丢掉习惯也是一个漫长的过程，所以这里的"点点时间"显然要比例（18）—例（20）中的"短"时间要长。可见，量化的时间并不总是客观的，主观因素、认知因素和情绪变化都会影响客观量的理解。

（17）这该死的习惯和依赖性，烦的很。需要点点时间，慢慢丢掉这刚上身的习惯。（微博）

（18）就在我发愣那点点时间，一缕缕血丝从牙缝中迫不及待地挤出来，温热的，落在口里，没有一丝一毫的感觉。（天狼之眼 A：水心沙 Y：UN）

（19）"这件事我得先回去问问他。""送客。"烈天问根本不给她丁点时间。回头告诫家仆们："以后看到这女人，绝对不许给她开门。"（搏命红颜 A：黄朱碧 Y：2000）

（20）然后，在最关键的时候，又忽然站了出来，不给最强大的敌人一丝时间去应付的机会，完全彻底快速的击败对手！（校园篮球风云 A：大秦炳炳 Y：2007）

E. 吃喝类。吃喝类量词涵盖饮食、香烟和如厕几个语义类别。饮食类主要包括吃和喝两个方面。吃和喝是人类每天的日常,但在用作量化时间的单位时,吃和喝分别有具体的所指。吃的对象主要包括饭、面、蛋糕、冰棍等。常见的量化表达式主要有:一顿饭、一回晚饭、一个晚餐、一顿晚饭、一顿早饭、一个午饭、一个自助餐、一碗粉、一碗泡面、一碗面、一块蛋糕、一根冰棍等。喝的对象主要包括茶和咖啡,常见的量化表达式有:一盏茶、一杯茶、一杯奶茶、一杯清茶、一个下午茶、一杯咖啡、一杯 coffee 等。

吃喝拉撒,是一个人的基本生活需要。在量化时间的过程中,除了吃和喝,如厕也开始进入"Q 时间"构式的 Q 槽位中,具体的表达式有"一个厕所时间""一泡尿时间"。虽然如厕概念用作量化的词汇数和频次都很低,但至少说明,时间概念化的语义范围正在逐步扩大,人们对时间的认识也越来越具体。

另外,吃喝类中还包括香烟这个语义范畴。香烟虽然不属于餐饮,但作为烟草制品,香烟也有悠久的历史,并成为部分人士的生活日常。因此,烟也成为量化时间的一种形式。常见的表达式有:一支烟的时间、一根烟的时间、几根烟的时间、一包烟的时间、一盒烟的时间、一袋的烟时间。

"一根烟"或"一支烟"是常见的量化时间方式［如例（21）］,但"一袋烟"的使用则往往跟长者、老人或文学作品中的老者联系起来［例（22）—例（23）］。可见,量化时间的单位会随着历史的发展而变化,或者成为一种具有历史感的符号。

（21）大概过了一支烟的时间,那位女人和一位与她一样穿着的先生走了出来。(科技文献)

（22）爷爷不愧是冰的神手,不大功夫,江的冰面上便垛起了小山一样的鱼。随后,顺着洞口系下网去用力一抖,仅一袋烟的时间,就又捞上了一群"儿子辈、孙子辈"的小鱼来,爷爷也实实在在地成了冰人。

（23）一名剑手冷笑道:"你伤了柳家二公子,是要自断一臂还是死?"他指的就是小刀。小刀站起来:"全不要。"剑手冷笑道:"给你一袋烟的时间考虑。"(公孙小刀 A:李凉 Y:1993)

F. 学习类。学习类名词也常常可以用作量化时间的单位,这类名词主要涉及两个类别:课程类和学期类。课程类名词主要包括课、单元、答题、听力、课题等信息。具体的量表达式有:一节课时间、一堂课时间、一节自习课时间、一个单元时间、一个答题时间、一套听力时间、一个课题时间。学期类名词主要包括学期和假期,如一个学期的时间、一个假期的时间等。

G. 娱乐类。娱乐类名词包括歌曲和影视。歌曲类名词量化时间的表达式有一首歌时间、一首 MV 时间、一场 GAME 的时间、一个绕口令时间等。影视类名词量化时间的表达式有一部电影时间、一集电视剧时间等。可见，在娱乐类中，歌曲、MV、GAME、绕口令和电影、电视剧也被视作量化时间的计量单位。

H. 其他类。其他类涉及动态事件和静态事件两个类别。动态类主要指具有明显时间间隔的事件或行为，如一场大雨时间、一个赛季时间、一个航班时间、一个巴掌时间。静态类事件则指没有明显时间间隔，更具抽象特征的概念，如一片空白时间、一笔闲暇时间、一盏灯时间等。

本章主要从量词的角度考察时间概念化的情况。量词和名词、动词、形容词等其他词类一样，作用于时间的概念化。除了常见的历法时间和钟表时间，物体的长度与份额、数量的频次、代次和少量也参与到时间义的建构中来。与人们日常生活息息相关的吃喝拉撒、课程学习、休闲娱乐也成为量化时间的主要信息来源。另外，规律性的行为或某些特殊的状态也随着"Q 时间"构式语境的开放度被吸收和认可，成为概念化时间的一支潜在的有生力量。

7 "上/下 T 空间关系"构式

7.1 "上/下 T 空间关系"构式家族

时间概念空间化已经得到认知语言学界的普遍认可。但由于文化不同，对空间和时间关系的理解也一定会存在某些差异。有鉴于此，我们以空间方位词"上/下"为例，观察现代汉语中空间"上/下关系"在概念化时间中的特点。为获得上/下空间关系与时间概念的搭配情况，我们假定"上/下 T"是表达时间意义的构式。在"上/下 T"构式中，"上"和"下"是节点词，"T"表示该构式的一个槽位，用于吸纳与该构式节点词搭配的时间词。

根据对语料库的初步检索，我们发现表示时间的上/下空间关系也是一个构式家族。这个构式家族由 3 类构式及对应的 6 个子构式组成。3 类构式分别是："上 T"构式、"下 T"构式和"上/下半 T"构式。每类构式由 2 个子构式组成，分别是："上+T"子构式、"上 QT"子构式、"下+T"子构式、"下 QT"子构式、"上半 T"子构式和"下半 T"子构式。（图 7.1）

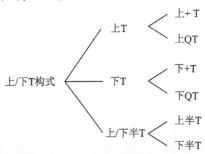

图 7.1 "上/下 T 空间关系"构式家族

（注：采用"上+T"和"下+T"形式，目的是区分"上 T"和"下 T"构式。）

图 7.1 显示，表达时空概念的上下关系构式家族，围绕"上"和

"下"及"上半"和"下半"两类节点词,组成了由"上T""下T"和"上/下半T"构成的构式家族。这3个母构式各自衍生出两对子构式:"上+T"和"上QT"子构式、"下+T"和"下QT"子构式、"上半T"和"下半T"子构式。

7.2 "上/下T"构式的总体特征

7.2.1 数据检索

"上/下T空间关系"构式家族是通过"节点词+(Q)T"得到表征的。节点词是指子构式中的空间词(上、上半、下、下半)。T指的是可供时间词填入的槽位。为了获得T槽位的时间词信息,我们按语料库要求,将大写的T改成小写的t。按这种方法,我们获得了检索6个子构式数据的6个对应的语料库检索式。这6个检索式分别是:上t、下t、上半t、下半t、上qt、下qt。

我们将这6个检索式分别输入BCC语料库中,获得各类子构式的原始数据。在此基础上,我们对原始数据进行人工识别,观察这些原始数据与子构式语境的关系,剔除不符合构式语境的时间词,获得符合语境的、可供分析的有效数据。

我们对各类子构式T槽位中的时间词进行观察和分析,尤其对T槽位中时间词的频次、语义特点和用法特点进行分析,目的在于了解空间概念在概念化时间中的特点及路径。

7.2.2 数据处理

7.2.2.1 "上T"构式

我们将检索式"上t"输入BCC语料库中,以获得"上+T"子构式中时间词的总频次及其搭配结果。在语料库检索过程中,我们发现"上t"并不能穷尽"上T"构式中表达时间的T的全部信息,因此,我们在"上t"的基础上,又增加了"上qt"(这里的q是量词),即图7.1中的"上QT"子构式。

输入"上qt"检索式后,我们发现该检索式中q的词汇表征基本上是"个"。为了获得更准确的t(时间词)数据,我们将"上qt"检索式限定为"上个t"检索式。"下T"子构式中的"下qt"检索式也采用同样的方式,将 q 限定在"个"这个量词上,即"下个 t"检索式。

我们将"上 t"和"上个 t"输入 BCC 语料库,得到的频次结果分别是 17 105 和 746。根据计算机自动统计,得到搭配结果分别是 487 和 73。我们分别将 487 个和 73 个搭配结果输入语料库中,逐个进行语料库语境检验,以便获得符合条件的结果。人工识别剔除不符合条件的搭配,"上+T"和"上 QT"得到的有效时间词数分别是 40 个和 29 个。(表 7.1)

表 7.1 "上 T"构式中的时间词

频次	上+T		上 QT	
	词数/个	时间词	词数/个	时间词
万次以上	2	上午,上年	—	—
千次以上	3	上旬,上辈子,上周五	—	—
百次以上	9	上月底,上年末,上世纪末,上星期六,上周日,上月末,上年底,上回,上上次	1	上个世纪末
10—99 次	23	上月初,上周四,上星期天,上学期末,上星期四,上周末,上星期一,上一月,上半时,上古时,上古时代,上星期日,上星期二,上星期三,上周二,上年初,上周六,上午前,上周一,上上周,上午时,上周三,上学期	15	上个月底,上个星期天,上个星期五,上个星期六,上个月初,上个双休日,上个星期四,上个星期三,上个冬天,上个礼拜天,上个暑假,上个周六,上个星期一,上个月末,上个周日
2—9 次	3	上礼拜天,上中古,上古时候	13	上个星期日,上个星期二,上个夏天,上个假期,上个周五,上个周一,上个龙年,上个晚上,上个寒假,上个春节,上个圣诞节,上个冬季,上个雨季
总数	40	—	29	—

7.2.2.2 "下 T"构式

与"上 t"检索式一样,我们首先将"下 t"(代表"下+T"构式)、"下 qt"(代表"下 QT 构式")输入 BCC 语料库中,得到的原始频次分别是 22 889 和 1045。计算机自动统计得出搭配结果,分别是 407 和 97。在此基础上,我们分别将 407 和 97 个搭配结果逐个输入语料库中,进行语境检验,并人工识别剔除不符合条件的搭配,我们得到"下+T"构式和"下 QT"构式的有效数据,分别是 40 个和 45 个。(表 7.2)

表 7.2 "下 T"构式中的时间词

频次	下+T		下 QT	
	词数/个	时间词	词数/个	时间词
10 万以上	1	下午	—	—
万次以上	1	下旬	—	—
千次以上	3	下辈子,下周一,下年	—	—
百次以上	18	下周二,下周六,下周五,下周三,下周末,下星期一,下一瞬间,下周四,下一瞬,下学期,下学期末,下下辈子,下星期五,下星期二,下次,下下次,下下周,下周一	4	下个周末,下个月初,下个星期六,下个星期一
10—99	11	下星期四,下月底,下星期天,下星期日,下一月,下年底,下一刹那,下月,下午后,下礼拜天,下下月	15	下个星期五,下个星期天,下个星期三,下个星期二,下个月底,下个星期一,下个瞬间,下个星期日,下个礼拜天,下个假期,下个夏天,下个冬天,下个春天,下个圣诞,下个周日
2—9	6	下年初,下下回,下一月份,下年末,下世纪末,下月末	26	下个暑假,下个春节,下个周六,下个冬季,下个圣诞节,下个周五,下个月末,下个周一,下年冬天,下世纪末,下年年初,下年年末,下年圣诞,下年三月,下年六月,下届冬季,下年冬至,下年暑假,下个龙年,下年夏天,下个寒假,下个新年,下个刹那,下年新年,下个秋天,下个星期一
总数	40	—	45	—

7.2.2.3 "上/下半 T"构式

上/下的空间关系表示整块或整段的上部或下部。现代汉语可将整块或整段拆分为上/下两半,用于说明空间和时间的关系。我们将语言中的这种现象形式化为"上/下半 T"构式。

我们将检索式"上半 t"(代表"上半 T"构式)和"下半 t"(代表"下半 T"构式)输入 BCC 语料库中,但并没有得到相应的结果。我们又尝试输入"上半"和"下半"两个节点词(把 t 去掉),BCC 语料库分别给出 44 524 和 29 457 个频次结果。由于检索到的结果量非常大,计算机又无法自动提取搭配词,我们采用人工识别的方式,剔除不合语境的项目,如"我已经能买下半个中国了""周恭王一生沉溺于声色,但众多妻妾中,竟没人为他生下半个儿子,全是女儿""他也曾努力博取生物学知识,算得上半个专家了""太阳掠过水面时,就只剩下了上半个圆弧薄薄的一层"。以上例子中的"上半"和"下半"不符合"上/半 T"构式的语义要求,我们将这些表达式剔除。

另外,由于 BCC 语料库只允许查阅 10 000 个结果,我们在逐个查阅这 10 000 个结果的基础上,又进入 CCL 语料库,核对是否有遗漏的表达式。据此,我们得到 21 个符合"上半 T"构式语境要求的时间词:年、月、天、日、晌、夜、生、辈子、世、世纪、周、学年、学期、期、叶、季、赛季、场、时、区、局。然后,我们对这 21 个时间词进行语境核对,得到了符合"上/半 T"构式要求的频次结果。(表 7.3)

表 7.3 "上/下半 T"构式中的时间词

频次	上半 T		下半 T	
	词数/个	时间词(频次)	词数/个	时间词(频次)
万次以上	1	年(30 703)	1	年(15 116)
千次以上	2	场(3 938),时(1 649)	2	场(4 357),时(1 799)
百次以上	6	天(705),月(380),区(160),叶(341),期(123),周(114)	8	辈子(679),夜(673),生(443),叶(340),月(291),周(234),区(134),天(112)
10—99 次	5	夜(78),日(25),学期(49),赛季(32),世纪(15)	6	学期(94),期(90),赛季(39),世(38),季(28),世纪(14)

续表

频次	上半 T		下半 T	
	词数/个	时间词（频次）	词数/个	时间词（频次）
2—9次	7	世（5），生（4），局（4），季（3），晌（2），辈子（2），学年（2）	4	日（9）晌（8），局（2）学年（2）
总数	21	—	21	—

7.2.3 T槽位原始数据

依据上述对数据收集和数据处理的结果，我们对"上/下T空间关系"构式家族T槽位时间词的频次进行了汇总，见表7.4。

表7.4是T槽位时间词的频次汇总表。汇总表显示，6个子构式在时间词数和频次方面都各有特点。从频次来看，T槽位中时间词有两个主要的特点：第一，时间词出现的频次差距极大，最高频达10万次以上，最低频仅2次。第二，时间词在各个频次段都有表现，10万次以上、万次以上、千次以上、百次以上、10—99次和2—9次的时间词在不同子构式的分布情况各不相同。比如，"下+T"构式出现的频次段最全，包括了从最高频次10万次以上到最低频的2次。"上QT"构式和"下QT"构式出现的频次段最少，仅涵盖了2次到百次以上的频次段。

表7.4 "上/下T空间关系"构式家族T槽位时间词频次汇总　　单位：个

序号	频次	子构式T槽位时间词					
		上 T		下 T		上/下半 T	
		上+T	上 QT	下+T	下 QT	上半 T	下半 T
1	10万以上	—	—	1	—	—	—
2	万次以上	2	—	1	—	1	1
3	千次以上	3	—	3	—	2	2
4	百次以上	9	1	18	4	6	8
5	10—99次	23	15	11	15	5	6
6	2—9次	3	13	6	26	7	4
	总数	40	29	40	45	21	21

从时间词数看，每个子构式 T 槽位时间词的数量也有差别，但内部总体比较均衡。"上/下半 T"子构式 T 槽位中的时间词数量相对较少，总数为 42 个，各占 21 个。相比"上/下半 T"子构式，"上+T"和"下+T"子构式 T 槽位中的时间词数量相对较多，都是 40 个。"下 QT""上 QT"中的时间词数量多，分别是 45 个和 29 个。

总体上说，"上/下 T 空间关系"构式家族不仅能吸引相当数量的时间词参与建构时间义，同时也能吸引最高频时间词，形成时间义建构的独特性。

7.3 T 槽位中的时间词

7.3.1 语义类别及时间词信息

在表 7.4 的基础上，通过语义识别的方式，我们对每个子构式 T 槽位中的时间词进行观察，目的在于获得更加详细的时间词信息。

7.3.1.1 "上 T"构式

"上 T"构式 T 槽位的时间词共有 69 个，包括"上+T"子构式（40）和"上 QT"子构式（29）。"上+T"子构式的频次范围从 2 次到万次以上。其中，频次万次以上的词有 2 个，千次以上的词有 3 个，百次以上的词有 9 个，10—99 次的词有 23 个，2—9 次的词有 3 个。

"上 QT"子构式的频次范围从 2 次到百次以上。其中，频次在百次以上的词有 1 个，10—99 次的词有 15 个，2—9 次的词有 13 个。（表 7.1）

7.3.1.2 "下 T"构式

"下 T"构式 T 槽位的时间词共有 85 个，包括"下+T"子构式（40）和"下 QT"子构式（45），频次范围从 2 次以上到 10 万次以上。其中，10 万次以上的词有 1 个，万次以上的词有 1 个，千次以上的词有 3 个，百次以上的词有 18 个，10—99 次的词有 11 个，2—9 次的词有 6 个。"下 QT"子构式中频次在百次以上的词有 4 个，10—99 次的词有 15 个，2—9 次的词有 26 个。（表 7.2）

7.3.1.3 "上/下半 T"构式

"上/下半 T"构式 T 槽位的时间词共有 42 个，其中，"上半 T"子构式（21）、"下半 T"子构式（21），频次范围从 2 次到万次以上。"上半 T"

子构式中，T 槽位时间词的频次在万次以上的词有 1 个，千次以上的词有 2 个，百次以上的词有 6 个，10—99 次的词有 5 个，2—9 次的词有 7 个。"下半 T"子构式 T 槽位共有时间词 21 个，其中，频次在万次以上的词有 1 个，千次以上的词有 2 个，百次以上的词有 8 个，10—99 次的词有 6 个，2—9 次的词有 4 个。（表 7.3）

本小节从宏观上介绍了"上/下 T"构式 6 个子构式 T 槽位时间词的个数和每个时间词所处的频次范围，这为后续深入了解时间词的特点提供便利。

7.3.2　T 槽位时间词的特点

我们依据各类子构式 T 槽位中时间词的频次，对"上/下 T"构式家族的 3 类子构式不同频次段的时间词进行分类，目的在于观察"上/下"节点词构式所吸引的时间词状况。

7.3.2.1　"上 T"构式

表 7.2 概括了"上 T"构式（"上+T"子构式和"上 QT"子构式）T 槽位中的全部时间词信息。我们根据每个频次段中的时间词数及时间词的性质，概括该构式时间词的特点。

在"上+T"构式中，出现万次以上的时间词有 2 个，分别是午、年。"午"和"年"跟地球围绕太阳自转和公转有关。"上午"一般指清晨至正午 12 点的一段时间，是指地球围绕太阳自转半圈的时间。"年"是指地球绕太阳公转一周的时间。如果按月份计算的话，一年指 12 个月的时间。

出现千次以上的时间词有 3 个，分别是旬、辈子、周五。"旬"是中国一种传统的时间单位，10 日为一旬，一个月分上中下三旬。"上旬"是指一个月的第一个 10 天。"辈子"的基本意思是一世或一生。"上辈子"指人的前世，与"下辈子"（来世）相对。"周"是时间的一轮，特指一个星期。"上周"是指过去的一个星期，与"下周"（即将到来的一个星期）相对。

出现百次以上的时间词有 9 个，分别涉及以下 5 种情况。

（1）年：如上年末、上年底。

（2）月：如上月底、上月末。

（3）周/星期：如上周日、上星期五、上星期六。

（4）世纪：如上世纪末。

（5）前次/上回：如上回、上上次。

出现 10 次以上的 23 个时间词，涉及以下 7 种情况。

（1）年：如上年初。

（2）月：如上月初、上一月。

（3）周/星期：如上周一、上周二、上周三、上周四、上周六、上上周、上周末、上学期、上学期末、上星期一、上星期二、上星期三、上星期四、上星期天、上星期日。

（4）半天：如上午前、上午时。

（5）时：如上下半时。

（6）时代：如上古时、上古时代。

以上分析显示，出现在"上+T"构式 T 槽位中的时间词主要涉及以下方面的信息。

（1）历法时间：如年、月、日、周/星期、世纪。

（2）年龄时间：如辈子。

（3）频次：如次/回。

（4）中国传统计时（按 10 天计算）：如旬。

"上 QT"构式是以量词作为载体将"上"这个节点词与时间词搭配，这里的 Q 主要指量词"个"。在该子构式 T 槽位的全部 29 个时间词中，百次以上的词仅 1 个，即上个世纪末。"世纪"是计年单位，100 年为一个世纪。出现 10—99 次和 2—9 次的时间词有以下 6 个特点。

（1）年：如上个龙年。

（2）月：如上个月底、上个月初、上个月末。

（3）星期：如上个星期天、上个星期五、上个星期六、上个双休日、上个星期四、上个星期三、上个礼拜天、上个周六、上个星期一、上个周日、上个星期日、上个星期二、上个周五、上个周一。

（4）季节：如上个冬天、上个夏天、上个冬季、上个雨季。

（5）假期：如上个暑假、上个寒假、上个假期、上个春节、上个圣诞节。

（6）晚上：如上个晚上。

以上分析显示，出现在"上 QT"构式 T 槽位的时间词主要涉及以下几个方面的信息。

（1）历法时间：如年、月、星期、世纪。

（2）节气/假日：如季节、假期。

（3）地球自转时间（早、中、晚）：如晚上。

（4）中国传统计时：如龙年。

7.3.2.2 "下T"构式

表7.3概括了"下+T"构式和"下QT"构式T槽位中的全部时间词信息。我们根据每个频次段中的时间词数及时间词的性质,概括该类构式时间词的特点。

在"下+T"构式中,出现10万次以上的时间词1个:午;万次以上的时间词1个:旬。"下午"是指从正午12点到半夜12点的一段时间,也是地球围绕太阳自转半圈的时间。"下旬"是中国一种传统的时间单位,是指一个月的第3个10天。

千次以上的时间词有3个,分别是:辈子、周一、年。这3个时间词涉及3个方面的信息。

(1) 地球绕太阳公转一周的时间:如下年。
(2) 一生/一世:如下辈子。
(3) 星期:如下周一。

出现百次以上的时间词有18个,出现10—99次的词有11个,出现2—99的词有6个。总括起来,这些时间词有以下特点。

(1) 年:如下年底、下年初、下年末。
(2) 月:如下月底、下一月、下月、下下月、下一月份、下月末。
(3) 周/星期:如下周二、下周六、下周五、下周三、下周末、下星期一、下周四、下下周、下星期日、下星期五、下星期二、下星期四、下礼拜天。
(4) 学期:如下学期、下学期末。
(5) 天:如下午后。
(6) 一生/一世:如下下辈子。
(7) 百年:如下世纪末。
(8) 快速/短暂:如下一瞬间、下一瞬、下一刹那。
(9) 次/回:如下次、下下次、下下回。

以上分析显示,出现在"下+T"子构式T槽位中的时间词涉及以下几个方面的信息。

(1) 地球自转时间:如下午、半夜、午后。
(2) 中国传统计时:如旬。
(3) 历法时间:如年、月、日、周/星期、世纪。
(4) 一生/一世:如辈子。
(5) 快速/短暂:如瞬间、瞬、刹那。
(6) 频次:如次/回。

出现在"下 QT"子构式中的时间词共有 45 个，这些时间词有以下特点。

(1) 年：如下年年初、下年年末、下个龙年、下个新年。

(2) 月：如下个月初、下个月底、下个月末、下年三月、下年六月。

(3) 周/星期：如下个星期一、下个周末、下个星期六、下个星期一、星期五、下个星期天、下个星期三、下个星期二、下个星期三、下个星期日、下个礼拜天、下个周日、下个周五、下个周一、下个周六。

(4) 快速/短暂：如下个瞬间、下个刹那。

(5) 节假日：如下个假期、下个圣诞、下个圣诞节、下个暑假、下个春节、下年冬天、下年圣诞、下年暑假、下个寒假、下年新年。

(6) 季节：如下个夏天、下年夏天、下个冬天、下个春天、下届冬季、下个冬至、下个秋天、下个冬季。

(7) 百年：如下个世纪末。

以上分析显示，出现在"下 QT"子构式 T 槽位中的时间词涉及以下几个方面的信息。

(1) 历法时间：如年、月、星期、世纪。

(2) 假日：如假期、圣诞、暑假、春节、暑假、寒假、春节、新年。

(3) 季节：如夏天、冬天、春天、冬季、秋天。

(4) 地球自转时间：如晚上。

(5) 中国传统计时：如龙年。

(6) 快速/短暂：如瞬间、刹那。

7.3.2.3 "上/下半 T"构式

表 7.4 概括了"上/下半 T"构式 T 槽位中的全部时间词。其中，"上半 T"和"下半 T"子构式中 T 槽位的时间词各有 21 个。我们根据每个频次段中的时间词数及时间词的性质，概括该子构式时间词的特点。

在 2 个子构式的 T 槽位中，出现万次以上的时间词各有 1 个，都是时间词"年"，即地球围绕太阳公转一周 365 天的时间。出现千次以上的词也各有 2 个，分别是场、时。"场"主要用于有场次或有场地的文娱体育活动，这样的活动被看成一个整体，并通过时间间隔将活动整体一分为二。"时"是计时单位，如时辰，表示一昼夜的 1/12。"时"也可以指小时，法定的时间单位，即一昼夜的 1/24。

"上半 T"构式中出现百次以上的时间词有 6 个，根据出现频次的高低，分别是天、月、区、叶、期、周；10—99 次的时间词有 5 个，分别是夜、日、学期、赛季、世纪；2—9 次以上的时间词有 7 个，分别是世、生、局、季、晌、辈子、学年。这些时间词有以下特点。

(1) 历法时间：如月、日、天、夜、世、世纪、叶。
(2) 活动周期：如周、期、学期、学年、季、赛季、区、局。
(3) 生命周期（一生/一世）：如生、辈子。
(4) 中国传统计时：如晌。

"下半T"构式中出现百次以上的时间词有 8 个，根据出现频次的高低，分别是辈子、夜、生、叶、月、周、区、天；10—99 次的时间词共有 6 个，分别是学期、期、赛季、世、季、世纪；2—9 次的时间词共有 4 个，分别是日、晌、局、学年。这些时间词有以下 3 个特点。

(1) 历法时间：如月、日、天、夜、晌、世、世纪、叶。
(2) 活动周期：如周、期、学期、学年、季、赛季、区、局。
(3) 生命周期（一生/一世）：如生、辈子。
(4) 中国传统计时：如晌。

以上分析显示，"上半T"和"下半T"构式T槽位中的时间词具有相同的特征，两类子构式都涵盖了历法时间：以年、月、日、周为计时单位和以 100 年为计时单位两种通用的时方式。除此之外，两类子构式中的时间词还包括基于活动的计时单位，如基于学校教学时段的计时单位（学期、学年）及基于各类比赛时段的计时单位（季、局）。另外，两类子构式中还出现了中国传统的计时方式"晌"，用来表示半天的时间。

7.3.3 "上/下T"构式的概念化

空间关系是概念化时间的常见手段，且在某种程度上具有文化的特殊性。"上/下"是空间关系的一个主要类别，在概念化时间的过程中也不可避免地带有文化的特色。为了观察现代汉语中"上/下空间关系"概念化时间的特点，我们观察"上/下T空间关系"各子构式中的高频时间词，确定这些在"上/下空间关系"构式中所具有的原型特征，然后概括总结，"上/下T空间关系"构式T槽位中所有时间词的类型，分析"上/下T空间关系"构式概念化时间的认知机制。

7.3.3.1 原型特征

"上/下T空间关系"构式T槽位中的时间词存在频次高低的不同。一般情况下，进入T槽位的高频词能够代表T槽位成员的典型特征，或称原型特征。依据表 7.1，我们发现，3 类构式的最高频量词在频次上存在差异，从百次到 10 万次以上。（表 7.5）

表 7.5　6 类子构式最高频时间词

序号	频次	词数/个	T槽位中的时间词					
			上 T		下 T		上/下半 T	
			上+T	上 QT	下+T	下 QT	上半 T	下半 T
1	10 万次以上	1	—	—	午	—	—	—
2	万次以上	4	午，年	—	—	—	年	年
3	千次以上							
4	百次以上	5	—	世纪末	—	周末，月初，星期六，星期一	—	—

表 7.5 概括了 6 类子构式 T 槽位最高频时间词的频次、最高频时间词的词数等信息。6 类子构式中最高频次的时间词分别是 10 万次以上、万次以上和百次以上。千次以上频次段没有出现在各类子构式中，这种现象受各子构式自身的特点所决定。

表 7.5 显示，各类子构式 T 槽位中的时间词有以下特点。

（1）根据地球围绕太阳公转一周的"年"（365 天）为单位确定的历法时间。据此计时单位，公历 1 年分为 12 个月，每个月又可分为 30 天或 31 天（2 月份为 28 天或 29 天）。

（2）根据地球自转一周的"日"（24 小时）为单位，确定 1 天的时间，其中"午"通常被理解为日中的时候，即 12 点。

（3）以 100 年为计年单位，100 年为 1 个世纪。如从公元 1—100 年为 1 世纪，1901—2000 年为 20 世纪。

（4）以制定工作日、休息日为依据的时间单位——星期，也叫周。星期作为时间周期，最早起源于巴比伦。世界通行的星期制是罗马皇帝君士坦丁大帝在公元 321 年 3 月 7 日正式确立的。在中国古代称"七曜"。七曜在中国夏商周时期是指日、月及 5 大行星的 7 个主要星体，是当时天文星象的重要组织成分，后来借用作 7 天为 1 周的时间单位，故称"星期"。

可见，现代汉语在利用"上/下 T"构式概念化时间的过程中，遵循以下原则。

（1）接受国际通用的计时方式，将各类大小不一的时间单位视作由上下两个部分组成的整体，目的是更能准确把握并处理单位范围内的时间信息。

（2）适度延续中国传统文化中的时间概念（如"晌"），并与国际通用的计时单位命名混用，如星期与周的混用。

7.3.3.2 范畴的其他成员

除了上述以"午、年、周/星期、世纪"为计时原型，其他具备拆分上、下两个部分的时间单位则具有季节、短时、模糊、规约和文化等特点。（图 7.2）

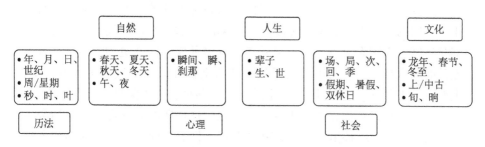

图 7.2 范畴及范畴成员

图 7.2 概括了 T 槽位中的时间词所涉及的范畴及范畴成员的关系。具体地说，该图展示了范畴的类型及范畴成员与构式的互动关系。"上/下 T"构式共涉及 6 个主要范畴：定数范畴、季节范畴、短时范畴、模糊范畴、规约范畴和文化范畴。每个范畴和范畴成员之间具有内容的系统性和统一性。总体来说，"上/下 T"构式吸引了至少 6 类范畴，其特点如下。

（1）历法范畴，或称历法时间单位。即基于有固定数量的法定时间和日晷时间而确定的时间单位，包括年、月、日、天、世纪；以 7 天为计时单位的周和星期；还包括以"日"（太阳出来的时间）、"午"（中午 12 点）和"夜"（太阳下山的时间）为计时单位。

（2）自然范畴，或称季节时间单位。即基于一年四个季节及特定的自然季节确定时间单位，包括春天、夏天、秋天、冬天，还包括自然现象，如雨季等。

（3）心理范畴，或称短时时间单位。即基于极短的时间确定时间单位，如瞬间、瞬、刹那等。

（4）人生范畴，或称人生时间单位。即基于约数时间而非定数时间而确定的时间单位，包括辈子、生、世、叶等。

（5）社会范畴，或称社会规约时间单位。即基于约定俗成的事件而确定的时间单位，如场、次、回、局、期、局、假期、暑假、双休日等。

（6）文化范畴，或称文化计时单位。即基于反映文化特色，或文化特有的、全体社群成员所共同遵守和接受的时间单位，如龙年、新年、春节、冬至、上古、中古、旬；还包括反映方言特色的时间单位，如晌。

上述6类范畴不仅内容成员之间具有系统性、相似性，6类范畴之间也具有系统性和相似性。现代汉语时间系统主要遵循国际通用的计时方式，延续中国传统文化特色的时间单位，同时将人生、心理和社会纳入其中，构成一个表达时间的整体。

人受制于时间，又努力驾驭时间，以各种方式留住时间，赋予时间以生命。时间不以人的意志为转移，按自身的运行轨迹高速行驶，循环往复，绵延不断。太阳东升西落，春夏秋冬，春华秋实，四季更替。这是亘古不变的时间真理。人、人生及人类的一切活动都在时间划定的跑道中奔跑。上辈子→下辈子、上一世→下一世，生命的轮回，无声无息，无穷无尽。

但人总是以各种方式证明自己的存在，也证明时间的存在。正如希腊哲学家普洛泰戈拉提出的著名命题"人是万物的尺度"一样，是存在者存在的尺度，也是不存在者不存在的尺度。人总是努力以自己的智慧和各种技术手段丈量（精准测量或固化）看不见的时间，也通过社会活动、社会规约和心理变化等方式来干预或改变时间的走向和速度。同时，现代汉语对时间的表征还保留了中国传统文化的印记，具有群体性和民族性的特点。阴历或农历（中国传统历法）及方言等时间表达，至今还广泛沿用。

7.3.3.3 上下对称

上述T槽位时间词的原型特征是否对各类子构式T槽位的其他时间词产生影响？如果有影响，会产生怎样的影响？我们首先对上半/下半语境下的时间概念化进行分析。

第一，进入"上/下半T"构式中的时间词有哪些，有什么特点？

进入"上/下半T"构式中的时间词各有21个（表7.4）：年、月、天、日、晌、夜、生、辈子、世、世纪、周、学年、学期、期、叶、季、赛季、场、时、区、局。这些词有以下几个特点。

A. "上/下半T"构式中的时间词表达的概念都由两个部分组成，且都可以依据物理时间或心理时间加以划界。可以用物理时间划界的时间词有年、月、天、日、晌、夜、世纪、周、学年、学期、期、叶、季、赛季、场、时、区、局。这些时间词都可以有约定俗成的分界线，这些分界线有的清晰，有的相对模糊。具有清晰分界线的时间词是指有两个部分，且中间有明确的分割线，如比赛的上、下两场之间有中场休息这个分割线，如赛季、场、时、区、局。有些是由明显寒、暑假或中午作为分隔的整体，如学年、学期、日、天；还有一些是依据一个时间周期的中间点来划定两个部分，如年、月、夜、周、期、世纪、叶、季等。心理时间划界主要指时间界限不清晰，没有明显的隔断或间隔标记的时间，如生、辈子、世。"晌"指的是正午或正午前后，因此，"晌"本身可以作为白昼的划界，可以分为上半晌（上午）和下半晌（下午）两个部分。

B. 从整体来看，这些表达时间概念的词大致可以分为几个类别：a. 历法计时，如年、月、日、天、周、世纪、叶等。b. 自然计时，如四季和日夜更替等。c. 行政或行业计时，如学年、学期、赛季、场、时、区、局等。d. 生命周期计时，如生、世、辈子等。

C. 所有这21个表达时间概念的词都成对出现，分别可以用"上半"和"下半"两个表示空间概念的词语来表达。

斯坦福大学教授莱拉·博洛迪特斯基（Lera Boroditsky 2001）在《语言塑造思维方式吗？——汉语和英语讲话者的时间观念》一文中以英语和汉语为例，观察不同的词汇概念在语言实验中反应时间的变化，目的在于探讨时间语言（language of time）对非语言思想和行动的影响。博洛迪特斯基对说汉语和英语的人接触垂直轴或水平轴的启动刺激，让受试者对表示"前"或"后"（EARLIER or LATER）的时间概念做正误判断（如March comes earlier than April：true or false）。博洛迪特斯基发现，说汉语的人对垂直轴（"上/下"）的反应更快，说英语的人对水平轴（"前/后"）反应更快。即使当两组受试者都在用英语执行任务时，情况仍然如此。据此，博洛迪特斯基认为："语言习惯似乎促进思维习惯。由于说汉语的人即使在思考英语时也表现出垂直偏向（vertical bias），因此，由语言促进的思维习惯似乎可以不管人们此刻用于思考的是哪种语言。"（Boroditsky 2001：12）

博洛迪特斯基关于语言促进思维习惯的形成，在某种方面符合人们对时间的认识。现代汉语中通过"上/下T"构式形成了对时间的普遍认识，在某种程度上反映了汉民族对时间的思维习惯。但博洛迪斯特基（2001）的实验似乎过于片面，正如我们在前面章节中所论述的那样，现代汉语时间概念化是一个复杂的系统，我们对时间的思维习惯受多种语言因素的影响。就拿"上/下半T"构式来说，"上半T"和"下半T"构式之间也存在某些差别。

第二，T槽位中的时间词在频次上是否有差异，产生差异的原因是什么？

尽管"上半T"和"下半T"构式T槽位上的时间词是相同的，即某一个时间概念都可以拆分为上、下两半，并分别进行单独的量化计算。但该类构式中的时间词在使用频次方面并非一致，存在明显的差异。

表7.6展示了"上/下半T"构式中T槽位的21个时间词在"上半T"构式和"下半T"构式中的频次。

从总频次上看,"上半T"构式的频次是38 334,"下半T"构式的频次是24 502。"上半T"构式的频次比"下半T"构式的频次多13 832,高出36个百分点,具有统计学上的显著性。现代汉语中的这一现象客观反映了人们概念化时间过程中的总体认知,即人们倾向于关注整体的第一部分,将更多的注意力投入整体的第一部分或者说是上半部分。比如说"年"这个时间概念,"上半年"出现的频次是30 703,"下半年"出现的频次是15 116,上、下半年的频次相差15 587,"上半年"频次比"下半年"频次高50.77%。中国俗语"一年之计在于春,一日之计在于晨"说的就是这个道理。对于一年开头(春天)或上半年,我国有诸多这样的论述。如唐朝宋若莘、宋若昭在《女论语》中提到"一年之计,惟在于春。一日之计,惟在于寅"。朱自清在《春》中写道:"'一年之计在于春',刚起头儿,有的是工夫,有的是希望。"这也就不难解释上半月、上半天、上半日的使用频次高于下半月、下半天、下半日的原因了。

表7.6 "上/下半T"构式中时间词的频次

序号	时间词(T)	"上半T"构式 频次	"下半T"构式 频次
1	年	30 703	15 116
2	场	3 938	4 357
3	时	1 649	1 799
4	天	705	112
5	月	380	291
6	叶	341	340
7	区	160	134
8	期	123	90
9	周	114	234
10	夜	78	673
11	学期	49	94
12	赛季	32	39
13	日	25	9

续表

序号	时间词（T）	"上半T"构式 频次	"下半T"构式 频次
14	世纪	15	14
15	世	5	38
16	生	4	443
17	局	4	2
18	季	3	28
19	辈子	2	679
20	学年	2	2
21	晌	2	8
总频次		38 334	24 502

在"上/下半T"构式中，"下半T"频次也出现了高于"上半T"频次的例子。典型的例子包括：辈子、生、夜、世、周。这些表达时间概念的词在"下半T"构式中的使用频次，明显高于其在"下半T"中的使用频次。"上半辈子"比"下半辈子"的使用频次低99.41%，"上半生"比"下半生"的使用频次低98.22%，"上半夜"比"下半夜"的使用频次低79.22%，"上半世"比"下半世"的使用频次低76.74%，"上半周"比"下半周"的使用频次低29.48%。例如，如果我们以"周"为单位制定学习和工作计划，你们下半周一定相对更紧张而紧迫。（微博）这个例子较好地说明了"下半周"使用频次多于"上半周"的主要原因。

产生"下半"多于"上半"的原因有很多，我们以"下半生/辈子/世"为例对此现象做出部分解释。

A. 尊重自然规律，关注生命法则。人的一生，从出生到长大再到去世，经历了从幼年到青年、中年再到老年的过程。中年后进入老年，也就进入了整个人生旅程的第二部分，或者说"下半生""下半辈子""下半世"。"下半生/辈子/世"使用频次高于"上下半生/辈子/世"，可能与人类对自身生命周期关注有关。正如例（1）所说，人生只"剩下了一半"，"这是个怎样度过下半生的简单而又复杂的问题"。生老病死是自然规律，也是人生的无奈。如何"健健康康、平平安安"过好"下半辈子"是人类必须面对的共同问题［例（2）］。

（1）柏慧，这是个怎样度过下半生的简单而又复杂的问题。剩下了一

半,不多也不少。(大陆作家\张炜)

(2) 突然觉得什么都不算什么,健健康康、平平安安的就是最大幸福。我也希望"上半辈子倚仗着自己的身体赚钱,下半辈子用上半辈子的钱治病"这句话永远不要在我身边出现。(微博)

B. 敬畏生命短暂,期待未来美好。人最朴素的情怀就是好好做人,做好人,不虚度短暂的生命和年华。面对人生的各种不如意,努力学会自我调整,争取"下半辈子过个平安日子"[例(3)],"好人有好报",生活有了保障,"下半辈子可以享享清福了"[例(4)],"下半辈子也不愁吃穿了"[例(5)],居有定所,手有余款,"下半辈子的生活一点不愁"[例(6)]。"过平安日子""享清福""不愁吃穿""生活无忧"这些都是普通老百姓对下半辈子美好生活的向往和期待。因此,"要珍惜下半辈子的时光"[例(7)],"下辈子健康幸福"[例(8)]是我们的共同愿望。总之,生命虽然短暂,未来无限美好。"下半辈子俺要好好过"[例(9)]导出了中华民族儿女共同的心声。

(3) 我说,我也像国内很多人一样同情张宁的不幸,希望她改变环境,下半辈子过个平安日子。(作家文摘,1993)

(4) 当她提回整整一麻袋钱的时候,许多邻居都向她祝贺:"您是好人有好报,下半辈子可以享享清福了。"(人民日报,1996)

(5) 听说烈士家属每月有好几十块钱抚恤金哩!这样你下半辈子也不愁吃穿了。(作家文摘,1994)

(6) 她旋即想起这几年来她手里有不少积蓄,即使沪江出了事,没有汽车洋房,光是徐义德一个人,找个公寓房子,下半辈子的生活一点不愁。(周而复,上海的早晨)

(7) 尽管大哥一回城就被全家人一再警告,要珍惜下半辈子的时光,努力干出点成就,别再心猿意马旁骛他求,他也点头称是一味诚恳。(作家文摘1994 A)

(8) 祝你们年年平安,岁岁平安,过上好日子。我也会祝福刘桂英,祝你下半辈子健康幸福。(作家文摘,1996)

(9) 效设是死里逃生,下半辈子俺要好好过。(人民日报,2000)

和"下半辈子"一样,"下半生"和"下半世"同样表达了中华民族对人生的期盼和向往。希望继续努力,下半生同样精彩[例(11)],不用担心下半生的生活[例(12)],"下半世可以衣食无忧"[例(13)],"开开心心地过完下半世"[例(14)]。

(11) 她说:"我希望我的下半生能为我挚爱的中国小提琴事业尽一分

力,同时也希望看到一代代新人成长起来。"

(12) 所以,我说白莉运气好,她将来嫁给田亮,一定很幸福,而你,下半生也有依靠了!(岑凯伦,合家欢)

(13) "我要是有这么好的一个女儿,我老张下半世可以衣食无忧。可惜我没有那个福分。"老张很凄惨的说。(现代\文学\老舍长篇)

(14) 俗语有云:人不为己,天诛地灭,何况我这么做又不是害人,与其痛苦地生活下去,我宁愿选择开开心心地过完下半世。(银河,英雄传说)

C. 做到未雨绸缪,规划未来人生。人生就像一艘远航的船,自己才是掌舵者。风平浪静的时候,需要未雨绸缪,事前做好各种准备和安排,以应付可能出现的惊涛骇浪。"为自己的下半辈子,得有个计划"[例(15)],"他给了我很多银两,给我好好安排了下半世的生活"[例(16)],"与其痛苦地生活下去,我宁愿选择开开心心地过完下半世"[例(17)]。可见,下辈子的事需要有计划,需要好好安排,这样才能开开心心地过完下半世,下辈子"要为自己而活"[例(18)]。

(15) 还要做多长时间"钟点工",他不知道,但是有一点是清楚的,为女儿,为自己的下半辈子,得有个计划。做钟点工是第一步。(作家文摘\1997\1997B)

(16) 叶二娘道:"不,不!他顾到我的,他给了我很多银两,给我好好安排了下半世的生活。"(金庸,天龙八部)

(17) 俗语有云:人不为己,天诛地灭,何况我这么做又不是害人,与其痛苦地生活下去,我宁愿选择开开心心地过完下半世。(银河,英雄传说)

(18) 丁公子可以看得出,我们的年纪不小了,也可以说是过去了半辈子,上半辈子是为剑而活了,下半辈子可不能再为剑了,我们要为自己而活。(古龙,圆月弯刀)

D. 未来不可预期,有担心也有恐惧。上辈子指过去了的日子,下辈子是即将到来的日子。未来的日子如果没有很好的安排,就会造成心理上的恐惧。因此,有足量的积蓄,有稳定的生活保障,未来的生活才有依靠,否则"下半辈子的生活怎么打发呢"[例(19)]。可见,如何平安度过下半辈子是人们普遍担心的问题。

(19) 她手里积蓄没有了,开始靠变卖东西过日子,下半辈子的生活怎么打发呢!(周而复,上海的早晨)

E. 言语行为手段,渲染负面情绪。由于对未来不确定的恐惧,"下半辈子"在语用上还被用作施行警告类、恐吓类或表达类言语行为的手段。例(20)中"你这下半辈子,别想安生!"就是对苔丝的警告或恐吓。另外，在日常交流中，人们倾向于用"下半辈子"自嘲或表达不满，宣泄情绪。常见的表达式有："那我下半辈子还活不活了"［例（21）］，"我下半辈子怎么可能守着你呢？"［例（22）］。

（20）苔丝！就凭这个，你也得小心伺候！你要让我连这点乐子也没有了，你这下半辈子，别想安生！（冯苓植，猫腻）

（21）拉拉笑道："从大学起，我和张东昱博士的八年同居生活你了如指掌，包括我们分手前他给我做的那个 SWOT 分析，而我和王总监的那点破事你又如数家珍，我要再和你的远房表哥好，那我下半辈子还活不活了？"（李可，杜拉拉升职记）

（22）我看见她拉起爸爸的手，想到以前我和琳茜时常坐在二楼楼梯口的拓印画底下，我假装是上了天堂的骑士，"假日"是骑士的忠犬，琳茜则是骑士的爱妻，"你死都死了，我下半辈子怎么可能守着你呢？"琳茜总喜欢这么说。（翻译作品，可爱的骨头）

第三，T 槽位中的时间词是否存在频次相当的情况，产生的原因是什么？

"上半 T"和"下半 T"构式 T 槽位的时间词存在频次相当的情况。产生这种现象的原因可能与语言使用者的主观投入量有关。当说话者主观投入量越少，他们对时间整体性的理解越深，对上、下两半的关注度越低，因而就越能客观地对上、下两个部分进行描写。例如，相对于"学期"（"上半学期"比"下半学期"的使用频次低 33.46%），"学年"是一个比较客观而又正式的表达，主观色彩较弱，因此"上半学年"和"下半学年"的使用频次几乎相等。同样"世纪""叶""赛季""局"等历法计时和各类比赛的描写都具有正式、客观的特点，因此"上/下半世纪""上/下半叶""上/下半赛季""上/下半局"在语料库中的使用频次变化不大。

7.3.3.4 其他不对称

除了"上半"和"下半"对称，现代汉语中的上下空间关系在概念化时间的过程中还存在其他不对称现象。

第一，"初、底、末"时间标记的不对称。"初、底、末"是 3 个常见的表达时间开始和结束的标记语。但在现代汉语中，这 3 个标记语之间并不对称，也就是说，"初"对应"末"或"底"。

A. "初"表示开始的，如初夏、初冬，或表示开始的一段时间，如年初、月初、本学期初，或表示第一个，如初伏、初旬。在中国传统文化农历中，初一表示农历每月的第一天，等于"第一个 1"，初十表示农历每月的第 10 天，等于"第一个 10"。可见，"初"的意思表示空间某个段落的开始部分,可以喻指某个特定时间段的开始部分。

B. "末"表示东西的梢或尽头,如末梢,或最后、终了、末尾,如春末、明末、末班车、上世纪末。可见,"末"原指物体或空间的尾部或尽头,可以喻指某个时间段结束的部分。

C. "底"本义为最下面的部分,如底层、底座、底下、海底,也表示末了,如年底、月底。可见,"底"原指有高度的(或垂直的)物体或空间的下部,与"顶"(人体或物体上最高的部分)相对。

以上分析显示,表示时间点的"初、底、末"事实上也并不完全对应。(图7.3)

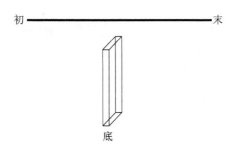

图7.3 "初、底、末"的不对称

图7.3显示,如果"初"和"末"处在同一水平线的两段,那么,月初/月末、年初/年末,可以看成水平层面上的对称。但同时,现代汉语中也有月初/月底、年初/年底的说法。

上下空间关系概括的是物体上、下两个部分的关系,因此,在上下空间关系概念化时间的过程中,我们应该选择"底"及与"底"相对的"顶"表示时间的开始和结束。但语料中我们没有发现"月顶""年顶"的说法。另外,上下空间关系在表达"上月初—下月末""上年初—下年末"时,既将时间看成上下垂直关系,同时又将时间看成水平关系。

"初、底、末"的不对应,在某种程度上表明现代汉语在概念化时间的过程中存在垂直和水平共通现象。这对进一步了解现代汉语时间概念化具有十分重要的意义。

第二,短时时间单位中的不对称。图7.2提供的短时时间单位包括两个方面。一种是钟表时间中的"秒",另一种是不能进行钟表量化的短时时间,如瞬间、瞬、刹那,强调的是时间快速地流逝,即一眨眼的工夫、转瞬之间、刹那或须臾。这类词常见的表达式有"下一瞬间""下个瞬间""下一/个刹那"。但语料库并未提供对应的"上一瞬间""上个瞬间""上一/个刹那"等表达式。产生这种现象的原因也许与事情的紧迫或速度快有关,如例(23)所说,"也许下一瞬间你的生命就会这样的消去!",或"就在下一瞬间,出现一幕令人窒息的光景"[例(24)]。

(23)这惨厉的声音以一种可怕的力量,深压到每个被威胁者的灵魂深处,在这一瞬间使你失去思考的余裕,闭着眼睛等着,也许下一瞬间你的生命就会这样的消去!(作家文摘,1995A)

(24)一名骑兵从鞘中拔出大剑,在地面上戮着。剑刃上只沾满小石及泥土。就在下一瞬间,出现一幕令人窒息的光景。骑兵两膝位置,闪过一道白光。骑兵两膝被切斩断,整个身体滑落下来,倒卧在地。(翻译作品,亚尔斯兰战记)

所以,正如例(25)所示,"每一瞬间都不能预见下一瞬间的事",短时时间更多的是心理时间,是心理预期的反映。

(25)每一瞬间都不能预见下一瞬间的事,任何一个行动都不能达到预期的效果。(残雪自选集)

8 结 语

8.1 主要发现

本书从名词、动词、形容词、量词和"上/下"空间关系词等维度分析了现代汉语中时间的意义建构（概念化）问题。表 8.1 概括了"时间"构式（5 大构式家族）槽位中的词类、词数、频次、原型范畴及概念化手段。

表 8.1 "时间"构式槽位信息汇总

构式 类别	构式槽位		频次	原型范畴	概念化方式或途径
	构式槽位中的词				
	词类	词数/个			
时间 N	名词	219	千次以上	人-金钱效益-生命	隐喻，类比思维；媒体宣传-语言强化-个体创新
V 时间	动词	187	10 万次以上	拥有-标准-动态性-主观态度-标记性	拟人（时间处置、处置时间），原型扩展，类比思维，逻辑链
	带标记动词	268			
A 时间	形容词	735	10 万次以上	长-短-多-久-紧	物理空间的隐喻性延伸，认知空间的隐喻性延伸
Q 时间	量词	116	万次以上	段-年-天-分钟-月	历法钟表，物理空间扩展，日常生活扩展

续表

构式类别	构式槽位				
	构式槽位中的词		频次	原型范畴	概念化方式或途径
	词类	词数/个			
上/下 T	时间词	196	万次以上	午-年-世纪-周/星期-月	可进行上下拆分的整体；高度客观性（历法、钟表、自然），高度主观性（心理、人生、事件）、文化特殊性（文化特殊、对称/不对称）
合计		1 721	—	—	—

从总体上讲，研究有如下发现。

第一，"时间"构式所有5大构式家族都作用于时间义的建构。通过对5大构式家族构式槽位中的词语所做的统计和分类，我们发现，每类构式家族对时间义建构的贡献度并不完全相同。从词数来看，5大构式家族进入构式槽位的词数共有1 721个。其中，词数最多的词类是"A 时间"构式中的形容词，共有735个。排名第2的是进入"V 时间"构式中的动词（187）和带标记动词（268），合计455个。进入"时间 N"构式中的名词（219）、进入"上/下 T"构式中的时间词（196）和进入"Q 时间"构式中的量词（116）分别排第3、第4和第5位。由此可见，形容词和动词是时间义建构的主要力量。

第二，"A 时间"构式中的形容词，不仅对时间的性质、状态、特征和属性进行描写，同时还表达了时间是一种存在、一种情感、一种情绪、一种态度或一种感受。从各子构式 A 槽位中的最高频形容词中，我们发现"长""短""多""少""紧"是对时间概念的最典型表达，构成了"A 时间"构式 A 槽位形容词的原型范畴。原型范畴代表的是"A 时间"构式的中心义，该构式的其他成员全部或部分继承了原型范畴的某些特征。一部分成员继承了原型范畴中的物理空间概念（长、短），并在此基础上进行了隐喻性扩展，如多、久。另一部分成员逐渐脱离物理空间，进入认知和神经的范畴，更多地参与对时间的情感表达，如紧、紧张等。

第三，"V 时间"构式中的动词及带标记动词合计有455个。带标记动词指的是"V 标记"构式槽位中的动词。现代汉语中共有9个标记词：出、好、下、住、准、回、清、满、足。尽管标记词数量有限，但进入"V 标记"构式槽位中的动词十分丰富，几乎涵盖了"V时间"构式V槽位中的大部分动词。也就是说，带标记动词与不带标记动词存在重复现象，但从10万次以上词频来看，将"V时间"构式中的动词排序第2还是合理的。我们将带标记动词和不带标记动词统称为V槽位中的"动词"。

从时间的处置与被处置的关系来看，"V时间"构式中的动词主要围绕5大语义类别展开，分别构成"V时间"构式动词范畴成员：拥有-方法-消费-需求类、规定-约定类、运动-挪移-使役-流水类、感知-感官-情感-言说类和动词标记类。每一个成员内部分别出现一个表达中心义的原型范畴。例如，"拥有类"（有/无）由于其高频性，被看成"拥有-方法-消费-需求"的原型范畴。如何处置时间（方法、消费）、是否需要时间，则被看成原型范畴内部的成员。这些成员按照是否"拥有"、如何"拥有"、为何"拥有"这一逻辑链串联在一起，共同作用于"V时间"构式义的建构。由于时间可以自行处置，具有执行者功能，因此，时间"规定"了可供"遵守"的"标准"，同时能够"检验"相应的实施情况。

"V时间"构式中的动词的另一个特点是动态性。纳入动态性范畴的成员包括在空间的"运动"（路程、延误、延长、延长、追赶）、物理运动"流水"（河流、隐喻性流动）、在容器中运动"挪移"、使令类言语行为"使役"（请求、命令）。时间的动态性经历了从物理空间中的运动到人际空间中的互动，即从单向运动到双向互动的过程。单向运动指时间在空间中朝着一个方向运动，如在空间中的路程、前进、受阻，也指时间在容器空间中移动、挪动，或指时间在河流中流动。双向流动是指说者与时间的互动，如给时间提出请求或命令的过程。

"V时间"构式中的动词还表达了说者的主观态度，这种主观态度围绕说者自身，形成对时间的主观判断、身体的感官体验、情感态度及将时间作为谈论对象或讨论话题的过程。该构式将时间视作情感表达的主要对象。

"V标记"构式继承了"V时间"构式中动词的诸多特性，但更侧重动作的结束、结果或完结。比如移动容器中物体、物体移动的状态及物体移动的结果。这种结果既可以是正向的，也可以是负向的。

第四，"Q时间"构式和"上/下T"构式的总体情况比较相似。一则，进入构式槽位的词数差别不大，分别是116个和196个，是5大构式中词数低于200的两类构式。但从词频来看，这两类构式中词的使用频次都高达万次以上，比"时间N"构式槽位中名词的使用频次高。二则，从原型范畴看，"Q时间"构式槽位中的量词除了表达空间长度的"段"，还包含了与"上/下T"构式槽位中的时间词一样的范畴类别：历法时间和钟表时间。所不同的是,"上/下 T"构式中包含了自然时间(四季),而"Q 时间"很少有将自然时间用作量化时间的单位。

从概念化方式或途径看,两类构式都强调整体,都强调物理空间向认知空间的隐喻性延伸。两者的差别是,"Q 时间"构式中的整体是物体的一部分,可以是横向的,也可以是纵向的。也就是说,时间是一个整体,这个整体可以被拆分或截取成不同长度、不同大小的部分(段),并且被截取的这个时间段可以根据指示中心,确定与说者距离的远近等。"上/下 T"构式中的时间是纵向的,并且可以拆分或截断为上、下两部分或上、下两半,不能多段截取。可以被拆分为上、下两部分或上、下两半的时间词涉及的范围很广,既包含高度客观的历法时间、钟表时间和自然时间,也包括高度主观的范畴类别,如与心理状态有关的短时概念(瞬间、瞬、刹那)、与生命周期和娱乐、事件有关的人生、辈子、世、赛季、局。同时还包括具有文化特殊性和口语的时间表达,如龙年、晌。时间词的文化特殊性还包括使用频次的上下不对称,如在表达生命周期时汉文化更关注下半生、下半辈子等。

第五,类比扩展在时间隐喻中发挥了重要作用。所谓类比扩展指的是词语之间的上下文关系和联想关系造成的隐喻性扩展。例如,在"时间 N"构式中,"时间就是金钱"这一概念隐喻在概念化时间中经历了概念原型"金钱"到上下位类比再到联想类比的扩展过程。

"金钱"是"时间就是金钱"的概念原型,或称原型范畴。取得原型范畴的地位是由于其在语料库中的高频性决定的。金钱范畴与资本(财富)范畴及具体的珠宝范畴之间,存在某种形式的家族相似性。维系家族相似的特征之一就是可以创造财富的金钱,以及财富和富足象征的珠宝。不仅这 3 个范畴成员之间存在家族相似性,各范畴成员内部也存在某种形式的相似,构成时间意义生成的类比扩展。

从上下位关系看,金钱的下位词可以扩展到钱、零钱、钞票,珠宝的下位词可以扩展到珍珠、金子、链子等。这种上下位关系基本上受上位词的语义场影响,即基于人们比较熟悉的概念,或称原型概念,通过口语化途径非正式化上位概念中的正式表达式。钱、零钱、钞票是俗化的"金钱"表征,是"时间就是金钱"概念隐喻的变异性表达。

从联想关系看,金钱与资本都是抽象概念,资本和金钱两者不存在上下位关系,而表现出一种联想关系。不仅如此,资本概念中的财富、外汇、货币、硬通货相对比较抽象,也通过金钱范畴进入"时间 N"构式中,构成"时间就是金钱"概念的另类表达。珠宝范畴与自身拥有的下位概念

(珍珠、金子、链子)一起,以同样的联想方式进入"时间就是金钱"这一概念隐喻中。

　　再比如,在"时间是贼"和"时间是良药"这样的概念隐喻中,"贼"和"良药"由于各自的高频性而进入"时间N"构式中,成为"时间是人物""时间是药品"的原型范畴,并成为时间义建构的核心概念。从联想关系看,贼与小偷、强盗、神偷一起,共同构成一个范畴关系,共同继承"偷盗"这一核心义。良好与麻药、特效药、猛药一起共同构成范畴关系,共同继承"可以治病的药品"这一核心义。同样,通过对比联想关系,毒品(通过各种途径使人中毒甚至死亡的药物)、毒药(作为嗜好品用的鸦片、吗啡、海洛因等,吸食成瘾后危害身体健康)也与良药一起进入"时间是药品"构式中。另外,补品(滋补身体的食品或药物)通过功能近似联想,进入"时间是药品"构式中。

　　可见,"时间是药品"这一概念的形成源自"良药"这一核心(原型)范畴,经过同义联想关系,发展了麻药、特效药和猛药等成员,进入良药的范畴。同时,良药范畴又经过对比联想关系,扩展药品的范围,将毒品、毒药等功能相左的成员纳入其中。在此基础上,原型范畴"良药"又通过功能相似的方式吸收"补品"这一新概念,共同完成"时间是药品"的意义建构。

　　同样的方法也适用于"时间是人物"概念的形成。"贼"的原型范畴导致具有内部同义的概念(小偷、强盗、神偷)进入"时间是贼"的范畴中。"贼"是人的一种特殊存在,且对他人造成某些严重程度不等的伤害。因此,该类语义得到进一步延伸,包含对他人(包括动物)造成生命危险的人(如刽子手、杀手、猎手)、敌对的人(如敌人、鬼子)、对他人造成财产损失的人(如奸商)、对他人带来不利或制造麻烦的人(如逃兵、捣乱分子)。

　　如果上述内部同义联想获得的是负面义概念,那么,"时间是人物"同样吸收了与"贼"义相反的概念,如妈妈、救世主、盟友及一些中性概念,如过客、魔术师、作者、编剧、画家、考官等。

　　"A时间"构式、"Q时间"构式和"上/下T"构式中范畴成员之间的也同样存在类比扩展的特点,具体表现为:客观物理空间的隐喻性延伸(二级空间隐喻)向认知空间的隐喻性延伸(认知、神经和语用的作用),作为整体的时间可以拆分或截成段。时间的片段,大小不一,随处散落,但我们仍然可以很容易地识别所指的时间是哪一段。作为整体的时间有时候由上、下两部分(两半)组成,但人们对上、下两半时间的认知接受度并不相同。对"下半"（将来）的渴望超出了"上半"（过去），尤其是在表达人生方面。

总之，在时间义建构中，类比扩展关系是一种主要的隐喻扩展手段。其运作方式通常在原型范畴的基础上，做同义、近似或对比联想。这种联想可以在原型范畴及范畴其他成员之间进行，也可以在原型范畴内部或其他范畴成员内部进行，形成链状或辐射状类比扩展关系。产生链状或辐射状类比扩展关系的因素有很多，包括认知因素，如概念隐喻和身体体验的驱动、类比思维产生的多种联想，也包括社会因素，如媒体宣传-语言强化-个体创新等因素。

8.2 今后研究的建议

本书以形式和意义/功能结合的构式为基础，在一定程度上发展了时间的认知研究视角，为现代汉语时间系统研究提供了新的视角。本书将表达时间的词"时间"和隐喻时间的空间方位词"上/下"为构式节点，通过建立时间构式网络，系统描写现代汉语在时间义建构中所涉及的语义类别及范畴特征，因而在很大程度上扩展了时间概念化研究方法。本书以描述性研究为手段，通过频次统计、语义分类，并辅以语料库例句加以阐释，对直观展示现代汉语时间概念化路径提供数据支持。当然，本书也存在一些不足，具体表现在以下几个方面。

第一，研究对象仅仅关注与"时间"节点词搭配的词类及"上/下"空间关系与时间词的搭配。由于构式范围的局限，对时间构式义的描写在一定程度上受到限制。因此，建议今后的研究要尽可能挖掘更多的时间构式类别和其他特定时间表达式，获得更加全面和系统的时间构式数据。

第二，在研究方法上，侧重语料库数据和构式槽位中词与词的频次关系，对词与构式的吸引关系与排斥关系未做深入探讨，建议使用 R 软件，观察词与构式搭配的情况。同时建议今后的研究能够将定量语料库研究和心理实验研究相结合，将真实的语言使用（包括被试者的心理变化）与语料库论证结合起来，系统观察和分析时间概念化过程中的主客观因素及认知心理变化。

第三，本书对时间义建构的描写仅仅停留在共时层面上，缺少对时间义变化的历时考察。建议今后的研究可以从历时的角度，或者将共时和历时结合，观察现代汉语时间义产生的历史脉络及演变过程，为全方位了解文化与时间义的关系提供依据。

第四，本书的语料来源仅选择了 BCC 语料库的"多领域"部分和 CCL 语料库的现代汉语部分，未对其中的古代汉语或当代汉语部分进行比较，也未对语料库提供的文学报刊和对话等体裁类型加以对比分析，缺少对方言和口语表达中时间义建构的特征分析，这也是今后进一步研究的方向之一。

第五，本书仅关注了出现在构式槽位中词语现象的整体描写，未对某一具体现象进行深度分析。已有研究发现英汉时间概念化差异对"前、后"时间指向对立的影响（如刘正光等 2018），但我们发现，人对自身未来的关注多于对过去的关注，这一点已经从"上/下 T"构式中"上""下"使用频次不对称中得到解释。事实上，除了"上/下"空间关系不对称，现代汉语中表示生命周期还存在"前/后"空间关系不对称现象。也就是说，"前半辈子"和"后半辈子"、"前半生"和"后半生"、"前半世"和"后半世"的比例也不对称。BCC 语料库显示，"前半辈子"出现的频次是 61，"后半辈子"出现的频次是 374，"后半辈子"的使用频次比"前半辈子"高 71.96%。"前半生"出现的频次是 529，"后半生"出现的频次是 820。"后半生"的使用频次比"前半生"高 21.58%。"前半世"出现的频次是 1，"后半世"出现的频次是 7，"后半世"的使用频次比"前半世"高 75%。语料库还显示，"前辈子"出现的频次是 178，"后辈子"出现的频次仅为 6。产生上述现象的原因有待进一步讨论。

另外，已有研究发现，汉语时间是"上/下"垂直型思维模式，但语料库数据发现，"前/后"水平型思维模式在现代汉语中也有相当比例，在某些时间表达方面甚至还出现了"前/后"使用频次高于"上/下"使用频次的现象。例如，"前段时间"出现的频次是 3 380，"后段时间"出现的频次是 4。"上段时间"出现的频次是 9，"下段时间"出现的频次是 4。这一现象的存在是否说明汉语时间并非完全"上/下"垂直型思维模式。这也是值得进一步探讨的问题。

参考文献

Boroditsky, L. 2001. Does Language Shape Thought?: Mandarin and English Speakers' Conceptions of Time [J]. *Cognitive Psychology*, 43(1): 1-22.

Comrie, B. 1985. *Tense* [M]. Cambridge: Cambridge University Press.

Croft, W. 2001. *Radical Construction Grammar: Syntactic Theory in Typological Perspective* [M]. Oxford: Oxford University Press.

Croft, W. 2012. *Verbs: Aspect and Causal Structure* [M]. Oxford: Oxford University Press.

De Swart, H. 1998. Aspect Shift and Coercion [J]. *Natural Language and Linguistic Theory*, 16(2): 347-385.

Evans, V. 2004. *The Structure of Time: Language, Meaning and Temporal Cognition* [M]. Amsterdam: John Benjamins.

Evans, V. 2005. The Meaning of Time: Polysemy, the Lexicon and Conceptual Structure [J]. *Linguisitcs*, 41(1): 33-75.

Evans, V. 2008. How We Conceptualise Time [A]. In V. Evans, B. Bergen & J. Zinken (eds.). *The Cognitive Linguistics Reader* [C]. London: Equinox: 733-765.

Evans, V. 2013. *Language and Time: A Cognitive Linguistics Approach* [M]. Cambridge: Cambridge University Press.

Evans, V. & Green, M. 2006. *Cognitive Linguistics: An Introduction* [M]. Edinburgh: Edinburgh University Press.

Fauconnier, G. 1997. *Mapping in Thought and Language* [M]. Cambridge: Cambridge University Press.

Filipović, L. & Jaszczolt, K. M. 2012a. *Space and Time in Languages and Cultures: Linguistic Diversity* [C]. Amsterdam/Philadelphia: John Benjamins.

Filipović, L. & Jaszczolt, K. M. 2012b. *Space and Time in Languages and Cultures: Language, Culture and Cognition* [C]. Amsterdam/Philadelphia: John Benjamins.

Fillmore, C., Kay, P. & O'Connor, M. K. 1988. Regularity and Idiomaticity in

Grammatical Constructions:The Case of Let Alone[J]. *Language*,64(3):501-538.

Gibbs, R. W. 2008. Metaphor and Thought: The State of the Art [A]. In R. W. Gibbs(ed.). *The Cambridge Handbook of Metaphor and Thought*[C].Cambridge:Cambridge University Press:3-14.

Goldberg, A. 1995. *Constructions: A Construction Grammar Approach to Argument Structure*[M]. Chicago:The University of Chicago Press.

Goldberg, A. 2003. Constructions: A New Theoretical Approach to Language [J]. *Trends in Cognitive Sciences*,7(5):219-224.

Goldberg, A. 2006. *Constructions at Work: The Nature of Generalization in Language*[M]. Oxford:Oxford University Press.

Goldberg, A. 2013. Constructionist Approaches [A]. In T. Hoffmann & G. Trousdale(eds.). *The Oxford Handbook of Construction Grammar*[C]. New York:Oxford University Press:15-31.

Hilpert, M. 2008. *Germanic Future Constructions: A Usage-based Approach to Language Change*[M]. Amsterdam/Philadelphia:John Benjamins.

Hilpert, M. 2013. Corpus-based Approaches to Constructional Change[A]. In T. Hoffmann & G. Trousdale (eds.). *The Oxford Handbook of Construction Grammar*[M]. New York:Oxford University Press:458-475.

Jackendoff, R. 1983. *Semantics and Cognition*[M]. Cambridge, MA:The MIT Press.

Jespersen, O. 1924. *The Philosophy of Grammar*[M]. London: George Allen & Unwin Ltd.

Lakoff, G. 1987. *Women, Fire and Dangerous Things: What Categories Reveal About the Mind*[M]. Chicago:The University of Chicago Press.

Lakoff, G. 1993. The Contemporary Theory of Metaphor [A]. In A. Ortony (ed.). *Metaphor and Thought* [C]. Cambridge: Cambridge University Press: 202-251.

Lakoff, G. 2008. The Neural Theory of Metaphor[A].In R. W. Gibbs(ed.). *The Cambridge Handbook of Metaphor and Thought*[C]. Cambridge: Cambridge University Press:53-66.

Lakoff, G. & Johnson, M. 1980. *Metaphors We Live By* [M]. Chicago: The University of Chicago Press.

Lakoff, G. & Johnson, M. 1999.*Philosophy in the Flesh: The Embodied Mind and Its Challenge to Western Thought*[M]. New York:Basic Books.

Lakoff, G. & Turner, M. 1989. *More than Cool Reason: A Field Guide to Poetic Metaphor*[M]. Chicago: The University of Chicago Press.

Langacker, R. W. 1987. *Foundations of Cognitive Grammar. Vol. I: Theoretical Prerequisites*[M]. Stanford: Stanford University Press.

Langacker, R. W. 2008. *Cognitive Grammar: A Basic Introduction*[M]. Oxford: Oxford University Press.

Lewandowska-Tomaszczyk, B. 2016. *Conceptualizations of Time* [C]. Amsterdam/Philadelphia: John Benjamins.

Michaelis, L. A. 2004. Type Shift in Construction Grammar: An Integrated Approach to Aspectual Coercion [J]. *Cognitive Linguistics*, 15(1): 1-67.

Reichenbach, H. 1947. *Elements of Symbolic Logic*[M]. New York: The Macmillan Company.

Su, I-wen. 2016. Metaphor and Thought: Conceptualization of Time in Chinese[A]. In B. Lewandowska-Tomaszczyk (ed.). *Conceptualization of Time* [C]. Amsterdam/Philadelphia: John Benjamins: 187-203.

Talmy, L. 2000. *Towards a Cognitive Semantics* [M]. Cambridge, MA: The MIT Press.

Taylor, J. R. 2002. *Cognitive Grammar* [M]. Oxford: Oxford University Press.

Tomasello, M. 2003. *Constructing a Language: A Usage-Based Theory of Language Acquisition*[M]. Cambridge, MA: Harvard University Press.

Traugott, E. C. & G. Trousdale. 2013. *Constructionalization and Constructional Changes*[M]. Oxford: Oxford University Press.

Turner, M. 1991. *Reading Minds: The Study of English in the Age of Cognitive Science*[M]. Princeton: Princeton University Press.

Underhill, J. W. 2011. *Creating Worldviews: Metaphor, Ideology and Language* [M]. Edinburgh: Edinburgh University Press.

Vendler, Z. 1957. Verbs and Times [J]. *The Philosophical Review*, 66(2): 143-160.

Yu, N. 1998. *The Contemporary Thoeryof Metaphor: A Perspective from Chinese* [M]. Amsterdam/Philadelphia: John Benjamins.

Yu, N. 2012. The Metaphorical Orientation of Time in Chinese[J]. *Journal of Pragmatics*, 44(10): 1335-1354.

陈平. 1988. 论现代汉语时间系统的三元结构 [J]. 中国语文, (6):

401-422.

陈前瑞.2008.汉语体貌研究的类型学视野[M].北京:商务印书馆.

戴浩一.1990.以认知为基础的汉语功能语法刍议(上)[J].国外语言学,(4):21-27.

戴浩一.1991.以认知为基础的汉语功能语法刍议(下)[J].国外语言学,(1):25-33.

戴耀晶.1997.现代汉语时体系统研究[M].杭州:浙江教育出版社.

董为光.2004.汉语时间顺序的认知基础[J].当代语言学,(2):110-115+189.

董正存,张飘.2022.半图式性构式"X手"的时间用法及其产生与发展[J].学术研究,(4):169-176.

高名凯.1986.汉语语法论[M].北京:商务印书馆.

龚千炎.1994.现代汉语的时间系统[J].世界汉语教学,(1):1-6.

龚千炎.1995.汉语的时相时制时态[M].北京:商务印书馆.

胡斌彬.2016.《祖堂集》时间构式"VP(之)次"及其兴衰:基于"VP(之)次"与"VP(之)时"的比较[J].西华大学学报(哲学社会科学版),(2):32-37+66.

胡孝斌.2008.语法化和词汇化的共同作用:谈VV的句法性质[J].语言教学与研究,(4):18-24.

金晓艳.2012.汉语时间标记成分的历时考察[J].东北师大学报(哲学社会科学版),(2):91-94.

江蓝生.2002.时间词"时"和"後"的语法化[J].中国语文,(4):291-301.

匡腊英.2011.汉语言中时间的空间隐喻:论空间范畴概念对汉语时间表述的影响[J].湖南社会科学,(6):158-161.

黎锦熙.2001.新著国语文法[M].北京:商务印书馆.

李向农.1995.时点时段的内涵及构成与汉语社会的时间观念[J].世界汉语教学,(2):1-9.

李向农.1997.现代汉语时点时段研究[M].武汉:华中师范大学出版社.

刘丽虹,张积家.2009.时间的空间隐喻对汉语母语者时间认知的影响[J].外语教学与研究,(4):266-271+320.

刘正光,鄢克非,吕盈烟.2018.英汉时间概念化差异对"前、后"时间指向对立的解释[J].现代外语,(5):608-620.

吕叔湘.2005.汉语语法分析问题［M］.北京：商务印书馆.

吕叔湘.2017.中国文法要略［M］.北京：商务印书馆.

牛儒雅.2021."VP以前""VP以后"构式时间指称的认知方式［J］.解放军外国语学院学报,（5）：68-76.

沈家煊.1995."有界"与"无界"［J］.中国语文,（5）：367-380.

史佩信.2004.汉语时间表达中的"前后式"与"来去式"［J］语言教学与研究,（2）：9-16。

石毓智.1995.时间的一维性对介词衍生的影响［J］.中国语文,（1）：1-10.

杨文星,文秋芳.2014.汉语本族语者与英语本族语者思考时间的方式:对思维-语言关系的实证研究［J］.外语教学,（6）：45-49.

余东涛.2013.说现代汉语"介词+时间词"组合［J］.汉语学报,（2）：72-77+96.

余东涛.2015.论现代汉语时间词与方位词的组合及其功能：兼谈语言时空关系［J］.求索,（10）：189-192.

于秀金,彭芳.2014.汉语定量视点体的二维几何图解析［J］.解放军外国语学院学报,（4）：84-94+121+160.

袁野.2011.汉语中的时体压制［J］.外国语文,（2）：48-55.

王力.1943.中国现代语法［M］.北京：商务印书馆.

王晨阳.2020."大+时间词+（的）"构式的认知研究：兼英汉对比分析［D］.济南：山东师范大学.

王寅.2013.构式压制和词汇压制的互动及其转喻机制：以英语语法体和动词体为例的分析［J］.外语教学与研究,（5）：657-668+798.

魏义祯.2019.也谈汉语时间表达的空间隐喻系统："来/往""前/后""上/下"的协调［J］.语言教学与研究,（4）：104-112.

吴德新.2009.时间格式"X+以降"的语义句法功能及其词汇化［J］.现代语文（语言研究版）,（3）：51-53.

荀恩东,饶高琦,肖晓悦,等.2016.大数据背景下BCC语料库的研制［J］.语料库语言学,（1）：93-109+118.

张建.2013.汉语标记配套型并列结构时间关联特征的象似性［J］.世界汉语教学,（1）：41-50.

张建理.2003.汉语时间系统中的"前""后"认知和表达［J］.浙江大学学报（人文社会科学版）,（5）：84-91.

张颖颖,于方静,周治金,等.2016.汉语时间-空间隐喻加工垂直偏向性的稳固性［J］.心理与行为研究,（4）：446-452+522.

周榕.2000.时间隐喻表征的跨文化研究［J］.现代外语,（1）：58-66.

周榕.2003.儿童时间隐喻能力发展趋势初探［J］.现代外语,（3）：221-231.

周小涛,王军.2017.Way构式体对动词体压制的二维解析［J］.外语与外语教学,（5）：64-72+148-149.

祝东平,祝郝.2012.从汉语时间感知方式看"在"与"着"的语义差别［J］.汉语学习,（6）：12-20.